数字图书馆助力全民阅读的实施路径探析

许秀洁 著

山西出版传媒集团
山西经济出版社

图书在版编目（CIP）数据

数字图书馆助力全民阅读的实施路径探析 / 许秀洁著. -- 太原：山西经济出版社，2024. 12. -- ISBN 978-7-5577-1407-9

Ⅰ．G250.76

中国国家版本馆CIP数据核字第2024C11H71号

数字图书馆助力全民阅读的实施路径探析

SHUZI TUSHUGUAN ZHULI QUANMIN YUEDU DE SHISHI LUJING TANXI

编　　著：	许秀洁
策划编辑：	吕应征
责任编辑：	司　元
装帧设计：	庄　琦
出 版 者：	山西出版传媒集团·山西经济出版社
地　　址：	太原市建设南路21号
邮　　编：	030012
电　　话：	0351-4922133（市场部）0351-4922085（总编室）
经 销 者：	山西出版传媒集团·山西经济出版社
承　　印：	廊坊市印艺阁数字科技有限公司
开　　本：	787mm×1092mm　1/16
印　　张：	23.25
字　　数：	350千字
版　　次：	2024年12月第1版
印　　次：	2024年12月第1次印刷
书　　号：	ISBN 978-7-5577-1407-9
定　　价：	88.00元

前　言

在数字化时代的大背景下，数字图书馆作为信息技术与图书馆学的交汇产物，已经成为推动全民阅读的重要平台。随着互联网的普及和移动阅读设备的广泛使用，数字图书馆为公众提供了一种前所未有的、便捷地获取信息和知识的方式。通过数字图书馆，用户不仅能够随时随地访问丰富的数字资源，还能享受到个性化的阅读推荐、在线互动学习等多元化服务，极大地丰富了公众的阅读体验和学习方式。这种新型的阅读方式对于提升国民的整体文化素养和终身学习能力具有非常重要的意义。因此，探索数字图书馆助力全民阅读的有效路径不仅是图书馆发展的需要，也是现代社会文化建设的一部分。

然而，在推广全民阅读的数字图书馆过程中，存在许多挑战和问题。首先，资源的数字化转换及其版权问题仍然是制约数字图书馆资源建设的主要障碍。尽管数字化有助于图书资源的广泛传播，但如何平衡版权保护与资源开放仍是一个复杂的法律和道德问题。其次，不同人群之间在接受数字化阅读方面存在显著差异，例如老年人和部分低收入群体对数字技术的接受度较低，这直接影响了数字图书馆服务的普及程度和实际效果。此外，随着数字信息的爆炸性增长，信息过载已成为用户的普遍问题。用户在海量信息中筛选有价值的内容需要更多时间和精力,这无疑增加了阅读的难度。因此,优化数字图书馆的资源整合和服务模式,以提高其在全民阅读推广中的有效性,是一个迫切需要解决的关键问题。

本书将对这些问题进行深入分析,并探讨在当前技术与社会发展的背景下,数字图书馆如何更有效地服务于全民阅读,从而推动知识的普及和文化的繁荣。然而,受限于时间和能力,本书可能仍存在一些疏漏之处。因此,我们非常欢迎广大读者对本书提出批评和指正,以帮助我们改进和完善内容。

目 录

第一章 数字图书馆概述 …………01
第一节 数字图书馆的基础理论 …………02
第二节 数字图书馆的建设发展 …………14

第二章 全民阅读与图书馆阅读推广的理论架构 …………39
第一节 全民阅读理念 …………40
第二节 阅读推广的科学解读 …………48
第三节 阅读推广的理论 …………68

第三章 数字图书馆特色资源建设 …………89
第一节 全民阅读理念 …………90
第二节 数字特色资源建设的原则与方法 …………100
第三节 数字特色资源的建设内容 …………107

第四章 数字图书馆的服务模式与服务系统 …………121
第一节 数字图书馆特色服务 …………122

第二节 数字图书馆服务链模式 ······················131
第三节 数字图书馆个性化服务系统应用实践 ··············142

第五章 数字图书馆的全民阅读推广 ··················159
第一节 图书馆与全民阅读推广的关系 ··················160
第二节 数字图书馆的读者推广与利用 ··················170

第六章 数字化阅读对全民阅读活动的推进 ··············181
第一节 数字化阅读新形态助推全民阅读 ················182
第二节 对促进图书馆阅读推广活动的建议 ···············199

第七章 数字化阅读的推广策略 ····················225
第一节 数字化阅读的媒体与推广媒介 ··················226
第二节 图书馆数字化阅读推广的策划与实施 ··············256
第三节 图书馆数字化阅读推广的可持续性及发展展望 ·········269

第八章 基于社会化媒体下图书馆阅读推广研究 ············287
第一节 社会化媒体在图书馆的阅读推广 ················288
第二节 社会化媒体在图书馆的阅读推广应用 ··············302

第九章 基于5G环境下的图书馆阅读推广服务 ············337
第一节 5G环境下的阅读推广模式 ····················338
第二节 基于智慧图书馆的阅读推广模式构建 ··············350
结束语 ··································364

第一章

数字图书馆概述

第一节
数字图书馆的基础理论

一、数字图书馆的定义

（一）国内外代表性定义

关于"数字图书馆"这一概念，不同的国家和地区存在着各式各样的解释与定义。在本节中，我们将对这些具有代表性的定义予以梳理和阐释，从而更深入地领会"数字图书馆"的多元功能及其在信息时代的重要地位。以下是部分具有代表性的定义：

（1）数字图书馆能够被看作是一个图书馆服务的在线拓展平台。它借助网络环境，为用户提供了接入与使用图书资源的便捷途径。

（2）数字图书馆是利用数字技术来存储和处理信息的图书馆，其通过现代化技术来处理文献资料，提升传统图书馆服务的效率与质量。

（3）数字图书馆指的是一个运用数字技术向公众提供信息服务的机构或组织。它并非仅仅局限于物理空间，而是通过电子方式，把图书馆的服务功能与资源进行数字化处理，让读者能够随时随地通过互联网获取这些资源。

（4）数字图书馆涵盖了图书馆所有工作流程的电脑化以及馆藏资源的数字化。这种形式的图书馆，令图书资料的管理和流通更为高效，同时也让信息检索变得更加快捷和精准。

（5）数字图书馆达成了图书馆馆藏的数字化管理，并且通过网络服务让读者能够随时随处访问信息。

（6）数字图书馆通过运用多种技术对文献资料进行数字化处理，并通过网络组织和提供信息服务的信息中心或数据库。

（7）数字图书馆也常常被称作电子图书馆、虚拟图书馆或者无墙图书馆。这些各异的称谓反映出人们从多种视角对数字图书馆特征的理解与描述。不管是"无墙"的虚拟空间，还是"电子化"的服务模式，都着重强调了其在空间和形式方面的灵活性与开放性。

（8）数字图书馆是一个数字化的系统，达成了信息资源的数字化存储，并通过网络技术达成资源的共享与即时使用。这种系统并非局限于单一的地理位置，而是通过网络连接，整合了分散的信息资源，构建成了一个功能强大、覆盖广泛的服务网络。

（9）数字图书馆构建成了一个庞大的系统，涵盖了分布式的、大规模的组织化数据库和知识库。用户能够通过统一的访问接口，从这些数据库和知识库当中获取所需的信息。这一特性使得数字图书馆在知识的传播以及信息的提供方面发挥着关键作用。

（10）数字图书馆为国家信息基础设施提供了关键的信息管理技术，并充当主要的信息源和资源库，成为国家信息基础设施的核心组成部分。它不但为公众提供信息服务，还支撑了教育、研究和政策制定等诸多方面的需求，是现代社会不可或缺的一部分。

数字图书馆，指的是借助现代数字化技术，并通过互联网，让分布于全球各地的众多用户都能够便捷地访问图书馆的资源。它主要通过对各类具有价值的多媒体信息，如图像、文本、音频、视频、软件以及科学数据等进行采集、整理以及标准化处理，并利用网络技术实现这些信息的高效存取。凭借网络的力量，数字图书馆达成了跨地域、跨平台的信息共享，这不但极大地提升了信息的传递效率，还改变了社会信息流通的传统模式，为人们的学习、交流和生活带来了极大的便利。比如，学者能够在家中通过网络获取到世界各地图书馆的珍贵资源，学生能够随时下载并阅读所需的学术资料，公众也能够轻松获取到丰富多样的娱乐和知识内容。

尽管数字图书馆呈现出强大的现代化功能，但其与传统图书馆的关系依然紧密且不可分割。长期以来，传统图书馆一直是人类社会文化知识的汇聚之地。传统图书馆不仅是书籍的实体存放场所，更是一种文化氛围的营造者，一种学术交流的空间，这些都是数字图书馆难以完全复刻的。例如，传统图书馆特有的阅读环境、实体书籍的触感以及现场的人际交流，均是数字化无法提供的独特体验。在这种情形下，数字图书馆并非要取代传统图书馆，而是以新技术对传统服务的一种补充与拓展。实际上，传统图书馆的存在为数字图书馆提供了坚实的基础：它们的文献资源是数字图书馆数字化工作的初始资源库；同时，传统图书馆的服务模式也为数字图书馆的服务创新提供了借鉴。因此，数字图书馆与传统图书馆应当是相互促进的关系，共同构建一个更为全面和多元的图书馆服务体系。

未来的图书馆或许会是一个"混合图书馆"，在这种模式中，传统图书馆与数字图书馆的功能将会进一步融合与互补。用户不但能够在物理空间里感受到书籍所带来的独特魅力，还能够通过数字平台随时随地访问所需的信息资源。

这样的发展将会使图书馆的功能和服务更为完善，更好地满足现代社会的多元化需求。

（二）数字图书馆特征

数字图书馆的特征乃是理解其本质与作用的关键所在。通过深入地研讨其特征，我们能够更为精准地对数字图书馆进行定义和理解。其中，数字资源、网络服务以及特色技术组成了数字图书馆的三大核心特征。

1. 数字资源

数字资源指的是在图书馆中以数字形态存在的各类信息资源。这些资源有可能是传统文献经过数字化处理之后所形成的成果，也有可能是原本就以电子形式出版的信息。数字资源构成了数字图书馆的基础要素，并且彰显了数字图书馆与传统图书馆的主要差异。这些资源包含了期刊、图书、参考工具书、视频以及音频资料等多种类别，且格式丰富多样，从扫描的位图页面到 SGML 编码的专业文本文件，甚至是 CD-ROM 或者局域网中的数据均有所涵盖。数字图书馆能够处理这些多媒体格式的资源，展现了其在技术方面的独特能力。尽管数字图书馆的目标在于直接为终端用户提供所需的信息，而不仅仅是提供二次文献，比如书目数据和索引摘要等，但二次文献依旧是数字图书馆资源的重要构成部分。

2. 网络服务

快速的数字通信网络是数字图书馆得以存在的基础。不管是内部的业务组织，还是外部的服务提供，数字图书馆都仰仗网络这一载体。网络不但是数字图书馆运作的核心，也是其与传统图书馆相区别的关键之处。一旦网络发生故障，数字图书馆的服务就会受到影响。所以，保证网络的稳定性和通畅性对于数字图书馆的运营极为重要。网络性能的一个重要指标是带宽，特别是在承载丰富的多媒体内容时，其带宽需求通常需要达到 Gbps 级别，也就是所谓的千兆网络或宽带网络。随着技术的进步，现代网络技术所支持的带宽正在朝着 Tbps（万亿比特每秒）级别迅速发展。

3. 特色技术

数字图书馆不但运用了常见的计算机技术和网络技术，还发展出了具有自身特色的技术，这些特色技术是其区别于其他技术领域的显著标志。这些技术主要涵盖分布式资源管理与操作技术、大规模信息存储与架构技术、多媒体信息索引与检索技术等。确立这些特色技术的国际标准，是构建数字图书馆的关键环节之一。标准的设定有着不容忽视的重要性。正如全球广泛采用的 TCP/IP 协议奠定了互联网的基础一样，数字图书馆技术也需要形成一套公认的标准体系。对于中国来说，积极参与到数字图书馆技术标准的选定与制定进程中，对推动国内数字图书馆的发展起着至关重要的作用。

（三）基于数字图书馆特征的数字图书馆定义

综上，数字图书馆可界定为一种集数字资源、网络服务和特色技术于一体的图书馆系统。就是说，一个真正的数字图书馆，应具备上述三种属性。此外，对于数字图书馆与电子图书馆、网上图书馆及虚拟图书馆等概念的区分也非常关键。虽然在许多文献中这些术语被混用，但它们侧重点各异，这一区分对于数字图书馆的深入研究具有实质性的意义。电子图书馆主要侧重于物理介质的收藏，如光盘和磁盘，通常这些资源通过个人计算机来阅读或访问，不涉及在线信息或网络服务的提供。网上图书馆则通过网页将信息组织起来，供用户浏览和检索，可能没有实体图书馆的存在，其内容有时作为数字图书馆的一部分。

虚拟图书馆则是多个网上图书馆的集合，仅在网络环境中存在，不具备实体性的数字资源，一般使用通用网络技术搭建，可以视为数字图书馆的扩展形态。因此，将传统图书馆服务转移至网络，并不直接等同于创建数字图书馆；仅仅对馆藏资源进行数字化处理也不足以构成数字图书馆。数字图书馆强调的是利用特色技术整合数字资源并提供全面的网络服务。传统图书馆可以发展成为数字图书馆，而数字图书馆往往以实体图书馆为支撑，但并不意味着要取代传统图书馆。对于定义的探讨虽显学术，但是对于数字图书馆研究中涉及的基本概念的确立来说，这是必不可少且重要的。每一个新的概念都可能开辟一个新的学科或研究领域，同时也是基础理论与研究工作的基石。

二、数字图书馆的理论结构

既然数字资源、网络服务和特色技术是数字图书馆的主要特征和理论核心，那么数字图书馆的理论框架可由数字资源、网络服务和支持技术构成。

（一）数字资源

数字图书馆中的数字资源有以下两大来源：

1. 印刷资源的数字化

对于那些版权已经失效的书籍、文献和其他材料，可以通过扫描和光学字符识别（OCR）等技术进行转换，这种方式主要涉及历史著作和古籍的数字化。通过这些技术，我们能够将传统的印刷资料转化为数字格式，为数字图书馆构建丰富的基础资源库。

2. 原生数字资源

随着数字技术的普及，原生数字信息资源的数量正在不断增加，特别是如学位论文、技术报告和会议纪要等。同时，现代出版业的数字化转型亦推动了图书和期刊的数字出版。这表明，许多书籍和期刊在转为实体印刷前，通常会先制作成数字版本。因此，在数字图书馆中，传统图书和期刊正逐渐让位于数字版本，而原生数字资源日益占据主导地位。

（二）网络服务

在数字图书馆的数字资源、网络服务以及特色技术架构下，数字图书馆的网络服务模式可分为被动服务和主动服务两类。

1. 被动服务

既然社会为建设数字图书馆投入了大量人力、物力和财力，那么不管是否情愿，数字图书馆都义不容辞要提供服务。被动服务作为数字图书馆网络服务体系的根基，其核心特征是不主动满足用户的个性化需求，而是采用一种规范化的服务方式，主要通过单向互动的网站模式来实现。

在这种单向互动网站模式中，数字图书馆将其资源以网页及数据库的形式公开提供，用户可以根据自己的需要自行获取所需信息。这种单方面的信息传递方式，让用户在使用过程中处于一种较为被动的接受状态，而系统则处于提供信息的主动地位。数字图书馆在这种模式下主要提供基本的操作指南，不涉及更多的个性化服务，这种方式虽然在一定程度上简化了服务流程，但也大大降低了用户体验的个性化和互动性。

为了优化被动服务的用户体验，一种简单而有效的方式是通过电子邮件或网络表单来增加与用户的互动。数字图书馆可以在其网站上设置一个指向图书馆员邮箱的链接，用户通过这个链接发送具体问题，图书馆员则通过电子邮件回复，形成一种基本的非即时互动模式。这种电子邮件服务的技术要求不高，非常适合技术资源有限的图书馆使用。

此外，网络表单服务是电子邮件服务的进一步延伸。在这种模式下，用户需填写一个在线表单并提交，之后后台系统会自动将表单内容通过电子邮件发送给图书馆员。图书馆员应在规定时间（如 24 小时内）通过电子邮件或电话方式回复用户。这种方式不仅增强了用户与图书馆之间的互动，也是从被动服务向主动服务转变的一个过渡形态。它在维持服务效率的同时，提升了服务的个性化和用户满意度。

2. 主动服务

主动服务代表着数字图书馆网络服务的先进模式，强调以用户的特定需求提供服务。这种服务通常通过互动性强的网站具体执行。互动网站的实现方式主要包括双向交互问答和个性化信息推送两种形式。其中，"MyLibrary"（即：数字图书馆的个性化服务技术）正逐渐成为主流。

（1）双向交互问答模式

在双向交互问答模式下，数字图书馆能够响应用户的具体请求，整合资源以满足需求。服务方式根据用户需求的变化进行相应调整，系统与用户之间实现有效的信息交流。在技术层面，通过在线聊天室实现该模式。在线聊天，即实时互动服务，最初由美国宾夕法尼亚大学的沃顿商学院引入，利用 LivePerson 聊天软件提供实时信息咨询。该软件能营造一个类似于私密聊天室的交流环境，可以安装在图书馆或第三方服务器上，并通过图书馆首页的链接入口提供服务。

（2）个性化信息推送模式

在数字时代，个性化信息推送模式日益成为数字图书馆服务的核心。该模式允许用户根据个人需求和兴趣，自定义数字图书馆的界面布局及资源配置。在这种模式下，用户扮演主导角色，而数字图书馆系统则相对居于服务和支持的位置。数字图书馆通过技术手段，精准地根据用户的个性化设置主动推送相关信息资源。

目前，实现这一模式的关键技术是被称为"MyLibrary"的技术。通过这一技术，用户能够打造一套符合个人喜好和需求的数字图书馆界面，并且可以定制自己所需的数字资源。数字图书馆依照用户的需求来组织资源，将用户关心的主题资源定期推送，从而有效实现了资源、技术与服务的高效匹配与整合。

此外，从传统的单向信息传递模式过渡到个性化信息推送模式，不仅体现了信息技术的发展和进步，还越来越多地将决策权和主动权交给用户手中。这种模式的优势在于，用户技术利用水平的提高，其获取信息的效果也越显著。因此，用户在享受服务的同时，也在不断提升自己的信息处理能力。在这一进程中，资源管理者也必须关注数字资源的整合与优化操作方式，确保数字图书馆网络服务的稳定性和安全性。通过持续优化技术、服务及管理，数字图书馆能够更好地满足用户的个性化需求，提高用户体验，同时也推动了图书馆服务模式的创新和发展。

（三）支持技术

在构建数字图书馆的过程中，技术的运用显得尤为重要。数字图书馆涉及的技术既包括通用信息技术，也包括为满足特定需求创新开发的专用技术，这些技术共同构成数字图书馆的技术支撑系统。

1. 通用信息技术

数字图书馆的构建依赖于计算机技术、网络技术和信息安全技术。这些技术不仅是数字图书馆运行的基础，而且确保了图书馆服务的连续性和安全性。随着科技的不断进步，这些技术也在持续更新换代，而每一次的技术革新都会为数字图书馆的发展带来革命性的变化。例如，通过提升处理速度和加强数据传输的安全性，可以极大地增强用户体验和数据保护水平。

2. 专用技术

专用创新技术即特色技术，在数字图书馆的建设中也扮演着至关重要的角色。这类技术主要包括数字信息处理与加工、海量信息存储与组织、分布式资源运行管理、多媒体信息标引与检索、信息挖掘、个性化信息服务定制与发布、信息可视化展示和读者界面设计等多个方面。例如，数字信息处理加工技术能够有效地提升信息的准确性和易用性；而个性化信息服务技术则能够根据用户的行为和偏好提供定制化的阅读建议和内容推送。

这些技术的应用不仅提高了数字图书馆的运营效率，而且极大地丰富了用户的互动体验。通过高效的信息处理、精准的用户服务，数字图书馆能够为用户提供更加便捷、安全的服务。同时，这些技术也支持了数字图书馆在资源共享、版权保护、数据分析等方面的需求，使其能够在现代信息社会中更好地发挥作用。

三、数字图书馆与图书馆自动化的关系

图书馆自动化的发展可大致分为三个阶段。在第一阶段，图书馆的计算机管理系统尚处于起步阶段，主要功能集中在单体图书馆内部的自动化处理，如自动化借还书、编目系统等，这标志着图书馆自动化的初步实现。在第二阶段，图书馆自动化开始向网络化转型，重点发展电子文献的采集与服务，使得读者可以通过电子方式访问图书馆资源，这一阶段的重点是提升服务便捷性和效率。

在第三阶段，则是以构建和完善数字图书馆为核心，通过集成数字资源和优化，进一步提高图书馆服务的质量和广度。

数字图书馆在研究和实践中形成了三种发展模式：专门馆藏型、服务主导型和商用文献型。专门馆藏型数字图书馆主要是对图书馆中特殊或珍贵资料的数字化处理，旨在保护和传承这些珍贵资源；服务主导型的数字图书馆则着重于提供全方位的数字服务，包括统一的信息访问平台、在线参考咨询，便于读者更加方便地获取信息与解决问题；商用文献型数字图书馆主要与商业出版社合作，提供大量的在线电子书籍和数据库资源，满足专业人士和学术研究者的需求。在这三种模式中，服务主导型的数字图书馆尤为关键。它不仅包括图书馆数字化的特殊馆藏、商业在线电子出版物和数据库，还涵盖了互联网上的有用文献信息资源。通过构建统一的信息访问平台，这种类型的数字图书馆可以实现不同平台间的资源互通与共享，使用户能够通过一个统一的界面访问到广泛的信息资源，其在线参考咨询平台则解决了用户在利用数字资源时可能遇到的各种问题，提供实时帮助和技术支持。

通过回顾图书馆自动化的发展历程，可以看出其始终专注于目录、索引等书目信息的计算机化处理，而在馆藏书籍、期刊及其他文献类型的数字化存储、管理、检索及利用相对较少。然而，随着技术的发展和需求的变化，数字化存储和检索逐渐成为发展趋势。数字图书馆恰好体现了这一进程，其不仅是图书馆自动化的高级阶段，也代表了图书馆服务向数字化、网络化、智能化转型的必然结果。数字图书馆所采用的数字化书目信息主要源自图书馆自动化系统。尽管从资源和技术层面看，图书馆自动化系统对当前的数字图书馆体系的贡献有限，但是图书馆自动化无疑是构建数字图书馆的关键阶段。图书馆自动化在传统图书馆的理论框架内，通过运用计算机技术来提升图书馆的服务和管理水平；并且数字图书馆则是在理论和技术上都突破了传统图书馆的界限，代表了图书馆学的新进展，其影响和意义更为深远。

总的来说，数字图书馆的诞生和进步，并非源于图书馆自身的需求，而是信息化社会发展的必然结果。图书馆学界应当抓住数字图书馆发展的机遇，加速图书馆事业的进步。虽然对数字图书馆的理解存在差异，但数字化对图书馆产生的深远影响是不争的事实。数字图书馆已成为图书馆发展不可逆转的趋势，并将在新时代图书馆事业的发展中扮演主要角色。因此，以数字资源为基础，依托技术支持，通过网络服务的数字图书馆，不仅拥有丰富的研究内容，也展现了广阔的发展潜力。

第二节
数字图书馆的建设发展

一、建设数字图书馆的作用和意义

数字图书馆是以知识体系构建的信息与知识服务平台，不只是社会信息基础设施的核心部分，也是未来社会信息交流的关键枢纽。它能改变当前互联网信息分散且使用不便的状况，为用户提供高品质、专业和定制化的服务。此外，数字图书馆跨越了多个学科领域，如计算机科学、网络通信、信息管理等，标志着互联网从技术导向转向服务科学研究、艺术创作、文化传播等多方面的进展。

（一）数字图书馆与知识经济发展

在知识经济时代背景下，知识是主要的生产力因素，信息和知识是全球竞争力及知识经济的核心动力。获取、交流和创新知识对于提高社会生产力至关重要。数字图书馆作为组织信息、传递知识的有效平台，不仅提升了个人的知识获取和创新能力，还支持了国家知识创新体系的构建，从而推动全球知识经济的发展。

（二）数字图书馆与国家信息化建设

信息化不仅是我国实现工业化和现代化的关键步骤，也是提升国家竞争力的必由之路。国家信息基础设施的建设，对缩短我国与发达国家之间的差距、提升国民素质和创新能力具有重要意义。在这一过程中，数字图书馆扮演着至关重要的角色。它通过网络平台，重新组织信息和知识，为用户提供便捷的服务，使得人们能够突破时间和空间的限制，方便地获取所需的知识和信息。这不仅助力于缩小国内外的数字鸿沟，也为平衡国内不同地区之间的发展差异做出贡献。

（三）数字图书馆与全民终身教育

在当前信息化时代背景下，数字图书馆作为教育体系的新兴领域，其重要性日益凸显。不同于传统图书馆着重实体书籍的收集与借阅，数字图书馆通过数字化的方式，提供更为专业化和个性化的知识与信息服务，显著地丰富了公众的学习资源，使全民终身教育成为可能。数字图书馆的发展不仅改变了人们获取知识的方式，也极大地促进了社会终身学习体系的形成与发展。数字图书馆通过提供易于访问的网络化学习资源，提升了国民的综合素质和信息处理能力。此外，数字图书馆的建设还支持了社会主义精神文明的建设、推动了学习型社会的形成，并为实施国家的"科教兴国"战略提供了坚实基础。

二、数字图书馆建设全业务流程

信息资源构成了图书馆服务的根基和起点，是图书馆持续发展的关键。传统图书馆的业务流程主要包括采购、编目、阅读和藏书，而数字图书馆的业务流程虽然在本质上与之相似，亦包含采、编、阅、藏，但其核心是以数字资源为主。数字图书馆的建设及其服务是围绕数字资源的生命周期进行的。

（一）采——数字资源的采集加工

1. 数字图书馆信息资源建设

数字图书馆资源指的是图书馆运用数字技术来发布、存储及利用的信息资源总和。这些资源的生命周期涵盖了从生成、采集、组织到传播、利用直至长期保存的全部过程。至于数字图书馆资源的建设，则是通过筛选、收集、组织和信息资源的管理来构建一个既高效又可持续利用的数字资源系统的过程。

2. 数字图书馆资源建设形式

（1）采购

数字资源的采购是构建数字图书馆的基础之一，通常指购买商业数据库。这种方式主要是从非本馆的权利人那里，通过购买合同获取数据库的使用权或保存权。这些权利人可能是组织也可能是个人，他们拥有大量珍贵的数字内容，可以通过法定程序转让给图书馆。

（2）自主建设

自主建设是图书馆依据自身馆藏资源和服务需求，有计划地进行特色资源和专题资源库的数字化构建。这包括将已有的馆藏书目、专题特色数据库以及有效组织的网络资源转化为数字形式。此外，数字展览和在线讲座等原生数字资源的创建也属于自主建设的一部分。在自主建设的过程中，必须严格遵循资源建设的标准和规范，以确保数字资源的可发现性、传递性和可用性，同时满足更广泛的资源共享和增值应用的需求。

（3）网络资源采集

网络资源采集是指使用网络爬虫技术自动从指定的域名和网页收集信息资源。图书馆应根据用户需求制定具体的采集策略、主题和范围，有针对性地进行资源采集。这种方式能够快速丰富图书馆的资源数据库，提供更全面的信息服务。

图书馆之间，以及与档案馆、博物馆、科研机构和企业等其他文化科研机构之间，可以在平等互惠的基础上合作建设数字资源。合作模式包括资源的交换和委托加工等方式。这种跨机构的合作不仅可以扩大资源的种类和覆盖范围，还能提高资源利用率，促进信息共享。

除了上述主要方式，接收捐赠和受赠也是获取信息资源的重要途径。通过这些多元化的资源建设方式，数字图书馆能够有效地满足广大用户的学习和研究需要，推动知识的传播和利用。这些方法的共存与发展，标志着图书馆服务向数字化、网络化的深入演变，是现代图书馆发展的必然趋势。

3. 数字图书馆资源建设原则

（1）整体性与系统性原则

数字图书馆资源与传统纸质资源共同构成了图书馆的文献信息资源体系。为了更有效地利用这些资源，图书馆应致力于整合不同形式的资源，打造一个包含多种载体、多种类型的新型信息资源体系，并能有效结合分散异构信息。此外，图书馆还需关注资源建设的完整性，确保数字资源体系结构合理，资源类型均衡，层次分明。

（2）实用性和效益性原则

在建设数字资源时，图书馆需从自身的功能定位及用户的具体需求出发，尽可能地满足公众信息需求。同时，图书馆应根据各自的实际情况，综合考虑采购方式、授权模式、授权期限、元数据管理以及资料保存期限等多个方面。这样，图书馆就能实现资源使用的最大效益。

（3）共建共享原则

现代的图书馆系统中，广泛地推进数字资源的建设。在这个过程中，除了要确保资源建设的效益性和保障性外，图书馆还应考虑开展跨地区、跨系统的合作，共同构建一个实现资源优势互补和联合共享的数字资源保障体系。

（二）编——数字资源组织与整合

伴随数字资源的迅猛增长，图书馆有必要对大量的数字资源予以高效整合，从而便于用户获取其所需的信息。

1. 数字资源描述体系

在当前信息爆炸的时代，图书馆资源组织的核心在于其描述体系。我们面临的不是资源的匮乏，而是缺乏能更好地满足用户需求的资源组织方式。因此，有效地组织和描述资源，以便读者能轻松定位所需信息变得尤为关键。目前，图书馆主要采用的资源描述体系包括以下三种：

（1）以 MARC 格式为基础的编目体系

目前，对于不同类型的文献信息资源，图书馆主要采用两种基本的 MARC 编目格式。其中，西文文献资源通常采用 MARC21 格式进行编目，而中文文献资源则广泛采用 CNMARC 格式。

（2）以 DublinCore 为基础的元数据应用体系

DublinCore 元数据体系的建立旨在提供一种描述电子文献的方法，以便在线资源的检索。该体系由 15 个核心元素构成，提供了一个稳定的描述框架，适用于多种类型的资源描述。

（3）以其他形式的元数据为辅的元数据应用体系

随着数字资源不断发展，元数据标准也在演进，形成着多样化的趋势。除了 DublinCore 元数据之外，国内外针对不同领域、资源和应用，制定着多种元数据规范。

2. 数字资源整合

在当今信息化快速发展的背景下，数字图书馆成为信息资源获取的重要平台。随着数字资源量的日益增加，如何有效地对这些资源进行整合、优化访问和提高利用效率，已成为数字图书馆面临的一个主要挑战。为了更好地服务读者，数字图书馆需要从多个维度对资源进行细致的整合和高效的管理。

数字资源的整合主要涉及利用现代技术手段，对图书馆内独立的多种数字资源进行系统化处理和优化管理。这一过程不仅是资源的简单聚合，还包括对资源的深度融合和优化重组，使其成为一个高效能、高效率的新型数字资源体系。这种整合能够使得资源的发现、检索与获取更加便捷，大大提高了图书馆的服务质量和效率。

当前，数字资源整合主要采用以下四种模式：

（1）基于 OPAC 系统的数字资源整合

传统图书馆的 OPAC 系统主要显示印刷文献信息，而现代图书馆则倾向于在 OPAC 系统中加入数字资源的 MARC 记录。这样不仅能显示传统的印刷资源，也能包含电子资源。这种方式让读者能够在一个平台上获取图书馆所有类型的藏书，大大方便了信息的获取。

（2）基于资源导航的数字资源

基于资源导航的整合主要通过设置专门的数字资源导航系统，将不同主题或学科的相关信息资源进行整合。例如，如 CALIS 重点学科导航系统和中科院学科信息门户，都是通过搜集、筛选、分析和综合不同的网络资源，形成了针对特定学科的信息资源数据库。这样的系统帮助用户能够更加精准地按学科分类检索所需的学术资源。

（3）基于跨库检索的数字资源整合

鉴于图书馆自建的数字资源和购买的数据库存在访问入口不一致的状况，众多图书馆构建了统一的检索平台，准许用户通过一次登录，同步对多个数据库展开检索。这种一站式的搜索服务极大程度地优化了用户体验，让资源的发现与获取变得更具效率。

（4）基于元数据的数字资源整合

元数据是关于数据的数据，为资源的描述、发现和管理提供了极为关键的信息支持。基于元数据的资源整合不仅能提高信息资源的描述准确性和检索效率，也是图书馆实现资源共建共享的关键环节。通过元数据，可以实现不同资源之间的有效链接和整合，增强了资源之间的关联性并提升了其使用价值。

采用这些先进的整合方式，数字图书馆能够为读者提供更为丰富、便捷的信息服务，极大地提升了图书馆的功能和服务质量。数字资源整合不仅是技术操作的集合，更是一种全新的服务理念，旨在实现数字图书馆资源的优化配置，充分发挥其信息服务功能，更好地满足现代社会日益增长的信息需求。在未来，随着技术的进步和应用的拓展，数字资源整合将变得更加精细化和智能化，为读者提供更精准、高效的服务。

（三）阅——数字图书馆服务

1. 数字图书馆服务概述

数字图书馆服务是现代图书馆服务系统的核心部分，它利用先进技术和网络平台，为用户提供检索、发现、访问、推送及咨询和教育等多元化服务。这些服务使得数字化的藏品及相关资源的利用更加高效便捷。

作为一个信息传递的重要平台，数字图书馆在传统图书馆服务的基础上进行了数字化和信息化的转型。它不仅仅限于技术的更新换代，更加注重通过全媒体手段来实现服务的创新。这种创新旨在扩展和深化图书馆服务的多维度，让用户能够随时可以获取所需的图书馆资源。数字图书馆还致力于拓展其服务的覆盖范围，形成了一个涵盖政府立法、教育科研机构、企业、社会公众以及信息机构的全方位服务网络。此外，数字图书馆还深化了服务内容，实现了数字资源的无缝整合及其高效利用，不断提升服务的质量和效率，向社会各界提供现代化、个性化和多元化的图书馆服务体验。这些努力共同推动了图书馆服务的现代化进程，从而更好地满足用户需求。

2. 数字图书馆服务内容

（1）以深化服务内容为核心的信息化服务

数字图书馆旨在便利读者访问各类资源和信息，应整合元数据、目录数据、馆藏数据及专题数据库等资源，提供统一的检索服务。此外，我们通过线上多种途径提供资源获取服务，并在获得版权许可的情况下，提供全文下载服务。同时，我们也利用互联网实现馆际互借及文献传递。

（2）以提升服务质量为核心的智能化服务

为了更好地满足读者的需求，数字图书馆应整合先进的技术和创新理念，向读者提供一系列便捷服务，包括自助借还书、办理入馆证、文献复制、智能书架、触摸屏电子报纸及电子阅览室。同时，对于远程读者，数字图书馆应开展实名认证、虚拟咨询、网络展览、在线讲座及远程学习等一系列在线服务，确保服务的广泛覆盖、高效运转。

(3) 以拓展服务渠道为核心的新媒体服务

随新媒体的迅猛发展，手机、平板电脑、数字电视等成为人们获取信息的重要平台。因此，数字图书馆须在现有的网络基础上进一步拓展服务渠道。通过提供移动图书馆服务和数字电视服务等新媒体服务，可以有效地增强图书馆的信息传播能力和服务的时效性，满足现代用户的多元化需求。

(4) 以延伸服务范围为核心的多层次服务

针对不同的社会群体，如立法机关、科研机构、企业以及特殊群体，数字图书馆应提供包括政府公开信息、法律资源库、虚拟咨询系统、舆情分析系统以及无障碍信息服务等多元化服务。特别是对于儿童和残障人士，更应提供专门设计的数字资源和服务，确保每个人都能平等地享受到知识的便利。通过这些多层次的服务，数字图书馆不仅可以满足多样化的社会需求，还能在数字化转型的浪潮中发挥更大的作用

(5) 以合作共建共享为核心的网络化服务

数字图书馆服务构建了一个广泛的服务网络。作为信息社会的一员，图书馆应与业界携手合作，跨界联合，共同推进联合编目、联合目录、联合馆藏和联合咨询等活动，通过协作建立覆盖整个社会的服务网络。

3. 数字图书馆服务策略

数字图书馆在现代信息社会中起着举足轻重的作用，为广大读者提供了方便快捷的信息获取方式。然而，在实际的服务过程中，各图书馆在数字化服务提供上还存在一些明显的不足。这些问题主要体现在三个方面：①数字图书馆的服务平台缺乏统一规划，导致用户在使用时遇到诸多不便；②服务理念相对陈旧，缺少创新性，未能进行充分的前瞻性研究。针对上述问题，我们提出了

以下两点策略，以期提高数字图书馆的服务质量和效率：

（1）整体性策略

图书馆需要对数字服务进行全面的统筹规划。通过构建统一的用户界面和服务接口，可以方便地让读者在任何地点、任何时间访问和使用服务，以最大程度提升用户体验。统一的平台不仅简化操作流程，还有助于提高服务的可访问性和便捷性。

（2）创新性策略

为了保持数字图书馆服务的领先地位和吸引力，图书馆应当加强前瞻性研究，探索服务创新的可能性。通过引入最新的技术创新，例如人工智能、大数据分析等等，图书馆可以开发出更多样化、更个性化的服务，以满足用户日益增长的需求。此外，创新也应体现在服务理念和管理模式上，比如开发互动式教育工具、增加虚拟现实体验等等，这些都能够极大丰富用户的使用体验。

（四）藏——数字资源保存

1. 数字图书馆资源保存

在信息化时代背景下，数字资源已成为国家重要的战略资源和数字资产。与物理资源相比，数字资源更易受到损害或因技术更新换代而导致载体过时，因此其保存显得尤为关键。数字资源保存的主要目的是确保资源的长期可用性、表现性和可理解性。常用的存储介质包括硬盘、光盘及磁带等。

2. 数字资源的保存策略

鉴于数字资源量巨大且存储需求庞大，数字资源的保存成本较高。不同的数字资源建设目的决定了数字资源保存策略的多样性。因此，制定针对性的数字资源保存策略显得十分必要。

（1）数字资源保存级别

根据数字资源的不同使用需求及保存需求，通常可以将其分为三种级别：长期保存级、不定期保存级和临时保存级。这样的分类有助于满足资源的即期和长期使用需求，并据此来制定合适的保存策略。

（2）长期保存级数字资源保存策略

对于长期保存的数字资源，图书馆通常需要管理包括完整的馆藏元数据（书目数据、规范数据、分类主题数据及馆藏数据）、特色的数字化资源数据库、重要的中文网络资源，以及得到授权的可永久保存的中文资源数据库。此外还有国际上认为重要的工具性数据库也包括在内。

为确保这些宝贵数据的安全性与完整性，通常采用多种保存介质，如光盘和磁带，并至少进行三份备份，分散存放以应对可能的灾难性事件。此外，对于存储在异地或离线的数字资源，定期进行检查、复制和格式转换是必不可少的步骤，这有助于保持数据的持续可用性和长期安全。

（3）不定期保存级数字资源保存策略

那些暂时无法确定是否需要永久保存的资源，或虽当前具有保存价值但可能随时间减少其重要性的资源。这类资源通常包括网络上发布的数字资料等。对于这些资源，通常保存一至两份备份。根据资源的实际使用情况和相关保存标准，应及时评估并决定是否转为长期保存级资源，从而执行相应的备份规范。

（4）临时保存级数字资源保存策略

对于临时保存级别的数字资源，其主要目的是在资源丢失或损坏时能够快速恢复并继续提供服务。这类资源包括用于发布和服务的数字资源、供应商提供的镜像资源以及包含对象数据链接的元数据资源等。保护这些在线资源的策略包括三个层次：首先是数字资源发布与服务系统的存储，其次是本地数字资源存储管理中心的存储，最后是异地灾备存储。这种层次化的存储策略确保了在紧急情况下资源的安全性和服务的连续性。

（五）数字图书馆的支撑

1. 标准规范

数字图书馆系统建设依赖于网络环境，包括资源的采集、处理、描述、管理、服务以及保存等多个环节。其核心目标是提升资源的可访问性与共享性。因此，建立一套标准规范至关重要，这既是资源共建共享的基本保障，也是确保数字图书馆资源与服务在广阔的数字信息环境中能持续可用、互操作和可持续发展的关键。目前，许多数字图书馆系统已经采用了基于数字资源生命周期的建设标准体系。这些标准涵盖了数字内容的创建、数字对象的描述、资源的组织管理、资源服务以及长期保存等方面，确保了数字资源的高效管理和广泛利用。

2. 技术支撑

建设数字图书馆是项复杂的工程，它要求我们深入理解并掌握关键技术及其体系架构，以确保各类应用系统得到有效实施。在建设过程的每一个步骤中，注重细节是至关重要的；它们是构筑现代化、高效数字图书馆系统的基础。相关技术涵盖文献数字化、网络通信、数据挖掘、搜索引擎优化、VPN、RAID（独立磁盘冗余阵列）以及用户界面设计等领域。

三、数字图书馆的发展趋势与方向

（一）数字图书馆的发展趋势

1. 从基于数字化资源向基于集成服务和用户信息活动的范式发展

数字图书馆在其发展过程中显著地演变了几个发展阶段，每个阶段都着眼于不同的核心任务和技术目标。在早期，数字图书馆首先建立了以文献资源数字化为核心的信息资源系统。这种第一代数字图书馆，通常被设计为独立系统，并嵌入到传统的图书馆体系或其管理机构的信息系统之中。其主要功能是实现特定数字化资源的跨时空检索与传递，使用户能够不受时间和地理限制地访问到这些资源。

随着技术的进步和用户需求的增加，第二代数字图书馆开始研究如何实现不同的数字信息系统之间的互操作性。这一代图书馆着力于促进这些系统间的无缝交换及信息资源与服务的共享，通过建立集成信息服务机制，图书馆服务不再局限于单一的资源供应，而是通过服务整合构建统一的信息服务平台。这种基于集成信息服务的数字图书馆，不再将重点放在单一的文献数字化或资源库构建上，而是以服务多样化和分布式数字资源的整合为主要目标。

进展到第三代数字图书馆，发展的重心转向了更加注重用户的信息活动和用户信息系统。这一代数字图书馆以用户的信息需求和活动为核心，通过组织、集成以及嵌入各种数字信息资源和服务，从而更直接、深入、有效地支持用户在检索、处理和利用信息解决问题的全过程。第三代数字图书馆的特点在于以用户为中心，将用户的信息活动作为服务设计的基础，进而更贴近用户的实际需求和信息使用习惯。

因此，数字图书馆的发展从最初的资源数字化，经过集成信息服务的构建，发展到以用户信息活动为核心的服务模式。每一个阶段都体现了对技术进步的适应以及对用户需求变化的适应。未来的数字图书馆将更加注重智能化与个性化服务，利用先进的信息技术——如人工智能、大数据——为用户提供更为精准和便捷的信息服务体验。这一发展方向不仅提升了图书馆服务的效率和质量，也为用户带来了前所未有的便利和新的信息体验。

2. 数字信息存储的全息化

随着数字图书馆的不断建立与逐步发展，我们所面临的一个关键问题在于资源数据量的迅猛膨胀。在此种情形之下，存储空间的规模大小以及管理的效率，将会直接对数字图书馆的实际应用产生影响。在数字图书馆的架构之中，我们时常需要处置规模庞大的多媒体信息资源。这些资源在被归入数据库之前，通常需要展开有效的压缩处理，以此来降低对存储空间的需求，同时削减数据库运行的成本，保证数据库的规模处于能够掌控的范畴以内。故而，针对能够支持快速访问的海量存储技术展开研究与开发，显得极为重要。

从全球的视角进行审视，所有被称作"数字图书馆计划"的项目，其数据存储量均已达到了海量的级别。在这样的背景之下，全息数字化技术的广泛运用以及新型压缩技术的开发成为突破瓶颈的关键所在。全息技术的运用不但极大地减少了数字资源所占用的空间，还相应地降低了存储设备的投入成本。全息数据存储技术凭借其巨大的存储容量、高速的数据传输性能以及短暂的访问响应时长，成为数字图书馆提供网上服务的理想之选。

进入 21 世纪，全息数字化技术被视为数字图书馆领域的核心关键技术。与传统的简单扫描技术相比，全息数字化技术所创建的数字资源具备全息特征，全息数字化技术不仅保留了文献资源的完整信息，还增强了多种检索和利用功能。显然，全息数字化技术将成为未来数字图书馆资源建设的重要组成部分，推动着数字图书馆向更全面、更高效的发展。该技术的实施，不仅仅是技术层面的革新，更是对数字图书馆服务功能和用户体验的深刻变革。在未来，我们可以期待数字图书馆通过全息技术提供更丰富的服务内容和更高效的资源管理模式，从而能更好地满足广大用户的需求。

3. 多种资源的高度集成，易用性更强

数字图书馆的发展在很大程度上得益于其资源的高度集成和易用性。这种类型的图书馆将传统的书籍、报纸、期刊的数字版本与音视频制品、多媒体等多样化资源有效整合。这种整合不仅仅是将资源聚集到一起，更是通过深度整合，使得资源的检索和使用达到了新的高度。当用户通过搜索关键词查询时，系统能够迅速检索相关的多种资源，并在阅读器上展示，使其成为一个多功能的阅览工具。数字图书馆由于其人性化设计和操作便捷性，而日益受到用户的青睐。通过运用全文搜索、知识管理、信息导航、跨平台技术、智能检索代理及信息推送技术等，数字图书馆极大地提升了其服务的用户友好性和实用性。

4. 数字化技术进一步完善

作为一个跨学科的技术集成项目，数字图书馆的构建涉及计算机科学、网络通信等多个技术领域。随着这些领域技术的快速进展，新的技术手段不断被开发和应用。数字图书馆的有效运作依赖于网络通信、多媒体信息处理、数据压缩与解压、分布式信息处理、信息安全、数据仓库技术、基于内容的智能检索、大规模数据处理以及用户界面设计等技术。目前，亟须解决的技术挑战包括软件的可重用性、多语言处理、自动识别技术及互联网上的人工智能应用等。数字图书馆特有的信息传输网络要求系统必须具备高速的信息传输能力，以确保用户能够快速而准确地获取信息。随着这些关键技术的持续改进和优化，数字图书馆的功能和效率正在不断提升。

5. 标准化建设取得较大进展

在数字图书馆的建设与发展过程中，标准化和规范化推进取得了显著的成就。这两者不仅是数字图书馆资源共享的基础，更是其顺利运行的关键保障。数字图书馆包括文本、表格、图像及音频等多种媒体形式数字内容，其广泛性与复杂性要求我们必须采用统一管理策略。面对不同学科、庞大数量和多样化信息类型，建立一套统一标准体系显得尤为重要。这种标准化建设不仅包括数据格式统一，也包括软硬件设备规范选用，这些设备具有品牌众多，规格不一。如何在这样的背景下，将分散资源和力量有效整合，确保网络互联互通以及资源高效共享，是数字图书馆管理中一大挑战。通过实施标准化策略，可以使各个单位研发和汇总信息资源以统一格式进行组织和管理，不仅能够与国际网络标准接轨，还能确保各个单位之间资源能够被共享，从而形成一个整合信息资源网络。此外，标准化实施还能促进分布式存储和检索系统建立，这样系统能够让广大用户更加便捷地获取和利用所需信息资源。从技术管理角度来看，标准化推进是数字图书馆能够顺利运行核心。通过标准化，数字图书馆建设不仅仅是资源简单积累，更是高效、有序管理体现，能够确保信息资源最大化利用和长远发展。

（二）数字图书馆建设的方向

1. 加强数字图书馆建设的战略管理

加强数字图书馆的战略性管理对于国家信息基础设施的发展至关重要。数字图书馆的建设不仅是技术上的挑战，更涉及管理和服务的深层次问题，这要求进行细致的技术研究与广泛的政策探讨。作为一个跨部门和跨行业的系统性项目，它需要政府进行统筹规划和协调。数字图书馆旨在通过互联网为广大用户提供全面的信息服务，这就要求我们必须精心规划信息资源。

为了确保数字图书馆建设方向的准确性，并最大化项目的实际成效，从而避免在项目执行和技术应用上犯下严重的决策错误，必须从战略管理的角度出发，处理数字图书馆建设中涉及的关键问题，包括分析数字图书馆与传统图书馆的互动、数字图书馆与国家信息基础建设的协同、技术的先进性与实用性的均衡、数字资源的建设与整合等问题。此外，还应关注业务的社会化与个性化、项目建设与用户服务的关系、跨图书馆的协作与资源共享、信息服务与知识产权的保护，还有数字化建设与制度创新等方面。因此，需要更强的整体规划能力和深入的可行性分析。这样的战略管理将推动数字图书馆更有效地服务于公众，促进信息的普及和知识的共享。

2. 加强特色化数字资源建设

加强特色化数字资源的建设，对于数字图书馆而言，是提升其核心竞争力和可持续发展能力的关键所在。数字图书馆不仅仅局限于物理书籍的数字化展示，更重要的是，它作为一个综合性的信息资源平台，旨在为用户提供全面、便捷、高效的信息服务。

（1）数字图书馆需要重视信息资源的建设。数字图书馆的信息资源不仅包括传统的文献资源，还涵盖了各类数据库、多媒体资源等。信息资源的质量直接决定了数字图书馆的服务质量和吸引力。因此，构建高质量的数据库资料是基础工作，这要求资料不仅要有足够的数量，还要具备合理的结构和高水平的可访问性。例如，应采用先进的技术来保证数据库的稳定运行和快速准确的搜索功能，以确保用户能迅速找到所需资料。

（2）数字图书馆应避免信息资源的浪费，实现资源的合理配置和高效利用。

这意味着在资源建设时，不应盲目追求新颖、全面或高端，而应重视资源的实用性和针对性。数字图书馆应从本馆的实际出发，确定自身的特色和优势，然后根据这些特色和优势来策划和构建信息资源。同时，应加强与其他图书馆的合作，实现资源共享，避免不必要的重复建设和资源浪费。

（3）数字图书馆在服务方式上应当拓展其服务对象，不仅服务于亲自到访的读者，更要关注网络用户的需求。这要求图书馆优化网站设计并提升用户对网站的体验，例如通过界面友好、操作简便等方式。此外，丰富数字馆藏资源和提供多元化的远程服务，如在线咨询、电子阅览室，将使得数字图书馆能够更好地满足用户的需求。

（4）数字图书馆应当深入开发信息知识资源，建设具有各馆特色的数字资源。这不仅能满足高层次读者的需求，还能够突出图书馆的独特性。通过特色资源的建设，可以吸引特定的用户群体，形成特定的用户黏性，从而提升图书馆的整体价值。

（5）数字图书馆的个性化服务与特色资源的有效整合及深度利用是未来的重要发展方向。为了适应这一趋势，图书馆需持续进行技术创新和服务模式的革新，例如采用人工智能技术优化信息检索系统，提升服务效率并丰富用户互动体验。借助这些创新措施，数字图书馆将能够沿着可持续发展的轨迹前进，进而最大限度地发挥其在社会中的价值，包括文化传承与知识普及等方面。

3. 加强数字图书馆建设的合作与协调

数字图书馆的建设是一项跨部门、跨学科，并基于高新技术的复杂系统工程。这一过程中必须要求相关的研究机构与部门进行广泛的合作与通力协作，需要从整体出发，打破部门自行其是、条块分割以及重复建设的局面，依托网络平台实现一体化的建设。在技术层面，我们应当与国外的技术企业进行深入合作，引进国际先进技术来打造具有独特特色的数字图书馆。数字图书馆的建设涉及计算机、软件工程、通信网络等多个领域，需要这些领域的专家联合成战略联盟。以美国的数字图书馆研究为例，美国数字图书馆研究的协作模式值得我们学习。在推动数字图书馆建设的过程中，仅仅依靠政府的投入和图书馆本身的资金和技术力量是远远不够的。因此，图书馆界应该意识到自己在建设中的核心地位，并积极与信息技术界、商业界等建立合作，广泛吸纳资金、技术和人才资源，以便共同参与试点项目。

4. 加强数字图书馆的可用性评价

可用性是指系统必须具备的功能特性，例如是否配备功能菜单、是否采用图形用户界面等。从实际使用的角度来看，可用性描述的是用户在特定环境中执行特定任务时，系统表现或功能的有效性。可用性是衡量数字图书馆质量的关键指标，涉及用户与数字图书馆互动的多个层面，甚至包括其安装与维护过程。数字图书馆的可用性直接影响到它是否能够满足用户的实际需求，是否符合用户的操作习惯，以及最终输出结果是否满足用户的期望。这一点不仅关乎用户的满意度，对于图书馆的工作人员而言，它还直接关系到工作效率及图书馆的整体价值。对于开发人员来说，可用性的高低直接决定了数字图书馆系统开发项目的成功与否。根据不同用户群体的需求，数字图书馆的可用性可以分为两大类：界面可用性和组织可用性。界面可用性关注的是用户界面是否能够满足不同用户的具体需求；而组织可用性则侧重于数字图书馆是否能有效地融入特定组织的运作，以符合组织的工作需求。通过深入评价这些方面，可以更好地提高数字图书馆的服务效果和用户体验。数字图书馆既改变人们获取和利用信息的方式与模式，也深化和扩展人们信息的使用深度和使用广度。因此，构建一套评价数字图书馆可用性的标准显得尤为关键。数字图书馆可用性的评价原则主要包括以下几点：

（1）易于上手

数字图书馆的设计应便于新用户快速学习，让用户能在短时间内熟悉操作方式；系统为用户提供充分的培训支持和咨询服务，让用户在遇到操作难题时能够获得及时解答和帮助。

（2）记忆友好

数字图书馆的结构、界面设计、功能布局及操作流程需要保持高度一致性，以便用户记忆；应尽可能降低用户的记忆负担，使得用户即使长时间未使用，也能轻松重新上手使用。

（3）效率优先

数字图书馆作为一种高效率的信息检索系统，其性能应当优越于其他信息检索方式，能够迅速地满足用户对信息的需求，并有效提升用户检索信息的效率。

（4）强大的容错性

数字图书馆需配备强大的容错机制，以确保系统的连续稳定运行；在用户操作遇到异常时，系统应能实时生成错误报告，并提供修正方案或自动执行修复操作。

（5）使用愉快

使用数字图书馆应该是一种轻松愉快的体验。系统设计需要考虑用户的情感需求，尽量消除使用过程中可能出现的挫败感、烦躁或沮丧情绪，以确保用户的舒适度和满意度得到保障。

（6）服务差异化

数字图书馆通过网络为全球用户提供服务，但是不同社会背景、文化环境和知识水平使得用户的需求各异。因此，数字图书馆需要针对用户的认知习惯、行为特征以及阅读和查询的偏好，提供定制化的服务。数字图书馆的系统设计需要考虑实际应用环境，如系统是否满足工作流程的要求、是否适应用户获取信息的方式，以及系统是否与现有的计算机和通信设备兼容等经济和技术因素。作为一项资源密集型项目，数字图书馆的建设不仅需要全面评估数字图书馆的经济和社会效益，还需要考虑目标用户群体的经济承受力。

5. 加强数字图书馆的知识管理

数字图书馆加强知识管理包括一个复杂而精细的过程，即对数字图书馆内部的信息和知识资源进行有效的整合与利用。知识管理的主要内容包括：

①知识创新乃是强化数字图书馆知识管理的关键组成部分。数字图书馆与传统图书馆有所不同，其依托网络环境，运用全新的管理模式与运作方式。在此种环境下，数字图书馆的建设与管理需持续引入创新的图书馆学理念。工作人员应凭借创造性思维不断进行探索与尝试，成为图书馆学知识创新的积极推进者。

②知识组织，即对数字图书馆资源中的知识内容与结构予以有效的分类与链接，以使这些知识易于被用户识别与理解。依据知识的内部结构特征，可采用多种组织方法，如按照知识因子或知识关联进行组织。此外，从语言学角度来看，知识的组织还可依据语法、语义和语用三个层面展开。

③知识开发，是指在对数字图书馆信息进行收集和预处理的基础上，借助数据挖掘和知识发现等技术手段对信息进行提炼与分析，进而提取出有用的知

识。这些经过深入加工所得的知识产品，将具有独特价值，为用户提供更为准确且深入的信息服务。

④知识扩散和应用，指的是如何将开发出的知识产品进行有效传播与利用，包括通过知识信息导航、评价和咨询等方式开展知识营销，以实现知识的增值。在此过程中，构建适宜的组织管理结构、技术支持系统以及激励机制至关重要。

在实际操作中，数字图书馆已然开始广泛应用各类智能技术和软件来提升知识组织和管理的效率。例如，元数据技术、可扩展性结构化标记语言 XML、智能 Agent 技术、数据采掘技术以及个人知识管理工具等，都在持续优化数字图书馆的知识管理流程。通过这些多层次、多角度的方法，数字图书馆的知识管理工作不断向前推进，不但增强了图书馆的信息服务功能，还极大地提升了图书馆的知识创新能力和用户满意度。这一系列措施的施行，使得数字图书馆能够更好地适应信息时代的需求，成为知识传播的重要平台。

6. 强化数字图书馆的标准化管理

数字图书馆的建设需要众多部门和单位共同参与，其中包括图书馆、情报中心、档案馆以及各类文化信息设施等。其面临的挑战众多，如大量的学科信息、多样的数据类型以及复杂的媒体形式等。鉴于此，数字图书馆必须建立起一套完备的标准化管理体系。

标准化管理的重要性主要体现在以下几个方面：其一，统一的技术标准与操作规范能够实现网络资源的互联互通，进而促进信息的无缝交流。其二，标准化是提升管理效率与服务水平的前提，通过规范的流程可以优化资源配置，提升用户体验。其三，标准化还能够保障数据的安全性与准确性，是构建可靠信息服务系统的基础。

在数字图书馆的标准化建设中，涉及的标准主要分为两大类：一是与信息资源管理直接相关的技术标准，其中包括图书情报领域的通用标准、出版行业的专业标准以及档案管理的相关规范等。二是硬件设施和软件系统的建设标准，例如计算机系统、通信网络以及数据库的相关技术规范。

尽管目前数字图书馆的标准化体系已有一定基础，但仍存在诸多缺口。例如，缺乏对信息网站质量的评价标准，数字图书馆系统软件的规范及评价指标不够完善，质量保证和认证体系也有待进一步强化。这些都是未来发展中需要重点解决的问题。因此，加强数字图书馆的标准化管理，不仅能够提升服务质量和效率，还能够确保资源的可持续利用和长远发展。通过实施标准化管理体系，数字图书馆能够更有效地管理和分配资源，确保各种来源的数字资料之间的兼容性和可交换性，进而实现广泛的资源共享。

7. 强化数字图书馆用户的研究与关系管理

用户既是数字图书馆建设的基础，也是其持续发展的关键因素。因此，需要深入开展用户研究，确保数字图书馆的资源建设和管理紧密围绕用户需求进行。用户关系管理依赖于采用现代管理技术和方法，对用户群体进行全面分析，从而识别关键用户，并通过有效的沟通和培训来提高服务质量，进而提升用户满意度。数字图书馆的用户群体呈现出广泛的多样性和多变的需求。当前，团体用户占据主流，他们往往有集中的资源访问需求。数字图书馆针对这一特点应当调整服务策略，提供有针对性的服务，以满足不同用户的需求，促进图书馆资源的高效利用和发展。

数字图书馆在用户关系管理方面具有以下几个显著特点：一是用户关系是一种重要资源，通过对用户需求的细致洞察并提高服务水平来满足这些需求。

二是这种管理注重用户的增量，不仅将潜在用户转变为现实用户，还努力将一般用户培养为忠实用户。通过满足用户需求来建立稳定的长期关系，从而推动服务和产品的持续发展。三是数字图书馆的用户关系管理标志着从"内向型"向"外向型"的转变，过去主要聚焦于资源的建设和积累（即后端），而对直接面向用户的服务（即前端）关注不足。随着服务领域的拓展，传统的"内向型"管理模式已无法应对新的挑战，必须转向以用户为中心的研究和发展策略。四是用户关系管理的目标在于发掘、理解、预测并维护现有及潜在用户的需求。

在实际操作中，数字图书馆通过收集、监测和评估用户信息，分析用户行为模式，从而不断优化用户关系，有针对性地加强与用户的互动，提供符合需求的产品或服务，最终实现用户价值与图书馆效益的最大化。这种管理是对数字图书馆与用户之间多维关系的全面监督，并非局限于特定环节或阶段的应急措施，而是一种基于用户行为的长期战略。随着市场竞争的加剧，数字图书馆发展迅速，部分图书馆已经具备商业运营结构，全球范围内的图书馆系统也在积极拓展用户基础。有效的用户关系管理利用先进的信息技术手段，准确把握并迅速响应用户需求，以此吸引更广泛的用户群体。成功的用户关系维护不仅能够保留现有用户，还能挽回流失的用户，并吸引新用户。

第二章

全民阅读与图书馆阅读推广的理论架构

第一节
全民阅读理念

一、全民阅读的概念

全民阅读是指通过广泛的社会动员，让全民都尽可能地参与到各种形式的阅读活动中来，形成热爱阅读、专注阅读、重视阅读的良好社会风气和社会氛围。早在2000年前后，学术界就有了关于"全民阅读"概念的相关讨论，主要是围绕"全民阅读，读什么""全民阅读，在哪读""全民阅读，怎么读"这三个问题展开讨论，在探讨和实践中，2004年前后全民阅读活动正式开展。"全民阅读"这一概念也被广泛应用于新闻出版和公共文化服务等领域。

"全民阅读"这一术语最初在20世纪末由联合国教科文组织提出，该组织始终致力于将阅读作为一项重要项目在全球范围内推广。20世纪70年代，教科文组织针对亚非拉等地区的出版和阅读状况展开了广泛调研，并倡导"人人有书看"的理念。到了20世纪90年代，教科文组织将每年的4月23日定为"世界图书日"，并在20世纪90年代末正式启动"全民阅读"计划，推广至全球多数国家。此项举措成效显著，随后越来越多的国家开始重视全民阅读的重要性，并针对本国实际情况制定了各种阅读推广策略。例如，我国大理于2024年3月12日启动了"书香大理·阅享生活"全民阅读系列活动。这些活动将按照"每月有活动、每场有主题"的形式，深入开展主题鲜明、形式多样、遍布城乡、全域联动的全民阅读活动。全民阅读的普及堪称一场史无前例的"阅读革命"，其阅读理念、目标和价值均与以往有所不同。

二、全民阅读的内涵和特征

文化是一个民族的生命之源。我们必须深入推进文化体制改革，不断完善文化政策，以增强我国的文化实力及其在国际上的竞争力。此外，公共文化服务应实现标准化和公平化，同时推动文化艺术和新闻出版等领域的发展。在促进全民阅读的过程中，我们还需传承优秀传统文化，并注重文化遗产的保护。通过推动文化产品与服务走向国际化，能够提升国家的文化软实力。

在我国，全民阅读是在政府的引领下，由全社会共同参与的一项活动。全民阅读的推广旨在培养国民良好的阅读习惯，通过普及高质量的阅读内容，推动公民的现代化进程。而且，阅读也是民族文化传承与创新的重要途径，有助于文化与经济的同步发展。在我们的日常生活中，无论是地铁站、火车站还是咖啡厅，都能看到许多人借助电子产品沉浸于阅读之中。虽然这种数字化阅读已成为普遍现象，但政府所倡导的全民阅读，更多是指回归传统纸质书的深度阅读。与电子媒体上的浅显浏览和碎片化阅读相比，对传统经典作品的深入研读是一种更高层次的学习方式，它能更有效地滋养人们的心灵，满足深层次的精神追求，从而有助于提升整个国民的文化修养和道德水平。

阅读权作为每位公民所享有的权利，实际上是由《中华人民共和国宪法》（简称《宪法》）赋予的受教育权等权利衍生而来。《宪法》作为我国法律体系的基石，具有至高无上的法律地位，且需要通过其他法律加以补充完善。从立法上保障阅读权，主要是为了确保公民能够通过法律手段享有阅读的权利。尽管《宪法》本身并未明确界定"阅读权"，但阅读活动关系到公民的精神文化生活和个人素质的提升，与此相关的受教育权和信息权在《宪法》的第十九条、第二十二条、第二十三条和第四十六条中有所体现。例如，第十九条规定："国家发展社会主义的教育事业，提高全国人民的科学文化水平。"教育是一个全方位的系统，学校教育只是其中的一部分，而阅读、环境和舆论也是实现公民受教育权的重要途径。因此，对阅读进行立法，实际上是对《宪法》中受教育权等相关权利的具体化和拓展。

尽管阅读通常被视为个人行为，但从更广阔的社会视角来看，它实际上被视作每位公民的基本权利之一。这一点在多个重要的国际法律文件中得到确认，包括《世界人权宣言》《经济、社会及文化权利国际公约》以及《儿童权利公约》。联合国教科文组织进一步通过了《学习权宣言》，强调"学习权作为一种最基本的人权，其重要性可与生命、财产权利和个人自由等其他基本人权相提并论"。从本质上讲，阅读权是每位公民享有的文化权利和学习权利。因此，国家有责任为公民创造阅读的机会和条件，并通过法律和制度来确保这一权利的实现。制定相关的阅读法律是维护公民阅读权的有效途径。我国政府一直致力于保障公民的阅读权，为了与国际接轨，已签署《经济、社会和文化权利国际公约》，并由第九届全国人大常委会正式批准。此举使"文化权利"正式成为我国公民的一项基本权利。

进入21世纪以来，随着中国文化产业的蓬勃发展，文化权益（包括享受文化的权利、参与文化活动的权利以及分享文化成果的权利）逐渐成为社会各界关注的焦点。这种多元化的文化权利意识的兴起，促使政府更加关注自身的文化职责，并将实现公民文化权利的程度作为评价政府工作的一项重要指标。对公民文化权利的日益重视，不仅推动了我国文化事业的繁荣发展，还激发了公众对文化的需求。在这样的社会文化环境中，全民阅读得到了政府和社会各界的积极支持。

在当代社会，民族文化的传承、创新与发展迫切需要提升国民的整体阅读能力。实现全民阅读的愿景是公共文化服务的根本职能，也是各级政府义不容辞的责任。通过观察多个国家关于全民阅读的推广政策及实践，可以看出全民阅读呈现出几个显著特征。

（一）以政府主导为核心，积极推动多方共同参与

全民阅读的推广工作艰巨而复杂：一方面，这项工作涉及广泛的人群，涵盖不同民族、年龄层次以及文化背景；另一方面，由于个人的阅读习惯和喜好差异极大，单一的推荐往往难以满足所有人的需求。这些挑战要求政府在推动全民阅读方面承担更多责任。从国际经验来看，全民阅读的推广不仅仅是对民众的要求，更是在政府主导下的一种努力。这就需要政府部门提升服务意识和能力，同时协调社会组织、出版机构、图书馆以及媒体等各方力量，共同参与全民阅读的推广活动。

（二）以促进阅读为目标，营造良好的社会阅读氛围

个人的阅读能力不仅影响其个人综合素质，也反映出其对社会的贡献；而一个国家公民的阅读能力则展现了该国的文化软实力。在数字媒体和娱乐活动日益盛行的今天，传统书籍阅读变得越发困难。纸质书籍的重要性普遍被忽视，且这种趋势似乎正在加剧。因此，推动全民阅读、营造积极的社会阅读氛围显得尤为紧迫。这需要政府通过完善政策和法规加强监管，确保为公众阅读提供

必要的硬件设施和软件支持系统，从而促使公民养成良好的阅读习惯。

（三）以惠及全民为范围，重点保障未成年人及其他特殊群体

阅读不仅是获取知识的重要渠道，也是改善人生境遇的有效途径。为了让阅读的光芒照亮每一个角落，我们需要特别关注青少年和特殊群体的阅读需求。全民阅读的推广应以涵盖所有人群为目标，确保每位公民都能从阅读中获益，尤其是未成年人和特殊群体。在国际上，无论是联合国还是其他文化发达的国家，都普遍实行全民阅读政策，重点关注青少年与特殊需求群体的阅读发展。因此，借鉴国外的成功经验，我们需要为青少年、残障人士、老年人以及其他有特殊需要的群体量身定制阅读政策。这不仅包括提供适宜的阅读材料，还包括开展富有吸引力的阅读活动，确保这些群体的阅读权益得到切实保障。

（四）以兼容并包为理念，促进阅读优质内容和引导数字阅读活动

推动全民阅读，既要传承和弘扬国内的优秀传统文化和创新文学作品，也要开放接纳国外的优质文化资源。这种文化的兼容并包旨在营造一个多元化的阅读环境，让"百花齐放"的文化景观在全民阅读中得以呈现。特别是在选择阅读内容时，我们应优先考虑健康、积极向上的作品，摒弃那些可能对公众，尤其是青少年产生不良影响的低俗内容。

随着科技的快速发展，数字阅读已成为越来越多人的选择。数字化的阅读方式以其便捷性和丰富性广受青睐，尤其在年轻人群中。例如，通过智能手机等电子设备，读者可以随时随地进行阅读，同时利用这些设备的搜索功能快速找到所需内容。然而，数字化阅读也引发了阅读碎片化和表层化的问题。因此，我们应以辩证的视角看待数字阅读，既不应全盘否定，也不应无限接纳。特别是对于青少年来说，更应引导他们理解并平衡传统阅读与数字阅读的关系，促

使他们在数字化时代养成全面的阅读习惯。

二、全民阅读的价值

（一）阅读提升个人素养

阅读能够拓展我们的知识面，提升个人修养，增强思维的敏锐度。在当今信息化飞速发展的社会，信息已成为不可或缺的重要资源。人们除了可以通过观察、聆听和考察等亲身体验的方式获取信息外，阅读仍然是获取信息资源最为直接且高效的方法。它是信息时代的基本构成要素之一。虽然教育程度会影响就业机会，但在教育背景相同的情况下，阅读能力强的人更有可能获得高技术性的白领工作，阅读能力甚至能够更准确地预测一个人的职业发展前景。

从获取知识的方式来看，知识可分为直接知识和间接知识两种。在信息传播尚不发达的时代，人们主要通过个人经验的积累来获取知识，直接知识占据较大比例。然而，在当今科技高速发展的时代，信息传播变得更加便捷，知识更新速度极快，间接知识无疑成为主流。在获取知识的过程中，亲身体验固然重要，但阅读无疑是更为主要的渠道。书籍堪称人类智慧与知识的宝库。据研究显示，在个人才能的构建中，直接经验的贡献不到20%，而通过阅读获得的间接经验则超过80%。阅读在获取及扩展人类知识方面的作用，是其根本价值之所在。

在人类的精神文化生活中，阅读占据着极其重要的地位。它不断传承人类精神文明的成就，使下一代能够通过阅读吸收凝结在文本中的知识，丰富自己的内心世界，并在现有时代的基础上推陈出新，以文本的形式记录并传递给后人。阅读的价值在现代社会中是不可替代的，它为全民终身学习提供了广阔的可能性。阅读可以使我们增长知识，提升个人修养，提高思维能力。

（二）阅读促进社会发展

阅读在推动社会发展中具有重要作用：一方面，文化的传承、政治文明的提升以及社会和谐程度的增强等社会发展的各个方面，都需要理性思维的驱动。而理性思维正是通过广泛阅读和深入思考培养出来的。另一方面，科学技术的发展依赖于新知识的传播，而这种传播往往需要文字作为媒介。科研成果和学术著作都需要通过书面形式向社会公众呈现。因此，阅读和理解能力是科技传播的基石。从某种程度上说，一个国家的科技普及和科学创新能力取决于其公民的阅读水平。由于阅读能力直接关系到国家的生产力水平，因此全民阅读被视为推动社会进步的有效途径。

社会的和谐首先源自个人的内心和谐。人的精神满足感是避免道德危机的关键，而精神的满足往往来源于阅读，尤其是经典的阅读。在阅读过程中，哲学家的思想能够洗涤我们的灵魂，帮助我们在知识和智慧的指引下辨别美与丑、善与恶。读书不仅能够拓宽我们的心灵视野，增强我们的内心力量，还为我们提供了一个宁静的精神家园，帮助我们在纷扰的世界中保持内心的宁静。

政治文明包括政治意识文明、政治制度文明和政治行为文明三个组成部分。政治文明的每个构成部分都与阅读活动息息相关。通过潜心研读宪法以及其他法律文献，公民能够领悟民主政治的本质；能够深刻领会平等、人权、自由及民主等核心政治概念及其背后的价值理念；能够更加全面地把握我国在政治文明进程中的历史脉络和发展轨迹。通过阅读，我们还能吸取外国的成功经验，以此推动本国政治文明的演进。总而言之，公民所接触的政治信息量与其阅读能力成正比，丰富的知识储备能够显著提升他们的政治素质。

（三）阅读奠定民族未来

一个民族的整体文化素养，是由无数个体通过阅读、思考与积累智慧逐渐形成的。掌握阅读和思考的能力，可以提高个体的民族文化自信和创新能力。阅读技能的高低直接决定了国家和民族的未来前途。正如在中国这样一个拥有庞大人口的国家里，从人口大国转变为人力资本强国的关键一步在于提升全民阅读的普及率和质量。社会要形成积极的阅读氛围，才能迅速提升国民的整体素质和精神境界，这对于中华民族实现伟大复兴具有不可或缺的推动作用。科学研究已经证实，阅读是一项基本技能，其启蒙越早，效果越显著。

第二节
阅读推广的科学解读

一、阅读的意义

（一）阅读满足发展的个体意义

在我国民间，有句古谚云："万般皆下品，唯有读书高。"这句话充分彰显了阅读在文化传统中的重要地位。下面从个体成长和家族昌盛两个层面进行分析。

1. 阅读是促使个体精神成长的唯一途径

阅读不单是知识和信息获取的渠道，更是个体精神成长的催化剂。人的成长是从自然状态向社会化状态的转变，在此过程中，不仅需要物质的滋养，更离不开精神和思想的支撑。例如狼孩或熊孩的例子表明，没有接受社会化教育的孩子，即便生理上成熟，也难以完全被社会接纳。

阅读能让人深入领会社会文化和人类历史，通过持续学习和思考，个体的内在世界得以充实，精神层面也随之成熟。这种精神上的成长是迈向社会化的必要条件，也是成为拥有完整人格之人的标志。个体必须融入社会，才能被视为真正意义上的人。社会化是一个渐进的过程，首先需要掌握社会认可的知识和技能，并通过实际操作积累社会经验。接着，在社会的大背景下，经过不断筛选和塑造，形成一套被广泛接受的行为模式，如此方能成为合格的社会成员，这属于人的非物质成长阶段。该过程的实现离不开个人的自主学习与广泛阅读。它可以表现为一种积极进取的学习态度，比如主动接受一系列正规的学校教育课程，或是自觉研读各类书籍。同时，它也可能是一种无形之中发生的学习过程，例如通过口口相传的生活经验和智慧，那些未曾踏入学堂的人们正是借助这种"耳濡目染"的学习方式完成了自身的社会成长。从这个角度来讲，我们可以强调，阅读是促进个体精神成长不可或缺的手段。

2. 阅读是实现家族持续昌盛的不竭动力

中国自古以来就强调"学以致用"的重要性，民间广泛流传的谚语"家无读书子，官从何处来"更是凸显了教育对于家族兴旺发达的重要作用。于是便有了孔母督课、孟母三迁的典故。在这些故事中，我们可以看到家族的兴衰与子女的教育紧密相关。

阅读不仅是获取知识的手段，更是文化传承的桥梁。俗话说"富不过三代"，如果没有坚实的家教和严格的家规，即便前辈们凭借机遇赚取了财富，这种繁荣也难以长久持续。而持之以恒的阅读习惯，能够有效地避免这一命运，通过知识的积累与智慧的传递，促进家族持续发展。在当前全民阅读的趋势下，亲子阅读逐渐成为家庭教育中不可或缺的一部分。通过阅读，家族成员能够激发内在潜能，继承和发扬光大家族的优良传统，从而确保家族的长远繁荣和发展。

（二）阅读满足和谐的社会意义

阅读不仅是个体完善自我、增长智慧的重要途径，也是国家提高国民素质、推动社会进步的有效工具。

术推广被视作核心内容，如今一提到推广，人们往往会联想到农业或者技术的推广。学术界在对推广学进行探索时，也主要聚焦于这一领域，对于推广的定义、相关术语及其应用有着丰富的讨论与研究成果。

不同国家对于"推广"这一概念的称谓有所不同，这种差异源自各自的政治背景与社会传统。在一些传统较为保守的社会中，推广仅仅被视为提供信息的手段，旨在帮助人们在特定范围内做出最佳选择，这种做法通常被称作"信息提供型推广"。而在社会主义国家中，推广也被视为"解放型推广"，它被认为是一种旨在解放劳动人民并提升他们道德水准的策略。

在这些社会传统中，推广的应用并不局限于某一个单一领域，而是广泛地运用于促进人类各个方面的发展，例如提升人际沟通、组织管理、决策以及学习能力等。这种广泛的应用被称为"造型式推广"或者"人力资源开发"。此外，推广的概念还拓展到了环境保护领域，用于防止环境污染、非法破坏以及其他危害人类健康的行为，这种为了公共利益而开展的推广活动则被称为"劝导性推广"。因此，尽管从不同的观察视角来看，推广的定义存在差异，但这些定义背后都遵循着相同的逻辑，即推广从本质上来说旨在引导行为的改变。

（二）推广的特征

推广的理解与定义会因时间以及社会历史背景的不同而呈现出多样化的解释。尽管如此，我们依旧可以总结出推广所具有的内涵特征，也就是推广概念中所具备的共同属性：干预性、沟通性、自愿性、公益性、机构部署性。

1. 干预性

推广活动从本质上来说是对事件的积极干预。从推广的定义中我们可以看出，推广是一种具有强烈目标导向的行为，它强调预先规划、体系化的设计以及逐步实施的过程,最终实现既定的目标。在推广的每一个步骤中,人类的干预作用都显得极为关键。"干预"这个词在《现代汉语词典》中的解释是插手或介入他人事务的意思。然而,在推广活动中,这种干预远远超出了简单的"过问"范畴;作为推广员,通常会深度参与到目标群体的行为改变过程中,因为这正是他们的职责所在。实际上,无论是医生、教师、销售人员还是其他专业人士,在日常工作中都不可避免地要承担某种程度上的"干预者"角色。正因如此,很多外国学生即便没有计划专业从事推广工作,也会选择学习"农村推广"这类课程,因为他们认识到,通过交流和互动来施加影响的原则,是众多职业所需要的关键技能之一。

2. 沟通性

推广以沟通作为引导变革的手段。在整个推广流程中,无论是在培训、信息传递还是其他环节,沟通始终贯穿其中,成为不可或缺的一部分。早期的推广仅仅被视为一种简单的干预,往往忽略了沟通的关键作用,错误地将其比喻为像掷标枪一样向目标用户投掷知识和动力,以为可以一劳永逸。但是,这种将目标用户当作靶子的方法效果并不理想。即便目标群体认识到行为改变可能带来的好处,由于缺乏必要的资源和条件,他们仍有可能不会主动改变,这就凸显了沟通的至关重要性。沟通必须建立在相互理解的基础之上。推广的成效取决于干预者与目标群体之间的相互理解程度。如果在推广之前能够深入了解受众的期望,认真聆听并理解他们的意见,试图与他们共同探讨新的建议,并充分利用他们现有的知识,这样的合作将更有助于共同解决问题,从而使推广活动的效果大大提升。

3. 自愿性

推广只有通过自愿变革才能产生效力。虽然推广工作能够通过沟通策略来施加影响,但是这种影响在促使人们自愿改变行为方面通常是有限的,除非结合其他方式强制执行。但是,我们不能通过推广来强制人们做出违背他们意愿的行为,推广的逻辑要求变革者必须寻找方法和途径,使目标用户自愿进行变革。自愿改变不是通过命令或强制能够实现的,它需要通过有效的沟通,如说服、信息传递等手段,来促进目标群体在认知、意识、动机、理解或反馈等方面的转变,使他们认为改变行为符合自己的利益。

自愿改变行为的三个前提条件包括:一是明确知道如何行动,二是真正愿意进行改变,三是具备实施改变的能力。显然,推广在提升目标人群的知识(知道如何做)和增强动机(想要做)方面通常更为有效,而在增强能力方面则相对困难,因为能力的培养是一个复杂且长期的过程。正是因为这一点,推广工作往往更多地集中在改变知识和动机层面,对于能力改变则多有顾虑,这也是导致推广效果不佳的一个原因。如果违背自愿性的原则,即便出发点是好的,最终也可能会适得其反。

4. 公益性

推广主要面向社会中的理性人群。这种定位决定了推广不仅要体现发起者的利益,更应考虑目标用户的利益,这是获得良好推广效果的前提。因此,推广活动往往具有利他性的特点。无论是在农业技术还是其他行业的产品和服务推广中,更多地考虑用户的利益,往往能够提升推广的成效。对于那些能够带来广泛社会收益的项目,有效的推广通常需要相应的补偿机制。在全球许多国家和地区,推广活动常常作为政策工具之一。在自然资源保护、公害防治、环境资源的合理使用、思想解放、公正主持、防止公共设施破坏、能源保护、娱乐设施的合理使用、维护公共政策利益、交通安全等方面，推广活动更加注重公共与集体利益而非私人利益，体现了其深刻的公益性。

5. 机构部署性

推广活动本身需要资金支持，属于一种专业性的职业活动。不论是全职推广还是兼职推广，都需要经费的支持。为了维持推广活动的持续性，其所需的资金通常超出个人的承担能力。因此，推广活动往往由各种机构负责组织实施，这些机构可能包括政府部门、志愿组织、商业公司以及会员协会等。例如，在多数国家，尤其是发展中国家，农业推广通常是国家机构的一部分，相关的经费和人员配备大多由政府安排，常采用技术、政策和物资相结合的模式进行；教育和科研机构如大学和研究所开展的推广活动，则通常由教育预算或科研项目资金支持，这些机构通常将科研、教学与推广相结合，以促进科技成果的应用；企业设立的推广部门则以提升经济效益为目标，服务对象主要是产品消费者，推广经费由企业提供，一般采用企业、生产基地和用户相结合的模式，旨在激发企业和用户的积极性，实现双赢；会员协会则通过合作建立自助推广机构，以会员为主要服务对象，通过结合经营、咨询和推广来进行资源传递。由此可见，推广的机构部署性十分明显。

（三）推广的目的

推广是一种经过精心策划且具有明确目的性的活动，它遵循既定的计划和程序，并受特定目标的引领。此类活动的目的主要分为两类：直接目的和最终目的。直接目的通常是推动特定行为发生的初衷。例如，在传统的农业社会中，人们出于生存的需要，不断追求作物的高产，从而促使了农业技术的推广；科研机构为了将理论上的科技成果转化为实际生产力,需要在特定领域内推广这些创新成果;企业为了实现利润,必须将新开发的产品推向市场,并通过市场推广确保产品被消费者知晓和接受;政府则出于国家和社会的整体利益,对民众的行为进行规范和限制,除了法律的强制执行外,还通过教育推广来引导公众自觉改变行为。这些推广活动之所以展开,源于对传输技术的需求、成果转化的渴望、产品销售的动力以及行为教育的愿望。这些直接且短期的目标构成了推广活动不可或缺的一部分。那么,无论是技术、成果、产品还是教育推广,它们的最终目的又是什么呢?根据推广活动的核心理念,我们认为其最终目的是促使行为的自愿变革。

在当今竞争激烈的市场环境中,要实现有效的推广并达到其最终目的,推广者需要设计明确的直接目的,并确保其干预目的与用户的需求相一致,从而最大限度地提升推广的效益。根据推广目的与用户目的的一致性,可以将常见情形归纳为四种类型:完全一致、部分一致、相关联及可转化。

①推广目的与用户目的完全一致的情形,往往出现在非营利组织或由用户直接支付费用的商业服务中。在这些情况下,推广行为本质上是为了满足用户的需求,因此双方目的高度吻合,使得推广活动能够直接满足用户的期望。

②推广目的与用户目的部分一致的情况常见于农业推广领域。农户追求的是增加收入、改善生活,而推广活动则更多地着眼于增进国家整体福祉。例如,在工业化程度较低的国家,农业推广旨在向城市居民提供稳定且价格合理的食品来源,同时通过出口农产品赚取外汇来支持工业化进程。在这种情况下,国家目标的实现往往依赖于引入先进的农业技术以提升生产率。随着产量的增长,产品价格会相应降低,这促使农民为了维持甚至提高他们的收益,主动寻求咨

询和推广服务。因此，当大量低价优质的农产品被生产出来时，农民们也能体会到创新技术给自身带来的实际好处。

③是推广目的与用户目的相关联，这类情况常见于广告推广中。广告人通过创造吸引用户的广告内容，如利用用户可能感兴趣的概念或形象（诱导体），来促进产品（劝导体）的销售。这里的关键是建立产品与用户期待之间的桥梁，即通过广告中的"承诺"来达到推广的直接目的。

④存在用户目的可被转化适应推广目的的情况。例如，通过降低价格、提供优惠等手段吸引用户，让他们采纳与推广目的一致的行为。但是，当推广目的与用户目的完全相反时，仅靠沟通干预是难以实现预期效果的。在这种情况下，需要结合其他手段，如经济激励或政策引导，才能有效转变用户的行为。这种情形下，推广的效力不仅来源于传统的信息传递和沟通策略，更多地依赖于外部的刺激和激励措施。

（四）推广的功能

在现代社会，推广活动往往被视作推销、传播或指导的等义词。它是针对人群开展的宣传行动，借助各类公共平台来传达特定的产品信息，这些产品涵盖知识、技术、研究成果、文学作品以及其他文化产物。这一过程旨在优化个人的行为与能力，进而对社会环境和事务产生积极影响。推广活动主要包含个体功能与社会功能两个层面。

1. 推广的个体功能

①推广科学知识，丰富人们的知识储备。推广的主体和对象均为人，其目的在于向特定用户传递知识。此过程可能涉及信息推广、劝导式推广或解放式推广，核心在于科学的普及，推动个体知识的增长。

②传播实用技术,提升技能水平。推广最初源于农业,主要传递技术知识与生活技能。在商业领域,尽管推广可能伴随促销活动,但技术传播仍是核心,旨在让消费者理解产品功能、掌握使用技术,加速市场对产品的接纳。

③通过文化推广,转变公众观念。推广能够引入新的文化和观念,影响目标群体,使其适应新的社会环境。推广旨在引导行为的自愿转变,尽管知识和态度的变化未必直接引发行为的改变,但行为的改变必定带动观念的更新。

④指导有效方法,增强实际应用能力。推广要促使目标群体积极参与,激发他们的主观能动性,助力他们在面临问题时做出恰当选择。参与推广活动的计划、执行与评估过程,能够提升他们的组织和决策能力。

2. 推广的社会功能

(1) 促进科技成果转化

科技成果的转化是实现科技进步的必需环节。科技成果虽蕴含巨大潜力,但要将其转化为实际的生产力,进而产生经济与社会效益,就必须经历转化过程。这个转变涉及从理论到实践的跨越,并且需要通过有效的推广来加速完成。成果推广的速度和效率直接影响着它们转变为社会生产力的速度,因此,高效的推广策略能显著提升这一转化过程。

(2) 提高生产经营效率

生产效率的提升离不开持续创新。创新的关键组成部分包括研究、推广以及教育,三者相互依存,缺一不可。只有当研究成果通过这些手段被整合到服务于用户的活动中时,用户的知识结构、信息获取和技能水平才会得到更新与提升,从而带动生产效率的提升。在当今这个由创新驱动发展的时代,农业科技和工业的进步越来越依赖于科技成果的应用。

（3）改变生活环境质量

通过推广活动，不但能够传达关于环境保护和生活质量的重要理念，还能激发公众参与改善环境的实际行动。这样既能促进基础设施和服务性文化事业的发展，又有助于提升人们的居住条件和生活质量。因此，在追求经济增长的同时，推广活动也应着眼于社会福祉和生态环境的可持续性。短期的、片面的经济效益不应成为唯一目标；真正的创新应当平衡经济、社会和生态之间的关系，并且具有可推广的价值。

（4）发挥媒介纽带作用

推广工作充当着连接科学研究、教育培训和产业生产的桥梁角色。作为政府与目标群体之间互动的媒介，推广者既负责将国家的政策和发展蓝图准确地传达到基层，也承担着收集民众意见和需求并向上级部门反馈的责任。这样的双向沟通机制确保了政策的有效传达与执行，同时也为政府部门提供了真实的民意数据，有助于制定更为贴合实际的政策措施。

三、阅读推广

（一）阅读推广的概念

"阅读推广"源自英文"Reading Promotion"，其中"Promotion"不但可阐释为"推广"，还蕴含"促进、提升"之意。所以，有些译者也会将其译为"阅读促进"。

从概念上讲，"阅读推广"与"推广阅读"基本相同，可以相互替换。推广是一种行为方式，其核心内容便是阅读。这种推广行为与技术、产品、成果、经验等的推广别无二致，均属于推广学的研究范畴。因此，我们能够从推广学的视角来界定阅读推广。

在探讨"阅读推广"的定义时，我们需要关注两个关键要点，即"机构部署"与"职业性"的含义及争议：①如果将阅读推广视为机构所部署的行为，那么个人向他人推荐优秀书籍并鼓励阅读是否也属于阅读推广呢？②如果阅读推广被看作一种职业行为，那么医生推荐书籍给抑郁症患者是否算作阅读推广呢？

对于第一个问题，个人之间的推荐确实可以被视为阅读推广的一种形式，然而它通常缺乏系统性和持久性。从更广泛的国家和社会层面来看，这种个人行为的影响力极为有限。虽然有观点认为星星之火可以燎原，但这需要众多的个体共同行动，形成强大的组织力量，才能够真正实现阅读推广的社会效应。

对于第二个问题，医生推荐书籍给患者本质上是治疗的一种辅助手段，仍然属于其职业责任范围，这并不直接等同于阅读推广。只有当医院作为机构承担起阅读推广的责任，通过特定项目鼓励阅读，例如美国医疗系统内实施的"触手可读"计划，这样的做法才能被视为真正的"阅读推广"活动。

综上所述，孤立的、非计划性的个人推荐行为，由于其影响力有限，难以纳入正式的推广活动范畴。而为了确保推广的效果、持续性以及资源支持，阅读推广应当被视作一种有组织、有目标的集体行动。只有这样，才能确保它能够产生更为广泛的正面影响，符合推广学的基本原理。因此，从推广学角度来看，对阅读推广的界定是合理且必要的。

（二）阅读推广的特征

从推广学的视角来看，"阅读推广"具有干预性、沟通性、公益性、机构部署性等"推广"属性。此外，还具备推广主体的多元性、推广客体的丰富性、推广对象的明确性、推广服务的活动性、推广效果的滞后性等特有属性。

1. 阅读推广主体的多元性

阅读的重要性决定了阅读推广的重要性，而阅读推广的重要性又决定了阅读推广主体的多元性。由于阅读具有诸多重要作用，涉及阅读推广的主体广泛且多样。这些主体涵盖策划和执行阅读推广计划的专业团队，比如图书馆、出版社、文化传播机构，以及更为广泛的包括政府部门、非营利组织和教育机构等各类实体。这些组织和机构在推广阅读文化的过程中扮演着不同的角色。图书馆和出版社与书籍的流通以及阅读推广活动直接相关，是推广的核心力量。文化传播媒介如电视和网络平台则通过各种形式的内容发布，增加公众的阅读接触机会。同时，政府部门和非营利组织通过制定政策、提供资金支持以及组织相关活动，为阅读推广提供必要的外部条件和支持。国际组织如联合国教科文组织和国际图书馆联盟，凭借其广泛的国际网络和资源，有效地将阅读推广活动拓展至全球范围。这些组织的参与不仅增强了阅读推广活动的影响力，还促进了不同文化之间的交流与理解。除此之外，许多非营利性的阅读推广机构也在本地社区和网络上发挥着重要作用。这些机构如基金会和志愿者团队，通过组织阅读会、讲座以及其他文化活动，激发公众的阅读兴趣，推广阅读文化。例如，网络公益小书房和民间团体如万木草堂读书会，通过定期举办读书活动和讨论，加强了社区成员之间的交流与合作。

2. 阅读推广客体的丰富性

阅读推广的客体包含阅读读物、阅读能力和阅读兴趣。在全面推动阅读文化的进程中，这些内容不仅构成了阅读推广的基础，也直接影响着阅读推广的效果和广泛性。

（1）阅读读物

阅读读物的类型和范围极为广泛。在全球多元文化的大背景下，阅读读物不再局限于传统的纸质书籍。随着科技的发展，电子书籍、有声读物等新型阅读形式迅速兴起，并逐渐被公众所接受。此外，许多其他形式的文化产品，如电影、音乐和视频游戏，也被视作现代阅读文本的一部分。

（2）阅读能力

阅读能力的培养包括基础的识字能力、对内容的深入理解、批判性分析以及创新思维的培养。这些能力的提升不仅有助于读者更好地吸收和理解信息，还能促使他们在阅读过程中形成独立思考和判断的能力。因此，阅读能力的培养是推广阅读文化不可或缺的一部分，并且可以通过各种测试和评估方法进行具体量化。

（3）阅读兴趣

激发和维持阅读兴趣是阅读推广工作中最具挑战性的任务之一。阅读兴趣，也称为阅读愿望，是驱动个体持续阅读和探索新知的内在动力。

3. 阅读推广对象的明确性

阅读推广对象即明确指向阅读推广活动所针对的目标群体，这些群体可以是全体国民，也可以是特定的人群。阅读推广项目通常会针对特定的推广对象进行设计和实施，以确保活动具有针对性和有效性。从全球范围内的多个成功案例中，我们可以看出这种明确性的重要性。例如，英国曾为对足球感兴趣的小学生（五年级和六年级）以及中学生（七年级和八年级）推出了一个名为"阅读之星"的活动，旨在培养他们对阅读的热情；此外，该国还曾针对缺乏阅读兴趣的成年人发起过"阅读六本书"的倡议，以提升他们的阅读自信心。另外，

"夏季阅读挑战赛"和"信箱俱乐部"则分别是针对 4 至 12 岁儿童的暑期阅读需求以及为 7 至 13 岁寄养系统中的儿童提供学习资料的服务。从这些案例可以看出,无论是针对青少年、低收入人群还是其他特殊群体,各国的阅读推广策略都注重明确推广对象,以实现更高的参与度和推广效果。

4. 阅读推广服务的活动性

为了扩大影响力,阅读推广服务通常通过各类活动来进行。各种阅读项目都需要通过具体的推广活动来实现,活动规模越大,其影响力也就越广泛。在我国,全民阅读活动形式丰富多彩,例如举办的"源远流长的中华典籍"广场活动、"书香中国"电视节目特辑、图书馆的宣传周和读书月等。此外,图书银行、送书活动、读书知识竞赛、微书评、读图和真人图书馆等,都是流行的阅读推广方式。与传统的图书借阅服务相比,阅读推广服务更侧重于活动的组织,尽管这种服务直接受益的读者较少,且成本相对较高。

5. 阅读推广效果的滞后性

阅读推广效果是指阅读推广活动所能达成的最终成果及其影响。阅读推广不仅仅是过程的完成,更重要的是其质量与成果。在评估阅读推广的成功与否时,我们主要关注推广对象的个体变化,包括知觉、态度、行为和习惯。

阅读推广的知觉效果是指通过推广活动是否使人们对阅读有了初步的认识和积极感受,以及是否增加了他们对阅读的基础知识。态度效果检验的是阅读推广活动是否能够激发人们对阅读的兴趣,是否使他们愿意主动去阅读。行为效果关注的是阅读推广是否真正转化为行动,比如人们是否开始定期阅读,是否将时间和精力投入阅读中,以此提高自己的阅读技能和文化素养。习惯效果是衡量阅读推广成功与否的最高标准,它看阅读是否已经成为人们日常生活的一部分，是否已经形成了稳定的阅读习惯。形成习惯是一个长期的过程，不可能一蹴而就。个体的知觉、态度和行为的改变需要时间来逐渐发展和巩固。因此，阅读推广的效果通常会呈现出明显的滞后性，这使得其效果不易被立即观察和量化。评估阅读推广的成功需要耐心和持续的观察，以确保推广活动真正达到了预期的教育和文化提升目标。

（三）阅读推广的目的

阅读推广目的指的是阅读推广最终能够实现的社会价值与教育作用。每一个目的都带有一定程度的主观性，因为它反映了人们的情感与期望，阅读推广亦是如此。其目的性会随着不同推广主体的变化而有所不同。例如，国际机构如联合国教科文组织和国际阅读协会，他们进行阅读推广的目的在于提升全球公民的文化水平与阅读技能；国家和政府推动的阅读推广，则是以提升国家的文化软实力以及实现民族复兴为目标；而出版社和书店这类商业实体，则更多地关注于提高书籍销量和获取经济回报。

总体而言，阅读推广的目的因社会职责、关注点和资源状况的不同而各异。从不同层面来看，出版社、书店、图书馆等机构的推广目的更为具体、直接，这些可以被视为微观目的；而国际组织和国家政府则是从全人类或全国民的层面来推广阅读，这属于宏观目的。这两者都是必要的，并无优劣之分，宏观目的更为间接和长远，需要众多微观目的的支持与实现。它们的共同之处在于，培养受众的阅读兴趣和习惯，以实现阅读推广的最终目的。

从推广学的角度来看，阅读推广的终极目标是引导公民自愿改变其阅读行为。这种自愿的改变包括：通过阅读提高公民素养，让不爱阅读的人开始热爱阅读，帮助不会阅读的人掌握阅读技能，以及助力有阅读障碍的人克服困难。

这便是阅读推广的根本意义所在。

（四）阅读推广的功能

功能，通常指事物的作用与效用。阅读推广的功能，在一定程度上可以看作是阅读本身的功能。人类从阅读中获得的积极效应，涵盖政治、经济、文化和社会等多个层面。对于个人而言，阅读的基本功能包括丰富知识、增长智慧、愉悦心灵、陶冶性情、成就事业，这正是古人所说的致知、诚意、正心、修身。人作为社会的组成部分，个人的成长无疑会促进社会的发展。社会的进步主要表现在文化传承、民众教育、推动创新以及生产力的提升等方面，这些恰恰与阅读推广活动的功能相契合。因此，阅读推广确实能够推动社会的整体向前发展。

1. 传承文化

阅读是传承文化的唯一手段。书籍承载着人类文明的智慧，若缺乏阅读活动，这些书籍便会失去活力，文化的传递也将陷入停滞。正如阿尔维托·曼古埃尔在《夜晚的书斋》中所提到的，图书馆收藏的无数书籍，不论其稀有程度或新旧状态，它们存在的意义远超其物理形态。读者的阅读活动赋予了这些书籍新的生命，使其与现代思想相互碰撞，绽放新的光彩。因此，阅读是使书籍重获生命的神圣仪式。

古代的亚历山大国王托勒密，是曼古埃尔观点的践行者，他不仅建造了当时世界上最大的图书馆，还通过邀请时代的杰出人士如阿基米德、欧几里得等前来利用图书馆资源，提升了图书的实际应用价值。在这些学者的影响下，图书馆不断涌现出新的著作与注释，使亚历山大图书馆声名远扬，成为世界智慧与知识的宝库，长达七百年之久。与之相似，在二十世纪初期的中国，思想开放的南京图书馆馆长柳诒徵先生也推行了类似的措施。他创立了"住馆读书"制度,并主导制定了图书馆的规章制度。在这些规章中,"住馆读书"尤为引人注目:那些怀有国学研究热情的人士,若得到学者的推荐且图书馆有空余房间,便可以获得馆长的认可,入住图书馆进行深入学习。这些历史事例和创新举措均证明了阅读对于激活文化、促进知识传播的重要性。通过阅读,书籍得以流传,文化得以延续,人类的智慧得以世代相传。

2. 教化民众

从古至今,书籍在教化民众方面发挥着极为重要的作用。而这种教化往往通过民众的阅读活动得以实现。古希腊伟大的哲学家亚里士多德曾期望国家和个人的藏书都能够作为教育资源,供学生们自由使用。在中国尚未引入图书馆这一概念之前,近代思想家、教育家梁启超便已与康有为等维新派人士在北京创立了新型的图书机构,其目的在于"普及新学、启迪民智",并向广大民众开放。此外,《梁任公先生年谱长编》记载了强学会的相关活动:他们设立书藏,引入图书和学术器材,积极邀请民众前来研学,期望通过此举将全球的智慧引入中国。书藏中的一幅世界地图成为珍品,成员们大力推广,期待更多人前来观赏并学习。一旦有人前来,他们便倍感欣慰。这种传播知识、启迪智慧的热情令人动容。显然,强学会的活动与今日的阅读推广活动不谋而合,充分彰显了阅读推广在教化民众中的重要性。

3. 促进创新

创新是推动人类社会进步和历史发展的动力,而阅读则构成了创新的基础。创新从来都不是孤立发生的现象,它需要建立在先前的知识和智慧之上,就如同"站在巨人的肩膀上"。只有吸收并继承前人的知识,我们才能够在此基础上产生新的理论和技能,这样的过程方可称为创新。通过阅读,我们接受并传承这些知识成果,而这些创新成果的广泛传播同样依赖于他人的阅读活动。如果新的思想、理论、技术或发明仅限于其创作者或发明地,那么这些创新的实际影响力将极为有限。只有当这些创新被记录下来并在社会中广泛传播时,它们的真正价值才能得以体现。在当前这个以创新为标志的时代,阅读推广在促进创新方面的功能显而易见。

4. 助力生产

"科学技术是第一生产力"。科技创新是推动这一进程的核心动力,而任何创新都是建立在对前人成就的深入理解和吸收之上的。阅读正是获取这些宝贵遗产以及提升个人技能的关键途径。通过广泛阅读,我们不仅能够汲取前人的智慧结晶,还能紧跟最新的科技进展,从而为自主创新提供坚实的基础。站在巨人的肩膀上,我们得以拥有更广阔的视野,发现新的革新路径,掌握变革与创新所需的知识和技术,进而释放和发展生产力。经济发展依赖于生产力的提升,而人作为生产力中最活跃的因素,其知识储备和能力水平至关重要。因此,一个国家的阅读能力往往与其生产力水平和人民的整体素质紧密相关。可以说,国民的阅读能力和素质直接影响着科学技术的普及程度和社会生产效率。如果一个国家的民众具有较强的阅读能力,那么科学知识和技术就更容易得到传播和应用,从而促进生产力的增长;相反,如果国民的阅读能力较弱,科技的推广就会受阻,生产力的发展也会受到限制。基于此,可以得出一个结论:国民阅读能力的强弱是衡量一个国家生产力水平高低的重要指标。

第三节
阅读推广的理论

一、理论的起源：阅读共同体形成论

（一）阅读推广的研究对象

1. 阅读环境

图书馆被普遍认为是理想的阅读场所，所以改善现有的阅读环境成为阅读推广研究者的关键关注点。有学者提出，图书馆应设置专门的经典文学阅览区等特色阅读区域：①一个舒适的图书馆阅读空间是阅读推广成功的关键支撑，而阅读推广平台的建设则为推广活动提供了基础设施。②平台的优化能够显著提升阅读推广的成效。此外，图书馆的藏书资源也是支撑阅读推广的根本。③阅读环境主要由与阅读相关的法律法规、图书馆的资源与空间，以及虚拟阅读平台等要素构成。

2. 专家

名人效应能够有效地激发公众的阅读兴趣。专家不仅是阅读推广的领军人物，也是道德的典范，他们通过深度阅读引领读者获得深刻的思考、情感、价值以及审美体验。专家撰写的书评和导读活动常常成为全民阅读推广的引导者。例如，渥太华中心公共图书馆长期致力于招募专家来建立在线阅读社区，而埃默里大学图书馆则通过专家引导创建了一个网络学习环境。此外,针对学生群体建立的实体阅读社区也需要专家与家长的共同参与。因此,专家在阅读推广中扮演着至关重要的角色。从当前的阅读推广实践来看,专家的领导作用尚未得到充分发挥。

3. 阅读推广人

阅读推广人主要承担着为不同读者群体提供专业阅读指导和推广服务的职责。他们的日常工作涉及参与打造"书香中国"系列活动、组织主题性阅读活动、提供公共文化服务、安排家庭阅读项目、探索"读书＋经营"模式,并致力于推广机构的优质建设。阅读推广人在职业生涯中常常面临多种挑战,但同样能从中体验到阅读的快乐、与志同道合者的合作以及组织管理技巧的提升。

许多图书馆会公开征集阅读推广人,并对申请者进行严格的审核与专业培训。例如,一些高校图书馆在招聘广告中会明确提出申请条件,如对图书馆工作的热爱、责任心、良好的沟通与协作能力等。阅读推广人还需具备专业知识,如绘画、朗诵、英语、写作、演讲等。阅读推广人的活动不限于图书馆,他们还通过社交媒体等渠道向公众传播阅读的理念,举办在线读书会、分享会等活动。这些努力使他们能够激发公众的阅读热情,促使更多人参与到富有感染力的阅读分享之中。

4. 读者群

读书会在推广阅读方面虽起到了一定作用,但其影响力和效果仍不够显著,主要原因在于缺乏有效的推广机制和专业指导,以及活动形式的单一性。与之相比,阅读社区因其复杂性和多样性,在阅读推广中展现出更大的潜力。这样的社区不仅能够更好地吸引读者,还能通过创新的集体阅读模式探索如何深化读者的阅读体验,包括创造更多互动机会、丰富阅读体验以及重建阅读与对话的联系。为了适应这些变化,图书馆和其他文化机构需要重新思考他们对阅读社区的支持和参与方式。未来的读者群不应仅仅是自发形成的,而应该在有计划和组织的阅读活动中逐渐培养起来,这需要阅读推广人和阅读专家的共同努力。通过这种方式,阅读活动不仅能够吸引更多的参与者,还能在社会中营造一种积极的阅读文化和氛围。

5. 阅读活动要素组合

在策划阅读推广活动时,需要重点关注三大要素:读者群体、阅读材料、阅读环境。这三者为活动的顺利开展提供了坚实基础,它们之间的相互作用关系有助于提升读者的阅读理解和深入分析能力。我们可以邀请领域专家和资深导师来引领活动,选用经典文学作品作为阅读内容,目标是增强读者在阅读、思考、写作和表达等方面的综合技能。特别是在专家和广泛读者的共同参与下,这样的活动往往能收获显著成果。

研究表明,相较于单一要素的应用,综合多要素的推广策略通常更具成效。专家的加入极大地提升了阅读活动的品质与吸引力,而优良的阅读环境则能进一步增强读者的体验。尽管图书馆已经开展了一系列相关活动,然而此类推广活动的实施效果仍有待进一步提高。因此,不断深化对各要素的研究,形成一套规范化标准,对于提高阅读推广活动的准确性和效率至关重要。

(二)共同体和阅读推广

1. 学习共同体

学习共同体的概念源自对学习困境的反思与解决，是一种基于团队协作的学习模式。传统学习方式常常局限于个体对知识的吸收，而学习共同体强调通过集体智慧来构建知识，这种方式更加注重知识的社会化协商与共建。在建构主义学习理论的推动下，学习共同体的概念得到了广泛的认可与实践。例如，温特比尔特大学的认知与技术小组在开发贾斯珀系列历程的过程中提出了这一概念。通过对团队中的学习经历进行深入反思，研究人员逐渐明确了学习共同体的特征及其形成与发展的过程。在学习共同体中，教师、学者和学习者共同协作，他们不仅共享资源，还共同面对学习挑战，通过互助完成学习任务。在国际范围内，也有许多成功的学习共同体案例。例如美国卡门学校的学习共同体，是以学校发展计划为基础，以学生为中心，围绕学习问题进行设计的。在这种模式下，家长、专家以及学校教师共同组成了一个合作团队，他们共同商议教学策略，以促进学生的全面发展。另外，迈阿密大学的教学促进中心也提出了教师学习共同体的构想，该中心的主任米尔顿·克斯总结了多种构建教师学习共同体的要素，如目标设定、课程安排、管理方式、社会联系、参与者的角色、活动组织、学术支持、评价与奖励制度等。

网络时代的到来为学习共同体的发展开辟了新的途径。在网络学习共同体中，学习者、助学者（包括教师和专家）、信息流（如在线资源、专题网站、互动平台等）构成了一个互动的学习网络。这种模式突破了传统的时空限制，使学习活动更加灵活和广泛。

综合以上各方面的研究，可以看出学习共同体已成为现代教育的重要组成部分。这种共同体不仅仅是教师和学生之间的直接对话，它更是一个包括学习环境建设、专家引领、教师支持和学生参与的综合体。在这种模式下，教育目标、教育资源以及教育活动都得到了充分的整合与优化，从而有效促进了学习者的知识构建和能力提升。

2. 学术共同体

学术共同体这一理念起源于美国科学哲学家托马斯·库恩（ThomasKuhn）提出的科学共同体，其后演变为学术共同体。这样的共同体通常由同一学科的从业者组成，这些人因相同的教育背景和科学训练而紧密联系。他们在专业领域内进行合作，通过交流知识和思想共同推动学科发展。构成学术共同体的主体不仅包括学科领军人物和拥有研究基础的专业人员，还包括从事相关学科活动的媒介（如报纸、学术期刊）以及实施相关内部制度和活动的工作人员。

在学术共同体的实践构建中，资料、学者、刊物编辑部、审稿专家等元素扮演了不可或缺的角色。此外，师生互动的家庭式学术沙龙也是学术共同体的一种形式，虽然它们可能不涉及具体的组织者，但通常都有家庭成员或联络人的支持和推动。这种沙龙通常由大学、导师和学生共同组成。因此，学术共同体的关键要素包括学术环境、专家、专业学术人员和组织者。

3. 阅读推广

阅读推广活动的构成要素与上述两种共同体具有相似之处。当社会面临问题和危机，仅靠个人力量难以解决时，便会形成共同体以期望实现最大的社会效益。共同体成员可能出于本能的意愿参与其中，也可能是适应了群体习惯的约束，或是因为共享某些共同的思想和记忆。在教育领域，学习共同体已成为一个重要的议题，而学术共同体则是推动学术研究和交流的主要方式，承担着重要的学术评价职责。

阅读共同体的构建不仅能够提升公众的阅读兴趣，还能借助集体的力量解决阅读普及过程中可能遇到的挑战。通过这种方式，我们可以更加有效地推动阅读文化，使其成为社会发展的一个重要支柱。

（三）阅读共同体

1. 阅读共同体的概念、要素及其目标

阅读共同体是一种围绕阅读活动而组建的群体，其以营造良好的阅读环境为基础，核心成员包括阅读领域的专家、阅读推广者以及读者群。在这样的群体中，各成员通过协作共同完成既定的阅读目标或任务，通过阅读活动相互影响、相互激励，形成紧密的人际关系网络，共同培养良好的阅读习惯，同时逐步建立起一套规范的阅读文化。

一个完整的阅读共同体应由以下几个基本要素构成：阅读环境、专家、阅读推广人、读者群。这些要素通过明确的目标设定和制度构建相互作用，形成强大的团队凝聚力，共同推动社会阅读文化的进步。

阅读环境是培育阅读共同体的基础保障，这包括宏观环境（如全民阅读政策、涉及的组织和机构）和微观环境（比如图书馆的服务、多样化的阅读平台及其设施）。

专家凭借其深厚的知识和精湛的阅读技能，能够引领阅读共同体的成员相互学习、共同进步。当前，虽然阅读环境的优化、阅读推广人才的培养正在持续推进，但专家在阅读推广中的作用仍需加强。预计未来，专家在培养公众阅读兴趣、阅读习惯乃至价值观和人生观方面将发挥更加显著的影响。

随着阅读推广人向职业化和专业化发展，他们将成为活动的发起者、策划人和组织者，在阅读共同体中担任策划、组织、实施、监督及评估等关键角色。

读者群构成了阅读共同体的核心，其他元素的设置最终都是为了服务于读者。每个阅读共同体都应致力于集聚有共同兴趣、价值观或需求的读者,形成稳定的读者群体。

阅读共同体的最终目标是通过丰富多彩的阅读活动,使广大公民不仅爱上阅读,更要通过阅读提升自我,养成终身阅读的好习惯,进而全面提高公民素养。这一目标与全民阅读推广的宏观目标高度一致,是对社会文化建设的积极贡献。

2. 阅读共同体的展望

在未来,阅读共同体模式将革新传统的阅读方式。每一个活动都将不再局限于一次性的阅读推广或是单次的专家讲座。相反,它将通过阅读推广者的策划与组织、专家的持续参与以及固定读者群的长期阅读来实现。短期内可能是一本书的完整阅读,长期则可能涵盖连续的主题阅读,而最终目标是培养全民的阅读习惯。具体来说,阅读共同体的层次可细分为:

最小的共同体单元可能是围绕一本书或一个班级构建的阅读共同体,包括配备小型阅读设施(如小书架、阅读室等)、导师、活动组织者和读者。当前的一些读书会和读书社区可以进一步发展成为这样的阅读共同体。

在中等层面,由企业或教育机构构成阅读共同体,例如在学校或公司内部形成,由图书室或图书馆、内部专家团队和阅读推广部门以及全体成员组成。目前,一些高等教育机构的经典阅读项目已有升级为中型阅读共同体的潜力,例如南京大学的"悦读经典计划",该计划由学校项目负责人设计并实施,专家团队负责书目的选择,由年轻教师组成的导师团队负责开展阅读活动,旨在激发学生的阅读热情及批判性思维能力。

更大的层面是城市或区域,通过利用丰富的资源和行政手段来建设阅读共同体,类似"一城一书"或"一校一书"的活动也可以进一步扩展成为大型阅读共同体。最广泛的则是涵盖全社会的阅读共同体,这种模式上升为国家级战略,由国家层面确保阅读环境的支持(包括政策、资源保障体系、全民阅读推广平台等)。

通过这样层次分明的结构,构建和推广阅读共同体将对全民阅读产生显著的推动作用,使得阅读推广活动从量变到质变。阅读共同体作为阅读推广的一个系统性新概念,在当前全民阅读战略持续推进的背景下,可能成为解决问题的有效途径,为全民阅读带来新的活力。

二、理论的进化:阅读共同体的内涵和特征

阅读共同体是基于阅读推广所构建的一种新模式。这种模式不但有助于读者养成优良的阅读习惯,还能显著提升阅读推广的成效。阅读共同体能够在线上和线下形成一个基于阅读与社交互动的社区,其旨在强调学生的主体性,减少单向知识传授,增强成员之间的相互作用,从而实现最佳的阅读效果。构建阅读共同体需要深入分析其特点,以便透彻理解其内涵。

(一)阅读共同体的内涵

1. 共同的信仰和目标

共同体需要共同的价值信仰和理解。阅读共同体究竟追求何种信仰呢?是"学而优则仕",还是"万般皆下品,唯有读书高"?这些表达虽有所不同,但传递出了相同的核心理念:阅读能够改变人生。在《阅读改变人生》一书中,曾祥芹先生精辟地阐述了阅读的力量,而朱永新在《我的阅读观》中也以此为基调,探讨了阅读的深远意义和目标。阅读已成为普通人生活的一部分这一信念。要让这种信念成为阅读共同体的核心价值、信仰和追求,就必须让成员将

其内化成为自我成长的动力。成员的内在目标是在阅读共同体的支持下,通过阅读来完善自我,培养阅读兴趣,并提高阅读能力和习惯,进而在精神层面实现自我提升。而阅读共同体的外在目标则是提升公众的阅读素养,促进民族文化的繁荣与发展。

2. 共同的资源

在任何形式的共同体中,无论是血缘共同体还是地域共同体,都存在共同劳动和共同享有财产的现象。在教育领域,课堂不仅是学习的中心,更是教师与学生日常互动的主战场。这里聚集了丰富的教学资源,比如教学设备、教材以及学习环境,而这些资源往往具有一定的排他性。正是由于这种排他性,阅读共同体的形成被限定在特定的环境中,只有在这样一个拥有共享资源的环境中,阅读共同体才有可能真正成立。在图书馆或阅览室等资源丰富的场所,阅读共同体的成员通过共享的资源增强彼此的凝聚力。在阅读共同体中,成员围绕相同的阅读主题或同一本书进行深入的交流与探讨,通过集体讨论和个人感悟,不断提升自身的理解和能力。阅读共同体将阅读材料以及过程中积累的知识与资源整合成一个资源库,供成员查询与参考,这些资源不仅具有排他性,也是阅读共同体文化的基石。这些共同的资源支撑着阅读共同体的发展目标,其资源的广泛性和目标性是推动成员成功的关键。同时,这些资源吸引更多成员加入共同体,参与活动,享受优质的共享资源。在朱永新领导的新教育公益项目中,图书馆被设定为建立专业阅读共同体的中心,优先服务于共同体成员,这进一步强调了共享资源在阅读共同体中的核心地位。

3. 权威

在阅读共同体中,存在一种至高无上的力量,这种力量凌驾于所有成员之上，其作用是保护、扶持和引领成员，这种力量可以称之为权威。权威主要体现在三个方面：年龄的威严、力量的威严以及智慧或智力的威严。一个缺乏权威的集体就如同一群没有核心的伙伴，无法形成真正的共同体。真正引领共同体的，是那些能够做出正确且有益决策的专家或权威人士。

在阅读共同体中，权威可能来源于专家和推广阅读的人员。专家在智慧上的权威是推动共同体成员阅读和实现目标的核心力量。专家对特定领域文本的深刻理解，能极大地影响成员对社会和人生的理解，并指导他们的阅读方向，因此在选择阅读材料、传递阅读理念、形成意志等方面，专家的地位是不可动摇的。而阅读推广人的权威则来源于其服务精神和服务意识，因为所有形式的服务（包括专业服务）本质上都蕴含着一种权威性。这些人是推动阅读共同体形成的关键力量，他们不仅是连接专家与阅读材料的桥梁，也是共同体的管理者，为制定阅读共同体的规章、形成共同体意志和文化等做出了重要贡献。推广人必须具备牺牲精神，无私地服务于阅读共同体，同时赢得专家和成员的信任与尊重。

阅读共同体不是一个冷漠的权威结构，而是需要专家以善意、谦逊和亲切来激发成员的尊重；推广人则通过服务、沟通和牺牲精神来团结成员。因此，阅读共同体既展现了共同体的温柔，也保持了对权威的敬畏。

4. 有共同阅读兴趣的成员

在构建一个阅读共同体时，拥有共同阅读兴趣的成员是核心力量。这些成员不仅在共同体内部通过自己对阅读的热爱来丰富和完善自身，而且通过实现共同体的阅读目标来促进个人成长。他们在这一过程中，不断发扬阅读共同体的文化精神，将阅读的热情扩展到对其他文学和学术主题的探索，从而激发新的兴趣和思考。这种由共同阅读兴趣所驱动的文化交流，使得成员们在涉猎广泛的领域如诗歌、小说、历史和哲学时，能够深化彼此的理解和连接。阅读共同体中的成员们因共同的兴趣而聚集，他们在交流和互动中形成了紧密的思想联系，这不仅提升了他们的阅读技能，也增强了解决复杂问题的能力。这样的互动促进了成员在知识和经验上的互补，进而孕育出一批批优秀的思想者和创作者。此外，阅读共同体的持续发展还需要成员们在遇到新的阅读主题时能够灵活调整，有时是通过重组现有的共同体，有时则是通过加入新的集体，以适应不断变化的阅读兴趣和学术需求。这种动态的适应性是阅读共同体能够长期保持活力和影响力的关键。

上述四个要素共同塑造了一个富有凝聚力和吸引力的阅读共同体。这样的共同体不仅是成员们共同进步的平台，也是文化交流和知识积累的重要场所。当然，阅读共同体的成功与否还受到外部环境和制度建设等多方面因素的影响，这些因素共同决定了共同体能否实现其长远的发展目标。

（二）阅读共同体的特性

在阅读共同体的要素构成中，结合不同共同体的特征，我们归纳出阅读共同体的基本特性，主要体现在身份认同、依赖性、归属感、实体消亡或重组性等方面。

1. 身份认同

在共同的资源论述中，我们已然提及了排他性。在拥有共同的兴趣这一内容中，我们提到了身份认同。"我是谁？"和"我们是谁？"在哲学上往往指向深层的社会认同，而具体到某个集体中，这种认同则源自成员们的认知、偏好与情感。阅读共同体特指那些围绕阅读活动聚集的个体，他们不仅共享资源，拥有阅读能力和兴趣，而且意在通过集体阅读来实现个人目标与集体发展。对一个人而言，身份认同意味着需符合群体的标准和期望；一旦被接纳，便成为共同体中的一员，享有相应的劳动与占有权，以及其他各种权益。从更宏观的角度来看，每个成员的不同使得共同体内部存在着各式各样的分工与合作，这种多样性带来了不同的等级和属性关系。在学习和成长的过程中，共同体成员间的身份可能会有所转换，显示出一种灵活性。这种变化不仅限于单一的阅读共同体内部，也可能在不同的阅读共同体之间发生，例如一位擅长社会科学的专家可能加入自然科学的阅读圈子。

无论如何，身份认同是阅读共同体的核心特性，它维系并强化了共同体的凝聚力。图书馆中的读者身份可以被视作阅读共同体身份认同的一个广泛的例子。加入特定的阅读共同体，成员们基于共同的阅读兴趣和内容聚集在一起，追求共同的目标。他们通过承诺支持彼此，认可并接受对方，缩短心理和情感的距离，共同关注并关心相同的议题，从而构建起基于相互信任的紧密联系。这种身份认同不仅仅是表面的标签，它深入人心，影响着个体的自我感知和行为方式。在阅读共同体中，每一次的读书经历，不只是知识的积累，更是身份的体现和确认。成员们在共读中找到了属于自己的一席之地，彼此之间通过文字交织成紧密的关系网，共同书写着属于共同体的独特篇章。这样的身份认同塑造了个体的价值观和世界观，使得阅读不仅仅是消遣，更是一种生活的方式，一种深刻的文化实践。因此，身份认同在阅读共同体中的作用是多方面的，它不仅塑造了个体与群体的互动方式，也反过来由群体中的互动反哺个体的成长和发展。这种双向的影响力是阅读共同体得以持续发展和深化其文化影响力的关键。

2. 依赖性

依赖性在不同的共同体内展现出独有的特征。在血缘共同体和地域共同体内，成员在生活的各个阶段，如成长、发展和职业等方面均表现出一定的依赖性。在血缘共同体中，成员们通过彼此间长期形成的习惯来维持交流；而在地域共同体中，则是依赖于邻里之间在安全和财产方面的相互帮助，这种情形常被描述为"远亲不如近邻"。但是，现代的共同体已不再仅仅基于血缘或地理位置，而是建立在更广泛的共同特征之上，比如共享的观念、共同的任务或相同的语言文化等。

阅读共同体与血缘共同体或地域共同体相比，不具备那样深层的依赖性。它主要体现在精神和情感的寻求上，其中友谊可能成为解释这种依赖性的一个方面。阅读能够驱散孤独，甚至改变人生。共同体成员围绕某一主题的文本展开深入阅读，通过讨论来提升见解，探索自身在阅读共同体中的角色，并沉浸在共同体的氛围和文化之中。因此，阅读共同体的依赖性主要表现在对其他成员的依赖、对阅读环境的依赖、对目标实现的依赖以及对整个阅读氛围和文化的依赖上。

3. 归属感

归属感乃是个体于情感层面对于一个群体的认同与依存，更是群体文化中获取认可并巩固成员关系的关键要素。共同体本质上即为一个群体，在此之中，归属感成为连接所有成员的重要纽带。在这样的环境里，成员们共享相同的信仰，感受到归属感的个体在群体中更易展现自我，自如地表达自身的想法与情感。阅读共同体通过营造独特的文化氛围来塑造归属感。这种文化不但赋予成员自由度与荣誉感，还激励他们自由地交流与互动，分享各自的阅读感受与体验。于阅读共同体中，成员能够毫无拘束地表达各类情绪，不管是悲伤、愤怒、喜悦、快乐，还是幸福、嫉妒、恐惧、羞耻与爱，这些情感皆是文本所赋予的深层意义的一部分。此外，参与度与所得回报的平衡亦是归属感的关键构成部分。成员们积极投身于阅读共同体的各项活动，他们的努力与贡献会得到社群的认可与赞赏，进而增强他们的荣誉感。阅读共同体健全的制度、专家权威的支持、阅读推广者的关注以及成果的记录与分享，皆是构建并强化归属感的重要因素。

4. 实体消亡或重组性

在现代社会，无论是基于血缘、地理抑或是其他因素所形成的共同体，皆面临着因经济危机或文化更新等因素而导致的衰落或消亡风险。当这些共同体不复存在时，其成员通常会寻觅新的生存与发展环境，以形成新的共同体，催生新的社会秩序与文化。同时，也有可能保留并发展原有共同体的某些形式。在众多实践共同体中，实体消亡与重组性普遍存在。例如，在教育领域的学习共同体中，通常采用以问题或项目为基础的学习模式，这种学习周期一般为4至16周。学术共同体可能因知识范式的变迁而历经分化或重组。

在阅读推广方面，学者黄琳等人通过剖析网络论坛中读者参与阅读活动的生命周期，将其划分为四个阶段：动机孕育、被动参与、主动参与以及关注焦点的转移。这一分析揭示了阅读共同体在网络时代的发展进程。阅读共同体在其发展过程中不可避免地会遭遇消亡与重组的问题，主要的消亡因素包括认知的迭代与权威的弱化。认知迭代是一个连续的阶段，旨在通过更新与改进知识体系以增强某种认知目的。这个过程包含两种进步模式：一是"丰富"，即对现有知识体系的拓展与增强；二是"自纠"，即对现有知识体系进行检讨与改进。

当阅读共同体在认知迭代过程中取得成功后，成员对专家的依赖以及对阅读内容的理解逐渐内化，致使共同体的吸引力下降，最终随着成果的固化以及内部交流的减少，共同体可能逐步走向消亡，并在新的环境中重组。

权威的弱化主要是由内部成员获取信息渠道的多样化、经济与文化的外部冲击以及成员地位的确立等因素所导致。在阅读共同体中，原本作为文本解释者与阅读帮助者的权威地位随着成员自我意识的提升而逐渐减弱。在此过程中，成员通过获取知识而获得主体性，逐步减少对权威的依赖，最终致使共同体解体。即便如此，阅读共同体文化的魅力仍能在成员中延续，并在合适的时机促成新共同体的形成，形成一个持续的循环。

阅读共同体的建立对推广阅读有着重要的促进作用，它的形成依赖于良好的阅读环境、灵活的制度保障以及社会认知能力的增强。学术界应当积极探寻构建阅读共同体的有效途径与支持机制，以便加速其发展与完善，提升全民的阅读水平。

三、理论的升华：阅读共同体完整论述

（一）传统的阅读共同体及阅读共同体的核心特征

1. 传统的阅读共同体

在人类历史的漫长进程中，社会常常对读书人怀有崇敬与钦佩之情。从这个意义上讲，阅读共同体本身就显得庄重且充满决心。曼古埃尔在其著作《阅读史》的第一章"终章"中描绘了一个基本的阅读共同体模型：每位成员都隶属于家庭这一阅读共同体。家中的长辈扮演着教育者和权威的角色，他们引领孩童及青少年踏入阅读的殿堂，由此整个家庭在阅读的熏陶下得以发展，并享

受阅读所带来的乐趣。后来，这种模式扩展至学校以及更广泛的社会层面。在西方形成的阅读共同体中，存在着如苏格拉底、柏拉图、亚里士多德、奥古斯丁等顶尖思想家，他们以追求善与真理为使命，围绕这些人物形成了一个不断阅读、继承和探索古代经验与资料的群体。在这些权威的保护和指导下，年轻成员逐渐成长为共同体的中坚力量，并最终步入权威的行列，实现了阅读共同体的一代代传承与发展。

2. 阅读共同体的核心特征

通过对历史上各种阅读共同体的深入研究，我们可以观察到，阅读共同体展现出一系列独特的核心特征。这些特征深深扎根于共同体的精神与结构之中，涵盖意志、权威或威严、资源以及制度或文化等方面。与追求物质富裕的社群不同，阅读共同体的追求更倾向于精神层面的慰藉、平和与宁静，旨在构建一种深层次的满足感。阅读共同体与其他类型的共同体之间的区别首先体现在阅读本身是一种精神活动，一种旨在通过精神力量改变个体或集体行为的活动。在这种背景下，阅读共同体所依托的不仅仅是现有的人、物、环境，更是一种从古至今传承下来的、引导共同体成员精神行为的高级精神力量。这种力量，通常体现在每位成员都必须阅读并掌握的核心精神文献——即阅读共同体的"圣典"。

圣典的形成是一个漫长而复杂的过程。在历史的长河中，每一个阅读共同体的圣典都是在与其他信仰共同体进行思想斗争并取得胜利后形成的。这些圣典不仅是文化传承的基石，也是共同体内部解决冲突、维护团结的关键。通过对圣典的深入阅读和研究，阅读共同体能够培养出一代又一代的领导者和权威，这些领导者不仅是思想的传播者，也是文化的守护者。在阅读共同体中，权威人物通常会建立讲学堂、书院等教育机构，并提供必要的资源以支持成员的成长和发展。他们还会建立一套完整的阅读制度和文化环境，以此来继承和传播圣典中的思想。可以说，圣典在阅读共同体中的作用是全方位的，它不仅塑造了成员的精神世界，也直接影响了共同体的权威结构、资源分配和文化形态。

阅读共同体是在共同体理论的基础上发展出来的一种精神共同体。它的核心特征包括共同体圣典、共同意志、权威或威严、共享资源以及共同体制度或文化这五个部分。阅读共同体的概念可以定义为：一群人共同认同并阅读、解读特定的圣典，并将维护、传承及实践这些圣典思想作为其核心活动的共同体。这样的群体拥有维护圣典、追求极致善良的精神意志，由权威或威严引领，旨在提高成员在阅读、思考、书面或口头表达等方面的能力，塑造其精神风貌。此外，成员们还共享资源，并建立适合自身发展的制度或文化，是一个坚固且不断进化的群体组织。

（二）阅读共同体构建实践

共同体凭借其强大的凝聚力以及成员之间深厚的归属感，成为在个人难以单独解决社会困难及危机的情况下，促进和完善成员个人意志、实现团体最大利益的有效途径。阅读共同体有助于克服当前全民阅读推广中普遍存在的效果不佳的问题。唯有圣典才具备构建阅读共同体的力量，能够保持阅读群体的凝聚力以及向前发展的动力。因此，阅读共同体的实际建设需要重视阅读内容的选择、阅读形式的固化以及阅读共同体文化构建这三个关键方面。

1. 阅读内容的选择

阅读内容对阅读推广活动效果的影响力最为持久。图书馆推动全民阅读的主要目标是培养读者的阅读习惯，增强他们的阅读理解与写作技能，并且提高他们全面表达自己思想的能力。阅读活动的核心便是阅读内容，一切阅读活动都基于文本展开。所以，首先明确文本内容的选择是首要任务。有专家建议实行阶梯式阅读：中小学生应深入阅读《唐诗三百首》和《古文观止》，大学生则应阅读《史记》《论语》和《诗经》。图书馆在挑选阅读内容时应格外谨慎，为学生提供优秀的书目推荐。心理学的元认知理论指出，读者通常不具备对经典文本思想深度的预先理解，这会导致他们对这些经典思想的理解模糊不清。以《百年孤独》为例，多数读者在初次阅读后虽然知道布恩迪亚家族在七代之后消失了，但对于消失的原因却普遍感到困惑。如果缺乏足够的预备知识，经典作品的阅读效果自然会大打折扣。此外，读者无法将整部书籍记住，只有在未来知识更为丰富时才能更好地理解这些内容。关于布恩迪亚家族的消失原因，这需要通过哲学和社会学的视角来分析理解。

一个团体之所以会衰败消失，主要原因是缺乏不断刷新与前进的精神基石。没有精神基石，就如同植物无根，难以长久存续。以《百年孤独》为例，布恩迪亚家族在发展遭遇挑战时，试图将外来的羊皮卷作为家族的精神支柱，然而小奥雷里亚诺未能解读出其中的奥秘。家族依赖的生存和发展基础，实际上是祖母乌尔苏拉积累的财富。随着乌尔苏拉的去世，支撑家族的唯一资源消散，家族亦随之崩溃。由此看来，如果将《百年孤独》视为一种经典，那么它仅是哲学和社会学思想某一层面的体现。能够表达这类思想的文本很多，所以寻找其思想的根源，对于理解文本意义至关重要。

在推广经典阅读的过程中，许多被标榜为经典的作品，如《悲惨世界》和《平凡的世界》，虽然展现了善良、正义、诚信等价值观，但这些只是表层现象，并未深刻影响读者的生活。究其原因，这些作品中的事件和人物塑造，仅仅是价值观的表象而已。因此，在建立阅读共同体时，所选择的阅读内容必须是具有深刻影响力的圣典。这些圣典是根本，能够刻印在读者心中，显现所有正当价值观的核心内容。事实上，通过阅读推广实践我们发现，为了提升读者的人文素养、传承人类文明，只需深入理解并透彻领会一种或一类书籍。这些书籍便是阅读共同体的圣典。深入这些圣典之后，再去探索其他书籍，读者对其思想的理解和掌握将会变得更加容易。

2. 阅读形式的固化

阅读形式，即读者基于自身能力提升需求而采取的特定阅读方式。历史上，人们对阅读方式极为重视，这些方式体现了他们对文本的尊重与崇敬。例如，朱熹在指导学生读书时曾强调："敛身正坐，缓视微吟，虚心涵泳，切己省察。"这反映出他对阅读的态度虔诚。同样，曾国藩在家训中推荐的阅读方法，如《史记》《汉书》《近思录》宜静读，而《诗》《书》《易》《左传》《昭明文选》则应当高声朗读。这些古代的阅读方法对现代具有一定的借鉴意义。现今，阅读推广活动日益专业化，这种专业化的阅读方式对提升读者能力大有裨益。例如，武汉大学的抄书活动、沈阳师范大学的朗读活动和南京艺术学院的经典诵读活动等，都是专业化阅读形式的体现。这些活动的持续推广对于提高读者的阅读能力至关重要。目前，以专业阅读方式为核心的阅读共同体也在逐渐形成，例如黑龙江大学的刘冬颖创建的《诗经》吟唱群、上海科技大学的刘勋组织的《左传》读者群、熊春锦的《道德经》诵读班，以及鲍鹏山创立的以《论语》《孟子》诵读为主的浦江学堂等，这些都是通过专业化形式进行长期的阅读推广，有效培养了读者的阅读习惯，从而全面提升了读者的综合能力。

3. 阅读共同体文化构建

文化，作为满足人们精神需求的重要形式，常被用来肯定和赞美个人或团体的修养和层次。不同的组织和地区都形成了各自独特的文化特征。文化也是群体能够持续进步和发展的关键因素。为了保持和发展这种文化的影响力，我们需要有固定的平台和场所来承载和传播文化。近年来，许多富有书香氛围的文化基地应运而生，它们通过发布资讯、树立阅读典范、推荐优秀读物等方式，发挥着多元化的作用，并成为连接读者之间的桥梁。阅读共同体的形成与发展离不开其特有的文化支持，具体措施如下：

①应当创建阅读共同体发展的空间文化。例如，设立一个典雅的人文阅览室对于培养共同体成员的综合素质十分有益。图书馆作为知识的宝库，应当利用其资源和环境优势，为阅读共同体创造一个像家一样温馨的学习空间。阅读共同体的空间文化建设包括提供集体交流和独自静修的地方，展示和研究经典文献等内容。其中，特别应当强调的是对经典著作的呈现，不仅要展出不同版本的原著，还要介绍它们的历史背景、历代注解及学术研究成果。采用书院这一传统形式来推广传统文化是一个很好的实践案例。比如福建省图书馆的正谊书院、大连图书馆的白云书院，以及山东省图书馆的尼山书院等，都是通过复兴古代书院制度，结合现代图书馆服务，成功打造出富有特色的阅读共同体空间文化典范。

②构建阅读共同体的管理制度，主要包括阅读共同体管理规则、成员发展战略（包括成员档案的建立等）、成员的奖惩规定、新成员的吸纳办法等。在活动策划方面，需制定详尽的流程，涉及活动的策划、执行及总结。这套制度将为阅读共同体的各项活动与发展提供秩序，确保成员可以根据规定得到相应

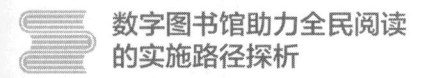

的支持与提升。

③阅读共同体成果展示文化。成果展示起到示范作用，包括成员所获奖项、荣誉、代表性事迹以及各类文学创作与演讲表达的成果。展示形式多样，可以通过新闻发布、海报宣传，或是创建文化墙、出版专辑及举办成果颁奖典礼来实现。

文化的塑造是激发阅读共同体活力的关键，它不仅有助于持续推动阅读共同体的更新与成长，还能加强成员的归属感与团结力。阅读共同体的构建体现了全民阅读推广向更深层次发展的方向。在当前的全民阅读推广活动中，阅读共同体的建设应立足于理论自信和文化自信，以社会主义核心价值观的继承与发展为核心。这需要精准定位阅读内容，选择权威的解读资源，建立适宜的阅读环境，并不断完善阅读共同体的制度与文化，以确保这一传统能够代代相传。

第三章

数字图书馆特色资源建设

第一节
全民阅读理念

随着网络化的持续演进，图书馆数字特色资源的长期保存与管理已然成为一个崭新的议题。在数字技术迅猛发展以及互联网广泛普及的大背景下，图书馆的数字特色资源呈现出爆发式增长态势。但与之形成鲜明对比的是，相关的保存技术与管理能力明显滞后，使得保存和管理这些资源的问题愈发突出。在信息数字化、服务网络化的当下，图书馆作为知识与信息的汇聚之所，对这些数字资源进行高效的长期保存和管理显得格外关键。

一、数字特色资源的保存

（一）数字特色资源长期保存的原则

1. 针对性原则

对于图书馆来说，并非所有资源都需要进行长期保存。数字特色资源的保存应以满足用户需求为导向，实施具有针对性的保存策略。这涉及到资源的选择问题，应充分发挥图书馆的资源优势，结合其馆藏特色、学校的学科建设以及地域特点来进行。同时，必须考虑现有及潜在用户的需求，以及教学和科研的实际需要，以此确保所保存资源的实用性和需求程度。

2. 科学性原则

科学性原则强调在进行数字特色资源的长期保存时，必须建立在科学合理的基础之上。这意味着在具体的保存工作开展之前，需要对图书馆的数字特色资源进行全面的科学评估。其中包括分析保存这些资源的必要性以及实施的可行性，确保每一个操作步骤都有充分的理论和实践依据，避免盲目行动或随意拼凑。例如，图书馆在考虑保存某项数字特色资源之前，应当组织专家对该资源的使用频率、影响力、保存难度等多个方面进行综合评估，然后根据评估结果制定具体的保存方案。这种做法不仅具有科学性，而且能够有效地保证资源保存的质量和效率。

3. 可用性原则

可用性原则是指图书馆在确保数字特色资源长期保存的同时，还要保证这些资源能够持续有效地被利用。图书馆在保存数字资源时，需要明确数据和软件之间的依赖关系，并选择合适的技术方案来支持这种关系，以便资源在未来的环境中仍然能够保持可用状态。不同类型的数字特色资源，如电子书籍、数字档案、多媒体教学资料等，都有各自特定的保存需求和使用条件。因此，在制定保存策略时，图书馆应当根据资源的具体类型和特点，设计适宜的技术和方法。例如，对于容易受到技术环境变化影响的软件程序，需要定期更新其兼容环境或迁移到更稳定的平台。此外，图书馆还应关注资源的长效利用，这不仅包括物理保存，还包括如何通过网络等方式提高资源的可访问性。例如，利用云存储解决方案可以提高资源的可访问性和安全性，同时也方便进行数据备份和灾难恢复。

4. 可靠性原则

无论是实体书籍还是数字化资料，图书馆都必须确保每一份材料的原始性和真实性得到严格保护。这意味着在数字化过程中，图书馆必须采用先进的技术和标准来进行文件的数字化、存储和传输，以避免数据的损坏或丢失。同时，图书馆应建立健全的资源检查机制，对采集到的资源定期进行真实性验证和安全检查，确保所有资源在保存和提供服务的过程中保持完整性和可靠性。

5. 经济性原则

经济性原则主要体现在资源配置和使用的成本效益方面，特别是在经济条件受限的情况下，如何通过有效的管理策略实现资源的最大化利用是每个图书馆都需要面对的问题。这一原则主要包含以下两个方面的内容：

①针对性和适度性：图书馆在进行资源投入时，应该根据服务需求和用户群体的具体情况，遵循针对性和适度性原则。这意味着在有限的预算下，图书馆需要通过科学的分析和规划，采用成本最低的方式来满足最迫切的需求。例如，通过优化采购策略，有选择性地集中购买用户需求度高且符合发展战略的资源，或者通过技术升级，提高现有资源的使用效率。

②资源整合与服务多样化：对分散的资源进行有效整合，并通过创新服务方式来提高资源的使用效率，是提升图书馆服务质量的重要途径。通过整合特色数字资源，图书馆不仅可以扩大其使用范围，还能通过提供多样化的服务来吸引更多的用户，从而产生更大的经济效益。例如，图书馆可以开发线上查询系统，提供远程访问服务，或者开展数字资源的展览和教育活动，吸引更广泛的公众参与和利用。

(二)数字特色资源长期保存的技术策略

数字特色资源的长期保存具有多方面的内涵,依据不同的理解、需求以及关注点,衍生出了多种技术和方案。这些技术实际上体现了对数字特色资源保存策略的多元化选择,反映了在对技术特性进行研究的基础上以及实践过程中的优劣权衡。

1. 数据迁移技术

在数字资料保存领域,确保数据的长期可用性是一项至关重要的任务。迁移技术是解决这一问题的有效策略之一,主要涉及将数字资源从旧的软硬件环境转移到更新的系统中,以确保这些资源的可识别性、可用性以及检索性不受影响。迁移的类型多种多样,包括硬件迁移、软件迁移、介质迁移、格式迁移、版本迁移以及访问点迁移等。

虽然传统的迁移方法已被广泛应用,但偶尔也会出现信息失真的问题。例如,如果在迁移过程中出现操作错误或某些数据遗漏,就可能导致信息的部分失真。与此同时,存在一种按需迁移的方法,它能够解析特定的文件格式,并执行一次性迁移,但这种方法在维护数据完整性和提供可靠的恢复机制方面不够精准,且开发相应迁移工具的成本较高。

2. 环境封装技术

环境封装技术是指通过打包数字资源所需的运行环境(如动态链接库等),以保证数据在不同系统中的兼容性。例如,为了适应新环境的要求,可以在JAVA程序中添加J2SDK。环境封装通常涉及将原始文件、指向所需软件的链接以及软件本身封装在一起。虽然这种策略仍处于探索阶段,但它面临着更新元数据的挑战,并且封装后的软件可能在所有环境中都无法有效运行,从而限制了其使用范围。

3. 数据仿真技术

仿真技术是开发一套软件，用于模拟那些负责保存和访问数据的硬件或软件系统，有时仅模拟这些系统的部分功能，目的是再现数字对象在原始操作环境中的行为。仿真的优势在于，它采用创新的技术方法，独立于现有平台和格式，为数字对象的还原提供了新的途径。例如，可以创建一个虚拟计算机来详细重现当前的操作流程，这些流程未来可能在另一种未知设备上执行。这种方法主要依赖于UVC仿真器。在数字保存的实践中，首先需要开发基于UVC的格式解码程序，该程序在UVC仿真平台上运行，用于解码和展示保存的内容，将其转化为逻辑描述视图（LDV），这是数字对象的结构化表述。如果将来有需求查看这些保存的内容，只需编写并运行UVC仿真器和相应的解码程序，再根据保存的内容开发浏览工具，便可实现关键数据的有效保存。

4. 开放描述技术

开放描述技术是指使用计算机能够识别的开放语言和标准化方式，详细阐述信息系统的多个层面，包括数据结构、组织形态以及管理流程。这种描述通常放置在系统的公共区域或上报至公共注册系统中，使得其他系统能够识别并理解这些结构和规则，从而实现系统间的相互操作。开放描述不仅使数字资源的存储、排列、管理以及传输过程公开化，还方便了第三方或未来使用者的接入和应用。

5. 数据考古技术

数据考古技术是指从已损坏的媒体或过时的硬件及软件环境中恢复数据内容。这包括从初始的数据流中重建数字信息的真实状态，以保证其可读性和可用性。数据考古是一个充满挑战的领域，如果无法恢复数据的初始状态，评估恢复的数据将变得困难。因此，在常规的数据保存策略中，通常不建议依赖这一技术。它应作为一种备选方案，在其他方法无效时才予以考虑。

6. 数据转换技术

数据转换技术涵盖格式转换、程序转换、字符编码转换、媒介转换、操作系统转换以及硬件系统转换等方面。转换方法主要有三种：其一，将特定类型的数字资源转换为通用文本格式；其二，利用通用的开放数据库管理系统；其三，采用或开发专用的转换软件。在实施数据转换时，关键在于选择恰当的时机进行数据重格式化或转换，并且需要考虑数据类型与格式标准的匹配情况，这些决策将直接影响数字资源的可靠性。

7. 数字图形输入板技术

数字图形输入板通过一体化技术实现软件与硬件的存储，有效降低了转移成本。此外，它配备有内置动力源，能够直接在其屏幕上展示存储信息，并且支持原处理器软件的操作指南。该技术还采用仿真方法对程序和数据进行存储，其缓存系统能够根据用户对文献的具体需求实时呈现相关数据。数字图形输入板设计坚固耐用，具有抗寒、耐高温、防水以及抗压等特性。尽管如此，由于开发成本较高，这种技术主要被应用于保存政府法律文件、政府报告以及珍贵艺术品。同时，它在数字资源的保存过程中可能引发的软件错误和归档问题也需要进一步加以解决。

8. 数据更新技术

数据更新技术是指将数据流从旧的存储媒介转移到新的存储媒介，以减少存储介质老化对数据的影响。这种技术是当前数字特色资源保存中应用最为广泛的方法。然而，该技术的有效性依赖于原始数据格式的兼容性；如果原始数据格式已被淘汰或者新旧软硬件环境不匹配，那么数据将无法被正确读取，保存的价值也就无法实现。此外，简单的数据更新过程不能保持数据结构的特性、描述的元数据、检索以及展示功能，这可能无法满足用户对检索功能的需求。

9. 身份识别技术

身份验证技术主要用于准确确认通讯参与者或终端用户的个人身份。普遍的做法是为每位合法用户分配一个独特的"身份证"，用以代表其身份。这种"身份证"通常由数字、字母或其他特殊符号组成，仅为用户本人及其所使用的信息系统所知。当合法用户尝试访问系统时，必须首先输入自己的"身份证"，系统则会将输入的信息与数据库中保存的用户资料进行对比校验。若系统确认该用户合法，便允许其访问系统；反之，若校验失败，则系统将拒绝其访问权限。

10. 仿写技术

仿写技术是将数字文件设置为只读模式，此时用户仅能够读取信息，而无法进行修改。这一技术能够有效避免用户篡改数字内容，从而确保信息的真实性得到保护。此外，若采用一次性写入的光盘存储数字信息，由于其使用的是不可逆的记录介质，也能够有效防止内容被篡改，进一步保障了数字信息的真实性与可靠性。

11. 系统还原卡技术

在使用系统恢复卡技术后，虽然用户可以自由地在系统中添加、删除或修改数字信息，但每次系统重启后，所有数据都将恢复至初始状态。这样一来，用户的任何操作均不会留下痕迹，从而确保了系统中数字信息的原始性得以保存。

二、数字特色资源的利用

（一）检索服务

数字特色资源为用户提供了完备的检索服务，分为简单检索与高级检索两种模式。在简单检索中，用户能够依据资源类型进行搜索，涵盖学位论文、期刊文章、会议记录、电子书籍、课件、音频和视频文件、标准文件、网络资源等检索字段。高级检索则允许用户同时运用多个检索词对多种资源进行查询，这种方式检索速度快且结果更为精准。

（二）个性化服务

在数字资源存储与发布之后，为提升资源的使用效率，许多网站或数据库系统推出了包括建立个人图书馆、电子邮件推送等个性化服务。

1. 我的图书馆

个性化服务旨在满足用户的个别需求，而"我的图书馆"功能正是网络图书馆服务发展的一个重要趋势。这项服务主要提供了一个定制化的图书馆资源界面，它是一个基于网络、带有用户前台的关系型数据库系统。

（1）我的电子书架

用户在检索或浏览资源时，可以通过点击"放入电子书架"将感兴趣的内容进行保存，以便于下次登录时通过"我的图书馆"直接访问这些资源。

（2）我的链接

在"我的链接"管理界面中，用户可以根据个人喜好添加链接资源，如电子书、视频等。添加链接仅需提供资源的 URL、链接名称及其描述。

（3）我的检索历史

用户在使用统一检索服务时可以将感兴趣的资源保存到收藏夹中。在"检索历史"界面,可以查看到包括检索表达式、检索资源、检索时间及删除操作等信息,便于用户在下次登录时重新使用相同的检索词,无需再次输入。

(4)我的关键词和学科分类

在此模块中,用户可以设置个人的"关键词和学科分类",为接收邮件推送服务提供依据。关键词设置允许用户按题名、关键字或全文进行检索。学科分类则可以通过学科导航树进行选择,准确地定位到用户关注的学科领域。

2. 邮件推送服务

用户可在邮件推送服务设置中设定若干参数,包括接收邮件的地址、推送周期及推送内容。设定完成后,激活邮件推送功能,用户便能定期接收到系统发送的信息。

3. RSS推送服务

RSS(Really Simple Syndication),一种基于XML的网络内容发布与整合技术,能够实时将最新信息主动送达用户桌面。通过定制RSS并使用RSS阅读器,用户无需直接访问网站即可获取最新更新的信息。RSS信息源来自本地特色数据库,包含所有按学科代码分类的成功发布资源。在RSS推送服务模块,用户可在浏览器内创建RSS频道,并设置频道名称、地址、更新时间及保存条目。完成这些设置后,RSS频道便构建完毕。此后,只要频道中有新资源发布,用户即可通过阅读器查看。

三、数字特色资源的整合

在当前信息化迅猛发展的时代大背景下,数字图书馆已然成为大众获取信息的关键渠道。数字图书馆不仅通过构建引进或自主开发的数据库来打造丰富多彩的数字信息资源,还借助网络平台向公众提供便捷的信息服务,极大地提高了满足广大用户信息需求的效率。然而,数字资源的广泛分布以及使用的多样化,再加上不同开发者的技术支持与版权归属问题,常常使得用户在利用这些资源时需要耗费大量时间去适应各种操作方式,这无疑增加了使用的难度,影响了资源的有效利用。

为解决这一问题,对图书馆的数字特色资源进行整合显得尤为重要。这里所说的"整合",意味着依据众多分散且独立的数字资源内部的逻辑联系和知识结构,对其进行重新组织和配置,从而构建出一个既统一又高效的数字资源管理体系,以满足用户的需求。从技术和方法层面来看,数字特色资源的整合可分为四种类型:

①建立数字资源导航系统:通过这样的系统,为用户提供一个集中的入口,以便访问图书馆的各种数字资源。这种方式简化了用户操作,使得访问多样化的资源变得更加直接和高效。

②基于OPAC系统的资源整合:OPAC系统原本是公共访问目录系统,如今可以将其作为一个平台,把各种数字资源集成到OPAC系统中。这样不仅可以利用现有的框架,还能在用户熟悉的环境中提供一致的体验。

③开放链接整合系统:此系统以参考文献为线索,对图书馆中的各类数字特色资源进行整合。它通过链接各种资源,帮助用户在查询过程中能够直接关联到相关的数字内容,这种方法特别适用于学术研究和深入学习。

④建立整合检索系统:这种系统能够同时检索多个数据库,为用户提供一个统一的查询界面,实现"一站式"检索服务。这不仅极大地提升了查询效率,还简化了操作过程,使得用户在获取信息时更加便捷和精准。

第二节
数字特色资源建设的原则与方法

一、数字特色资源建设的原则

在图书馆事业是一门历史悠久且持续革新的事业。在当今信息化浪潮中，数字特色资源的建设既是图书馆承担的重要使命，也是其面对现代网络环境的重大机遇，这从图书馆依旧保持的活力与生机中便可见一斑。这些特色资源是在特定的历史背景下，随着时间的积累而逐步形成的独特优势，它们已发展成为图书馆中相对独立且稳定的组成部分。一旦确定了特色方向，就应当致力于其巩固、完善和持续发展，尤其是在新兴的网络环境中，更要坚定不移地推进特色资源建设，以促进图书馆业务的快速且健康发展。

（一）实用和特色原则

从本质上来说，数据库是作为一种工具而存在的，但其最终目的应是实用且具有鲜明特色。在构建特色数据库时，应当体现出图书馆现有的独特性。因此，在确定项目选题时，需要关注：所选项目是否紧密贴合地方社会经济以及教学科研的实际需求，是否从用户需求、读者规模以及资源质量这三个维度进行综合考量，优先考虑重点学科，以最大限度地满足用户的需求。

（二）共享和先进原则

所谓信息资源共享，是指在特定的环境下，各图书馆和相关机构在平等、自愿、互利的基础上，通过多种合作模式共同构建和使用信息资源。在用户需求不断增长以及网络数字资源快速发展的背景下，构建特色数据库成为文献资源系统的关键环节。为了满足用户需求并拓展生存空间，图书馆需要走向资源共建与共享的道路。在开发数字特色资源时，图书馆应结合自身资源现状和内部优势，深入挖掘信息资源，创建具有学科特色的专题数据库，这样才能有效实现资源优势互补和资源共享最大化。

在具体建设数据库时，需要评估该数据库是否能够反映地区的发展水平，是否具有国内外的学术重要性；能否长期保持国内的领先地位；以及其对重点建设项目和学科的支持是否能够填补现有的知识空白，并对社会及经济发展起到推动作用。因此，图书馆之间需要加强交流与合作，形成资源共建共享的共识，共同进行大规模的数据库建设，避免资源的重复建设，实现资源的优化配置。此外，各图书馆在建库过程中必须采用先进的技术和规范，遵循元数据标引、文献著录以及检索功能等标准，共同推动实现全国图书馆资源共建共享的目标。

（三）标准化和通用性原则

在数字资源的处理以及数据库构建过程中，存在众多数据格式和元数据规范的标准化问题。为了确保资源能够有效共享，各参与单位在项目实施时需严格遵守通用性和标准化的原则，包括服从网络传输协议、数据处理标准，以及遵循相关的文献分类、标引和著录规则。采用统一规范的数字特色资源库建设模式以及标准化的数据格式和库结构，同时使用先进的检索算法，保障数字化产品的通用性与标准化，为资源的共建和共享提供支撑。

依据国家关于文献著录和标引的原则，我们应统一著录标准和标引方法。文献应按照《中国图书馆分类法》进行分类，并依据《中国文献编目规则》进行详细著录，同时根据《中国分类主题词表》进行主题标引。图书馆应该拓展检索点，增加文献标引的深度和广度，通过设立多样化的检索途径和完善的索引系统，规范机读格式，不断提升数据库建设的质量。除了遵循国内标准，我们还需关注与国际标准的对接，增强国内外检索系统的通用性。

（四）系统性和准确性原则

图书馆在构建信息资源时，应重视文献信息资源的系统完整性以及不同信息资源之间的互联互通。与此同时，数据处理过程中的准确性也至关重要，需采用科学且严谨的质量管理方法，并确保使用准确的原始文献资料，最大限度地减少错误，提高引用率和检索准确率。从长远发展的角度来看，数字特色资源数据库需要定期进行更新与维护，平时应积极收集使用过程中的反馈信息，及时更新和优化数据库内容，设定适宜的更新周期，确保用户能够及时获取最新信息，保持图书馆特色资源的活力。

（五）安全性与可靠性原则

在数字资源的加工、存储、传输和管理过程中，图书馆需要确保系统的安全性和数据的可靠性。这就要求选用技术成熟、性能稳定可靠的存储设备，同时运用先进的网络管理技术，保护网络系统的安全，确保信息服务的可靠性和连续性。

（六）分工协调原则

分工协调原则要求从宏观层面进行统筹规划和合理布局。通过分工合作，集中力量建设重点资源，形成一个以管理中心为核心、二级联保体系为支撑的高效信息资源系统，以发挥整体优势，提高资源建设和利用的效率。

（七）产权保护原则

在资源的加工、组织、管理和传播过程中，图书馆必须自始至终贯彻知识产权保护的要求。对于不同法律属性的特色文献，要充分尊重并获得原始著作权人的授权，采取差异化管理策略，确保所有数据来源的产权清晰，所有发布信息均符合国家知识产权保护法规，为信息资源的共享和利用提供坚实的法律保障。

二、数字特色资源的建设方法

图书馆的特色资源是在长期的历史积淀中逐步构建起来的，形成了独具特色的馆藏体系。在此体系的基础上，图书馆逐渐塑造出自身独有的风格与特点。在开展数字特色资源的构建过程中，应当秉持系统性和层次性原则，明确特色资源与普通资源的区别和联系。此外，还需借助多样化的信息载体和服务模式，运用多种科技手段，对不同学科、不同类型、不同语种的文献资源进行有效组织与科学配置，从而为不同需求的读者群体构建一个层次分明、系统完善的数字资源支持系统。在建设数字特色资源的过程中，图书馆应选择以下方法：

（一）做好选题调研工作，提升特色数据库质量

特色资源的高质量是图书馆馆藏特色化建设的核心，只有确保特色资源的高品质，其建设才具有实际意义。选题环节是特色资源建设的关键，成功的特色馆藏往往选择精准的主题。图书馆应采取以下步骤：①需确定一个清晰的主题方向，并在此基础上，结合自身馆藏优势以及对该主题的全面理解来构建数据库，以确保其具有独特性和竞争力，避免资源浪费。②应综合考虑所属高校

和地区的实际需求来选择选题。③在考量馆藏优势和服务对象之外，还需进行详尽的市场调查，评估所选项目的市场独特性、数据规模以及用户需求程度。④基于馆藏特色和特定用户需求，由图书馆自行开发特色数据。

（二）挖掘重点学科和地域性主题，制定合理详细的计划

每个图书馆都应有自己的特色收藏方向，这个方向应基于学校的专业特色、馆藏策略以及读者的需求等因素来设定。确立与学校学术研究需求相符的选题方向，是实现特色馆藏成功的关键。

从地方文献的角度构建特色馆藏具有诸多优点，比如可以利用当地的人才资源和文化传统等优势。在挖掘地域性主题的同时，图书馆数字特色资源的有效构建也非常关键。因此，各图书馆必须进行详尽的调研，针对自身以及所在地区、系统乃至全国的具体情况，制定一套科学、实用的特色资源建设方案，并强化执行力，推进数字图书馆特色资源的发展。要想成功建立特色资源数据库，从一开始就必须制定出详尽的工作计划，并精心挑选那些具有高学术价值的特色资源。整理、加工、分类及发布等环节必须严格执行，选用最适合的库建设及管理软件，保证数据的维护和信息服务的效率。同时，考虑建库系统的实用性，需确保操作简便、界面一致，并具备完整的生产流程及集中的管理方式。总之，条理清晰、有序安排的工作流程能有效减少冗余操作，实现工作的便捷与高效。

（三）结合互联网技术，实现信息自动采集

随着计算机和网络技术的飞速发展，我们已步入一个信息传播和利用极为广泛的新时代。在这个时代，网络上汇聚了大量的信息资源，其中包括丰富的地方文献。与传统文献相比，网络上的地方文献检索迅速、使用便捷，成为一

个重要的新型文献来源。

网络信息采集技术，即根据用户设定的信息需求或关键词，运用各种搜索引擎进行网页搜索和数据挖掘。这一过程涉及通过网络页面间的链接关系，自动获取并不断扩展所需的网页信息。这一技术主要通过网络信息采集器来实现。对于图书馆构建数字特色资源而言，自动采集网络信息资源系统能够实现快速、精准和广泛的信息采集，极大提升工作效率和服务水平。但是，在使用这项技术时，图书馆应注意版权问题，并清晰标注信息来源。

（四）以优势学科为依托确定特色，建立特色资源预订数据库

在构建文献资源的过程中，各图书馆必须依据其特定的服务宗旨，对文献内容进行甄别和选择，包括确定哪些资料是必须收藏和保存的，哪些可以通过使用光盘、数据库，哪些是网络上的资源来等效替代，以此满足不同学科、不同水平以及不同深度的研究需求。这一选择过程不仅包括对现有资源的整理，还包括对未来服务方向的预测和规划。进行有效的资源分类和优先级排序，是确保资源合理配置的前提。在确定了基础框架后，图书馆应从调查研究入手，确定重点支持的学科领域。这一过程需要图书馆与其服务单位之间紧密合作，以了解和预判单位的长远发展方向及即时的学科需求。了解了这些信息后，图书馆能够针对性地收集和开发与这些重点学科相关的文献资源。

例如，使用CALIS联机编目系统进行资源检索时，可以按照"机电""模具""计算机""汽车"等关键词，在系统中进行检索，并利用本馆的自动化系统进行查重。对于尚未收录的重要资源，图书馆应当迅速采取措施下载并创建预订记录。此外，还可以利用国家图书馆的OPAC系统，通过字段名格式，复制并粘贴完整的MARC记录，以此建立和完善本馆的馆藏数据库。除了传统的文献收集方法，图书馆还应当利用数字技术，积极探索与各大图书供应商及其他图书馆的合作，包括中国图书网、超星、书生电子图书、中国互动出版网等。这些平台提供了大量的数字特色资源，能够极大地丰富图书馆的资源种类和内容。通过有效的在线平台，图书馆不仅可以获取稀缺的文献资源，还可以发掘出具有独特价值的特色资源。

持之以恒地优化资源整合与管理是图书馆建设不可忽视的一环。图书馆馆员应当深化对文献馆藏建设的理念认识，通过不断地资源更新和技术创新，使图书馆的服务能力得到持续提升。只有这样，图书馆才能在满足日益复杂的教学与科研需求的同时，继续发挥其作为知识传播中心的核心作用。

第三节
数字特色资源的建设内容

随着现代数字技术与信息技术的飞速发展,图书馆正逐步朝着自动化和网络化的方向迈进。它们不再仅仅是存放书籍的场所,而是演变为一个多功能的信息交流中心,呈现出"数字收藏、电脑操作、网络传输、信息自由存储、资源共享及结构互联"的发展态势。数字特色资源是在现有综合性和普及型图书馆的基础上兴起的,这不仅强化和提升了图书馆的现有功能,还促使其逐渐从传统的文献收藏机构转变为满足现代信息需求的服务平台。这种转变刚刚起步,它彻底革新了图书馆在文献收藏和服务方式上的传统观念,并在图书馆资源使用与储存的基本矛盾中实现了质的飞跃。要使图书馆的地位真正得到认可,就必须树立品牌意识,发展特色数据库,走出一条具有自身特色的发展道路。

一、特色数据库建设的关键问题

目前,图书馆已成为数字与传统图书馆、虚拟与实体图书馆、在线与物理图书馆的综合体。这种混合型图书馆融合了两种形态的优势,为现代社会提供了一种全新的图书馆模式。在这种模式下,特色资源的建设成为其核心任务之一。图书馆在进行特色资源建设时,需要考虑本地区的特色优势或学校的重点学科，并围绕这些优势或学科设置相应的馆藏体系，以支持当地或学校的教学和科研工作。因此，特色资源的建设对图书馆的未来至关重要。各图书馆应当充分利用所有可用资源，有计划、有目标地加强自身特色建设，从而使文献资源具有鲜明的个性和独特的风格，其关键在于构建出六大显著特色。

（一）突出馆藏结构特色

馆藏结构特色的打造是基于学校的办学特点、规模、专业设置以及重点学科的教学与科研需求。这不仅取决于图书馆的服务对象、资金投入和读者的需求特点，还需结合地区的经济及文化科技优势。在这个过程中，馆藏文献的类型和梯度分布需要进行科学合理的配置。具体而言，这包括印刷型文献、数字化文献及其他形式文献的比例，以及普通文献、重点文献、专业学科文献的收藏比例。通过对这些文献信息的重点收集和建设，我们能够打造出具有独特特色的馆藏文献信息资源。

随着时间的推移，馆藏结构需要不断进行调整和优化，目的是使各类文献资源能够相互补充、协调发展。这样，图书馆就能逐步形成一个既系统又完整、统一的实体及虚拟资源馆藏体系，具备明显的个性和风格。由于不同地区在学科布局、地理位置和人力资源结构上存在差异，每一个数字图书馆都将形成其独特的馆藏结构特色。

（二）突出服务特色

图书馆的服务工作建立在充足的文献收藏基础之上。服务的提供不仅是对读者需求的回应，更是一个全方位参与教育的过程。这种服务深深扎根于素质教育的各个方面，体现在图书馆的日常运作中，如书刊推荐、咨询解答等活动。图书馆的工作人员通过日常的交流和言传身教，对读者产生潜在的教育和引导作用。

（三）突出资源共建共享特色

在当今数字化的时代背景下，随着信息查询需求的日益增长，图书馆行业面临着网络资源快速发展与高昂采购成本之间的显著矛盾。为满足用户日益多元化的信息获取需求，拓展其服务职能范围，建立资源共享平台显得尤为关键。特别是在公共图书馆领域，此类机构通常受到数字化资源筹建资金不足的限制，难以单独满足所覆盖用户的广泛诉求。因此，公共图书馆需要依托资源共建共享机制，与其他图书馆以及伙伴机构合作，提供联合服务。通过整合社会力量，这些机构不仅能够增强对资源的采集、创作和维护能力，还能优化资源配置及其整体质量，共同促进资源共建共享网络的建立和发展。

（四）突出高校特色

高校图书馆的特色主要体现在其收藏的教育教学资源、科研成果等方面。这些资源既包括官方出版物，如学报和校刊，也涵盖师生的公开发表作品，如书籍、论文、书法、绘画、摄影作品以及软件设计等。此外，高校图书馆还积极搜集与学校教学和科研项目相关的各类文献资料，其中包括承担的科研项目资料、学术会议文献以及优秀教师和精品课程的教学影像资料等。

例如，河北农业大学图书馆建立了"教师著作论文库"，四川农业大学图书馆设有"教师论文数据库"，广东海洋大学图书馆自主开发了"海大文库"。这些特色资源库都是围绕各自高校的学科特色和教学成果，对教师和学生多年来的学术积累进行整合与展示，旨在凸显每所高校的独特文化和学术价值。图书馆通过这样的系统性收藏，不仅为校内外研究者提供了宝贵的学术资源，也强化了高校图书馆在学术传承和创新中的重要角色。这种集中反映高校长期学术积累与成就的特色资源，不但提升了图书馆的学术地位，也加深了图书馆在教育教学和科研活动中的影响力。通过这样的特色发展战略，高校图书馆能够更有效地支持和促进学术研究与知识创新，成为学术交流的重要平台。

（五）突出地域特色

地域特色既体现了一个地区的文化传统和历史积淀，也包括该地区的人文环境、政治经济状况、教育背景和文化名胜等。地域特色的文献资源丰富多彩，涵盖地方史志、重要事件记录、统计年鉴、风土人情描述、地方政治经济分析、教育进展、文化名人传记、名胜古迹介绍、民俗研究以及历代贤达的著作和研究作品等。这些资源的收集与整理，不仅丰富了图书馆的藏书结构，也为研究者提供了宝贵的地方学研究材料。

为了更有效地展示和利用这些地域性资源，图书馆应精心挑选那些内容丰富、具有高度地方特色的文献进行收藏。例如，华南热带农业大学图书馆便建立了"中国热带农业文献数据库"和"国外热带农业文献数据库"，这些数据库专注于收集与热带农业相关的文献，强调地域和学科的双重特色，有效地支持了相关领域的教学和研究工作。

（六）突出数字资源特色

数字资源的建设是图书馆服务现代化的重要标志。与传统图书馆相比，数字图书馆通过网络连接，存储大量的数字化信息，极大地节省了物理空间，同时解决了传统图书馆面临的文献资料存储空间不足的问题。数字资源不仅包括电子书籍和期刊，还包含视频、音频等多媒体资料，能够满足用户多样化的信息需求。

构建一个以中文信息资源为核心的数字库，对于弥补互联网上中文资源的不足、推广中华文化具有重要意义。数字化不仅能够保护珍贵的文献资料，防止物理损耗，还能通过高质量的数字复制品让更多的人无障碍地访问这些资源。这种方式既延续了民族文化的生命力，也加强了文化遗产的全球传播。

此外，数字图书馆的运作大大拓展了其服务范围。不同于传统图书馆的地理和物理限制，数字图书馆允许用户通过互联网随时随地访问其资源。用户可以不必直接与图书馆员接触，仅通过电子邮件或在线咨询等方式进行交流，这种服务模式极大地提高了图书馆服务的效率和便利性。因此，数字资源的建设不仅关系到图书馆服务的现代化，更是提升图书馆核心竞争力的关键。通过优秀的软件设计、快速的网络传输、人性化的界面设计，图书馆能够提供更加高效、便捷的服务，满足当代用户日益增长的信息需求。

二、特色数据库建设的内容

（一）自建特色资源

图书馆自行创建的特色资源数据库是CALIS（中国高等教育文献保障系统）数字化及文献资源建设的关键组成部分。自20世纪末以来，CALIS便推出了特色数据库资助计划，首轮资助涵盖了25个数据库，目前已初显成效。此外，一些CALIS成员图书馆也在开发或计划开发类似的特色数据库。各图书馆应结合自身实际情况，科学规划未来发展方向，不仅要以实体藏书建设为基础，更应整合并利用网络虚拟资源，推进信息资源的共建与共享，以此吸引读者、开拓市场。

由于各图书馆所在地区不同、学科重点各异，它们在特色资源建设方面也存在差异。为了满足教学和科研工作的需求，许多图书馆建立了各具特色的数据库。例如，上海交通大学数字图书馆创建了"上海交通大学学位论文数据库"和"机器人信息数据库"，湖南大学数字图书馆则建立了"金融文献数据库"和"书院文化数据库"。这些图书馆对具有独特价值的文献进行收集、分析、评价、处理并存储，同时按照一定的标准和规范进行数字化，以满足用户的个性化信息需求。

如何构建能够体现高校学科特色和图书馆独特藏书的特色资源数据库，成为高校数字图书馆建设的重要任务。在特色文献的建设过程中，图书馆不仅需要持续搜集并进行数字化处理，而且应通过整理和标准化已有资源，并将其他资源进行数字化整合。通过申报研究课题，开展相关的方法研究，正确的方法将大大提高工作效率。

（二）引进特色资源

在当前的高校图书馆管理中，自建特色资源数据库虽然重要，但这一过程往往需要投入大量的人力、物力和财力，且在资源的开发与利用上存在一定的盲目性。在这种情况下，图书馆常常面临重复建设、更新速度缓慢以及采集的信息不够全面和完整的问题，开发整理的范围也显得不足。针对这些挑战，图书馆应当采取有选择、有计划的策略来引进高质量的中文与外文数据库资源。这样的策略不仅能保证所引进的资源覆盖校内所有学科与专业的需求，还能特别关注重点学科专业，同时也照顾到其他专业的需求，从而扩大合作的广度和深度。

以清华大学图书馆为例，该馆已成功引进了多个高质量的中文数据库资源。其中包括"中文科技期刊库（全文版）"和"万方数据资源系统"，这些数据库不仅涵盖了广泛的科技领域，还特别强调了社科类文献的索引，如"中文社科引文索引"。这种丰富的数据库资源为研究人员和学生提供了全面的学术支持。除了传统的期刊和文摘数据库外，清华大学图书馆还引进了多种数字出版物资源，增强了数字资源的多样性和访问便利性。这些资源包括《中国科学》杂志社的数字期刊、中国期刊网以及维普中文科技期刊数据库等。在数字图书资源方面，图书馆同样积极进取，引进了超星电子图书、书生之家电子图书以及百万册书数字图书馆等资源，这些都极大地丰富了图书馆的电子阅读选项，满足了广大师生的不同阅读需求。

通过这样有策略的引进和整合，高校图书馆不仅能够有效避免资源的重复建设和浪费，还可以通过优化资源配置，提高信息服务的质量和效率，从而更好地服务于教育和科研工作。同时，这种引进策略还能够使图书馆在未来面对信息资源更新和技术变革时，拥有更强的适应性和前瞻性，继续发挥其在学术研究和教学中的核心作用。

（三）建立特色导航系统

在数字时代，图书馆面临着如何有效利用信息技术提升服务质量的挑战。建立一个特色导航系统，对于数字图书馆而言，不仅是一项重要的补充，更是提升其服务能力的关键策略。这一系统旨在通过高效的知识服务运行机制，助力图书馆在知识经济时代采取最为有益的行动，优化资源利用，提高服务效率。

特色导航系统的构建，首先需要图书馆准确界定自身在知识经济中的角色与职能，确保系统设计能够促进图书馆与用户之间的有效互动，实现知识的精准导航和推送。在此过程中，图书馆的员工扮演着极为关键的角色。他们不仅需要运用自身的专业知识，更要将这些知识转化为图书馆的核心竞争力，通过特殊的服务满足用户需求。因此，图书馆需要倡导一种文化，鼓励员工将个人的知识转化为组织的知识，并进一步将这些组织知识转化为能够服务于读者的实用知识。这不仅增强了员工的归属感和参与感，还通过知识的不断积累和创新，提升了图书馆的整体服务能力。

特色导航系统应包括提供定制化的信息查询和资源推荐功能。系统可以根据用户的历史行为和偏好，智能推荐相关的资源和信息，这种个性化服务能够有效提升用户体验，增加用户的满意度和忠诚度。此外，系统还应该具备强大的后台分析功能，能够帮助图书馆管理层更好地理解用户需求，优化资源配置，提高服务质量。

三、特色数据库建设的类型

每一所图书馆为了实现信息资源的有效共享，必须精心筛选并收藏独具特色的文献资源，着力打造具有自身特色的数据库。这一过程尤其强调开发图书馆特色资源，形成特色的数据库体系。

（一）具有高校特色的数据库

高校图书馆的特色数据库建设应当紧密围绕教学与科研的需求进行，同时以资源共享为核心目标，精选与高校学科专业相契合的特色资源。具体而言，这些特色数据库主要包括以下几种类型：

1. 学位论文特色数据库

学位论文是高等教育机构中学生在导师的指导下，通过广泛研读相关文献并进行实验研究所得的学术成果。每年，各大高校都会产生大量硕士与博士学位论文，这些论文不仅具有较高的学术价值，也体现了高校的学科特色。因此，将这些学位论文收录于图书馆，成为构建特色文献资源的关键环节。目前，众多高校已经采用在线提交系统，建立了各自的学位论文数据库。这些数据库积累了丰富的教学成果，构建了具有知识产权保护的原生资源库，不仅便于用户检索学术信息、进行学术交流，也显著促进了教学与科研的发展。

2. 教职工科研成果数据库

高校教职工的研究成果，通常是结合教学与科研需求，应社会发展和经济建设的需要而撰写的。这些成果在图书馆中占有重要地位，特别是在学术性较强的机构更应受到重视。自20世纪80年代后期起，我国高校的文库建设便已启动，如北京大学、中国人民大学等都较早建立了自己的文库系统。这些初期文库主要收藏印刷版实物。进入21世纪，随着计算机和网络技术的普及及其在图书馆的广泛应用，文库的数字化建设取得了显著进展。例如，中国人民大学、浙江大学等校的数字文库已经形成了全文数据库，标志着高校文库向实物与数字资源并存的方向发展。

3. 重点学科特色数据库

重点学科特色数据库是针对学校的学科优势、特定主题或新兴交叉学科建立的专业数据库。这类数据库广泛收集能够代表特定学科发展的各类重要资源，包括国内外核心期刊、科技期刊、教科书、参考书目、学术会议资料以及其他具有学术价值的文献。图书馆通过搜集这些文献资源，不仅自行加工整理，也可能直接利用现有的专业文献数据库。例如，上海交通大学图书馆拥有"机器人信息数据库"，专注于机器人技术的最新研究与发展。而中国石油大学图书馆则建立了"石油大学重点学科数据库"，集中展示了该校在石油工程领域的学术资源。此外，武汉大学图书馆的"长江资源数据库"和上海财经大学图书馆的"世界银行资料数据库"也都是各自领域内的宝贵资料集合，这些数据库的建设不仅丰富了校园的学术资源，也极大地方便了教学和科研工作。

4. 开发考研信息数据库

随着研究生入学考试竞争的不断加剧，越来越多的学生认识到在规划未来学习路径时，获取有关国家各高等院校及其研究生项目最新信息的重要性。这些信息通常涵盖研究领域、导师资料、备考课程以及相关参考资料等。然而，这些信息往往在学生计划进行实际报名时才发布，难以满足广大学生的需求。为解决这一问题，多所高校图书馆已开始投入大量资源开发旨在支持研究生考试信息检索的数据库系统，致力于为研究生学生提供及时、准确且全面的入学考试信息。这类数据库通过专人收集和加工网络上的考研信息，及时更新与学校专业对口的招生情况和参考书目，并通过校园网发布。学生可以通过网络访问这些信息，或者直接在图书馆的阅览室内查询。例如，北京邮电大学图书馆设有"博导信息数据库"，而北方工业大学图书馆的特色数字资源中则包含了"考研专业参考书库"和"四六级英语题库"，深受学生欢迎。这种服务模式不仅提高了图书馆的服务效率，还使图书馆的功能从传统的书籍借阅拓展到了在线信息服务，极大地提高了图书馆的使用率和学术支持能力。

5. 影音光盘特色数据库

随着信息技术的发展，图书附带的影音光盘日益盛行，为读者提供了更为多元化的学习方式。通过视觉与听觉的双重刺激，这种形式的资料不仅能使内容表达更为生动，也极大地丰富了读者获取信息的渠道。然而，这些光盘在借阅过程中容易损坏或丢失，同时占用的存储空间较大，也难以实现有效的资源共享。

面对这些问题，图书馆需要建立一个稳定的电子平台，对这些独具特色的影音资料进行系统化管理。这包括将随书光盘中的视频、音频、图片和文本内容进行数字化处理，如转换格式、编辑内容及压缩数据等，最终将这些内容存储于网络服务器上，形成一个综合的电子阅览平台。此外，构建这样的特色数据库还需严格遵守知识产权的相关规定，尊重并保护内容创作者的版权与劳动成果。通过这些措施，图书馆不仅能够保障作者的权益，还能为公众提供便捷高效的信息服务。随着时间的推移，这种含影音光盘的特色资源数据库将日益成为数字化图书馆的核心组成部分，极大地提高图书馆服务的质量与效率，满足现代社会对知识获取的多样化需求。

（二）突出地域特色的数据库

地域特色数据库，这一概念是指汇集了反映各地区多方面情况的正式或非正式出版文献的资料库。这样的数据库包括介绍本地地理、历史、风俗、民族、经济、文化、人物的各种典籍；本地政府所制定的各种法规、政策；本地名人的书籍及手稿；本地主要企业发展的情况通报、产品介绍等。这些文献资料不仅体现了地方的历史和现状，而且还鲜明地展示了地域的独特文化特色。因此，地域特色数据库的建设成为图书馆数字资源建设中的一个重要方面。各地区图书馆应根据自身的地理、历史背景及经济文化特征，系统性地收集和整理本地区的信息资源，从而构建出具有明显地方特色的文献数据库。例如，山西大学便建设了专注于地方经济历史的"山西票号与晋商数据库"，而四川大学图书馆则着重展示地方文化的"巴蜀文化特色库"。黑龙江省图书馆更是构建了涵盖少数民族文化、地方历史、体育、科技成果等多个方面的17个专题数据库，这些都深刻反映了黑龙江的地域特色。在全国范围内，许多省级图书馆如浙江、广东、湖北、湖南、天津及首都图书馆等，都拥有内容丰富的地域文化数据库。

首都图书馆开发的特色资源库内容丰富，图文并茂，极大地丰富了公众的阅读体验。辽宁省图书馆的地方特色资源已初步形成规模，其特色数据库群正在向建立统一的地方特色资源检索平台迈进。

（三）建立地方人文、历史类特色数据库

1. 本地研究数据库（历史、现状、人文、风俗）

本地研究数据库主要由数字化的目录数据组成。读者若想深入了解本地的历史或地方志中的相关记载，可以利用所提供的书目数据检索方法，在地方文献数据库中进行全文搜索，进而获取所需信息。

2. 地方名人数据库

地方名人数据库收录了地方名人的生平事迹、回忆录、著作目录以及评论等内容。对于具有特殊研究价值的名人，系统还会添加全文资料、照片资料等，并运用计算机技术进行数字化处理。

3. 古籍数据库

古籍数据库涵盖了本地区所有的古籍文献，是一个以地方古籍为主题的专项数据库。鉴于古籍的珍贵性，尤其是孤本不宜供读者实际查阅，因此采用光电扫描技术来创建全文数据库。

4. 地方特色数据库

地方特色数据库集中体现了本地区最具特色和知名度的内容。例如，可以创建关于地方农业种植与养殖的数据库，因为种养业具有显著的地域性和地方差异，这使得记录当地农业的种植和养殖技术、生产情况成为可能。

5. 图片数据库

图片数据库生动且详尽地展现了当地的文化内涵、历史风貌、民俗风情和

区域变迁，为读者提供了一个优质的信息使用平台，这对记录本地历史和对外宣传本地特色都有着积极的作用。

（四）深化其他专题特色信息资源库

专题特色信息资源库是针对图书馆读者的特定需求而设计的，围绕具体主题构建资源，既具有强烈的目标导向性，又具备广泛的应用范围。通过深化其他专题特色信息资源库的建设，图书馆不仅能够满足专业人士的需求，还能够服务于更广泛的读者群体，增强其信息服务的针对性和实效性。

例如，复旦大学图书馆承建了"全国高校图书馆进口报刊预定联合目录数据库"，而清华大学图书馆则开发了"全国高校图书馆信息参考服务大全"，西南财经大学图书馆也不甘落后，创建了自己的"期刊篇名数据库"。再如，图书馆可以依据社会科学的发展，专门建设一个科技专题库。如今，随着科技迅猛发展，新技术、新材料的研究层出不穷。图书馆可以建立一个专注于新材料研究的数据库，收录相关的研究成果、专利、应用案例等，为科研人员和工程师提供一手资料。此外，图书馆还可以创建一个专门的医学研究数据库，包括最新的医疗技术、治疗方法和临床试验结果，帮助医生和研究者获取最新的医学信息，提高医疗服务质量。

第四章

数字图书馆的服务模式与服务系统

第一节
数字图书馆特色服务

一、数字图书馆特色服务概述

随着时代的飞速发展,图书馆的理念与服务工作正在经历一场深刻的变革。数字图书馆以其创新的服务模式站在了这一变革的前沿。特色服务作为数字图书馆的核心亮点,其重要性不言而喻。目前,数字图书馆的特色服务尚无一个被广泛认同的定义。学者冯琼在综合多方观点的基础上,对此进行了详细的解析。她提出了三种不同的理解方式:①特色服务可被视为图书馆的"独家经营"项目,即具有独特性的服务;②特色服务是指在图书馆界普遍提供的服务中处于优质范畴的服务;③特色服务是数字图书馆系统建设中的一个综合体现,它以"有我独有,众我全有,全我优越"的竞争理念为基础,在传统服务的基础上创新发展出新的服务项目、方式和理念。这些服务的形式、内容与效果的完美融合,体现了它们的独特性、针对性、创新性和多样性。特色服务的核心在于其服务对象的专门性,例如为特定用户群提供高度定制的藏书和服务。从根本上说,数字图书馆特色服务的目标是,基于"服务用户"的初衷,充分利用图书馆的所有资源,向用户提供系统化、有针对性且富有成效的服务。

图书馆能够持续有效发展,在很大程度上取决于其不断提供特色服务的能力。在缺乏创新的服务理念、方法和内容的情况下，图书馆难以开展多样化的特色服务项目。这些服务往往是图书馆为适应改革需求，从内部运营机制入手，为实现用户服务的优化和深化而自然演变出来的。与传统服务相比，数字图书馆的特色服务有着明显的不同，它通过主动调查社会需求，根据调查结果设立服务模式，并依据用户需求收集信息。因此，深化我国数字图书馆的特色服务是一个任务繁重且内容丰富的过程，需要我们在理论与实践两方面进行深入研究和大胆探索。通过这些特色服务，数字图书馆不仅是信息的存储库，更是信息的活跃传播者和创新服务的引领者。这些服务的目标是满足用户的多样化需求，提升服务的可达性和有效性，最终推动图书馆事业的全面发展和社会文化的广泛进步。

二、依托特色资源开展特色服务的途径

（一）数字馆藏资源的特色化建设

在知识生产与传播步入数字时代的背景下，图书馆实体藏书所面临的空间局限以及资源分发不均等问题已成为亟待解决的挑战。在此形势下，建立并推广数字化特色馆藏已然成为全球图书馆界共同追求的目标。为确保数字图书馆持续保持吸引力，首先需要精心策划并开发出既富有吸引力又具有鲜明辨识度的特色数字化馆藏。这种构建应涵盖馆藏配置的系统性规划以及致力于塑造特色内容的开发活动。通过此类举措，各家图书馆能够充分发挥各自独特数字馆藏的核心竞争力，为用户提供具有专业性与创新性的馆藏体验。

在建设特色馆藏的过程中，各图书馆需基于所服务的特定学科和专业领域进行细致定位，以促进其在激烈的竞争中稳固立足。就图书馆服务特性而言，

馆藏学科与专业领域的范围决定了其自身的核心生命力与独特标识。为了有效构建与推广具有显著特征的信息资产,图书馆需投入资源开发相应的文献数据库,并逐步推进这些数据库的标准化与规范化。只有在这种"个别差异性(即'你无我有,你有我全,你全我精'的馆藏理念)"的基础上,图书馆方能在日益互联互通的网络信息生态系统中创造出与众不同的竞争优势,并满足用户的多维度需求。

(二) 特色数据库的开发

对于特色数据库的构建,图书馆必须兼顾网络背景下数字图书馆的定位。具体而言,实现这一目标需要双管齐下:一方面要深入挖掘并建立起具有地域或专业特点的馆藏资源,以确保这些资源能够以数字化形式得到广泛传播与使用;另一方面要开发符合自身定位的专用数据库,以便在保证整体资源优化整合的同时,突出数字特色馆藏的优势。在此方面,数字化馆藏相较于传统实体馆藏面临更大的挑战,同时也承载着更为重要的战略地位。

特色数据库的成功关键在于能够充分展示和利用本地区、本部门或本专业的特色资源。在中国,数据库建设初期由于缺乏统一规划,常常导致数据库结构不合理以及资源重复建设,这不仅造成了资源浪费,也降低了服务的效率和质量。随着因特网的全球化发展,信息存储和检索的地理界限被打破,为用户自由查询各类信息提供了可能。因此,图书馆需要走专业化和特色化的信息资源建设道路,摒弃以往"大而全、小而全"的藏书建设观念,通过协调收藏范围和优化资源配置,构建具有各自特色的信息资源网络环境,实现资源共享,满足用户对信息资源的多样化需求。

（三）服务方式的特色化

图书馆通过建立独具特色的藏书体系和数据库，为提供特色化服务奠定了坚实基础。现代图书馆的藏书宗旨是"取用为本"，摒弃了单纯"高架收藏"的做法。因此，图书馆需要采用有特色的服务方式，充分挖掘和利用特色藏书，以提高文献的使用效率，拓展数字图书馆服务的广度，激发图书馆资源的活力。

图书馆应综合运用传统的人力资源和现代的网络技术，以实现服务模式的转变，摆脱过去的被动与传统模式。通过适应网络环境，图书馆应积极采纳并整合各类信息资源，以提供给用户更为方便、高效以及创新的特色信息服务。借助广泛开放的线上服务和远程网络服务，图书馆可通过校园网络和内部局域网中的专属数据库，向所有网络连接的设备供应最新信息资源，并配备相应的信息导航工具，以有效地引导用户寻找到所需的资源。同时，根据用户的需求，优化、整理和深度开发网络信息，为用户提供检索、筛选和加工信息的专项服务，开展咨询与培训，尝试个性化服务。此外，还应培养用户的信息意识、网络基础知识以及使用各类网络检索工具的能力，从而提高用户获取网络信息的能力。

（四）服务对象的特色化

特色化服务对象是指特定的用户群体，这类用户主要包括在特定专业或领域内具有较高学术成就的专业人士、决策层，以及对相关主题感兴趣的普通用户。他们利用图书馆的特色文献主要是为了进行深入研究和学习。此外，图书馆的特色服务还特别关注那些需要特别照顾的群体，例如视力或听力受限的人士、身处不便的病患、服刑人员以及社会的老年人和儿童。这些服务旨在确保所有服务对象能够根据自身的特定需求，享受到图书馆的资源和服务，从而充分发挥图书馆在社会教育和信息普及中的作用。

三、数字资源特色服务内容

（一）统一检索

统一检索通常又被称为跨库检索，这一概念还涵盖异构资源检索、多数据库检索、集成检索、一站式检索等多种表述。其核心目标在于通过一个接口，在多个不同的数据库中实现信息检索。这种需求是由数字图书馆中的数字资源库的复杂性和异构性所引发的，通常情况下，用户需要频繁登录不同的系统以寻找所需信息。尤其对于大型数字图书馆而言，让用户重复数百次相同的检索操作显然是不合理的，更不用说在海量的数据中进行筛选和对比结果了。因此，统一检索系统应运而生，它是对数字图书馆资金来源多样性和结构差异化的一种应对之策。

统一检索系统的主要处理方式是为用户提供一个统一的界面，用户在此输入检索请求后，系统将该请求转换为适合不同数据源的检索表达式，并在本地及广域网上的多个分布式异构数据源中进行检索。接着，系统将检索到的结果进行整合、去重和排序，最终以一种统一的格式呈现给用户。这种方式免去了用户多次登录和检索的麻烦，极大地提升了使用体验。

对于数量有限的数据源，统一检索的工作似乎并不复杂。然而，在现实中，数据源常常极为庞大，如 CALIS 的统一检索系统就整合了 125 个中文数据库与 129 个西文数据库。这些数据库之间的结构差异较大，关键字段不尽相同，难以实现完全匹配，特别是在不同类型的资源库之间更为明显。此外，还存在诸多实际问题：一些较旧的数据库仍采用 C/S 模式而非现在更常见的 B/S 模式；在 B/S 模式检索中，由于源数据库网页标准不一，常出现解析错误；全文访问权限可能受限；维护系统兼容性需要大量人力进行定期巡库等。因此，如何克服数据库异构性带来的挑战，提高数据的查全率和查准率，是实施统一检索时的主要难点。

（二）虚拟参考咨询

虚拟参考咨询，也被称作数字参考咨询或在线参考服务，代表了图书馆服务在网络环境下的一种创新与拓展。在这一服务模式中，数字图书馆通过网络技术为用户提供咨询帮助，允许图书馆工作人员通过虚拟环境解答来自全球各地用户的询问。CALIS完成了分布式联合虚拟参考咨询系统的技术标准制定，确立了一系列高效的服务模式，如总咨询台轮值、本地咨询台协作、知识库的分布式检索以及图书馆员与专家的联合咨询服务，并已在众多图书馆系统中推广应用。

虚拟参考咨询在功能实现上采用了多种技术手段，包括非实时咨询技术如常见问题解答（FAQ）、电子邮件、在线表单、留言板和电子公告板（BBS）；以及实时咨询技术，包括博客（Blog）、维基（Wiki）、即时消息（IM）、简易信息聚合（RSS）和视频会议系统等。此外，还使用了呼叫中心技术与协同浏览技术。这些技术不仅从技术层面提升了数字图书馆的服务能力，也从业务层面显著增强了服务效果。

尽管如此，在当今互联网技术高度发展的情况下，虚拟参考咨询依然面临着难以吸引普通民众关注的挑战。这主要是因为虚拟参考咨询通常提供的都是学术性质的资料，这与普通民众的日常生活有一定距离。此外，相比于其他开放的信息服务，虚拟参考咨询在网络资源的利用上还显得不够充分。在当代信息时代，互联网的强大影响力源自广大民众的参与。网络社会倡导的是"人人为我，我为人人"的服务理念，鼓励每个人共同参与解决问题。因此，理想的互联网知识平台应当是开放、广泛参与的，依靠群体智慧而非仅仅依赖少数专业人员的解答。目前的虚拟参考咨询服务还主要是延续传统图书馆的服务理念，依靠有限的专业人员提供答案。为了更好地融入信息时代，提升服务质量并扩大其影响力，数字图书馆需要进一步开放其服务平台，积极吸引和鼓励普通用户的参与。通过这种方式，可以更有效地利用网络技术，使得虚拟参考咨询不仅仅是一个提问和解答的场所，而是成为一个集思广益、共享知识的互动平台。

（三）馆际互借

馆际互借是图书馆服务中的一项传统业务，指的是不同图书馆之间的协作，旨在通过资源共享、服务共担以及优势互补来优化图书馆服务。随着数字技术的发展，馆际互借业务也迎来了新的发展机遇。尤其是互联网的普及以及数字化资源的增加，大大提高了馆际互借的效率，实现了全天候服务，改变了传统的服务模式。

在馆际互借的实际操作中，主要可分为三种类型：返还式馆际借阅、非返还式文献传递以及代查代索服务。其中，非返还式文献传递与数字图书馆的运作模式最为契合。这种方式无需实体书籍的实际转移，通过网络传递数字化的文档，极大地提升了处理速度，并降低了成本。而返还式馆际借阅和代查代索则更多地保留了传统图书馆业务的特色，依然需要物理图书的流转或者是人工的信息检索。

尽管数字图书馆在资源的数字化和网络服务上具有天然优势，但在执行返还式馆际借阅等传统服务时仍面临挑战。这主要是因为这些服务需要较高的物流支持和时间管理，与数字化服务的快速响应有所冲突。因此，尽管数字图书馆极力推广非返还式文献传递,仍不可避免地需要处理传统的借阅请求。在当今网络高度发达的背景下,用户对服务的速度和效率有着极高的期待。传统的文献索取方式因其高成本和长周期已逐渐不能满足现代用户的需求。因此,即使是传统图书馆,也越来越多地采用非返还式文献传递方式,以提高服务质量和效率。这种转变不仅符合时代的潮流,也反映了图书馆服务向更加高效、经济的方向发展的必然趋势。

(四)联合编目

联合编目,也称作联机联合编目,是图书馆领域中采用现代技术手段进行文献管理的一种模式。在这种模式下,多个图书馆通过计算机和网络技术共同完成编目工作,创建一个统一标准的书目数据库。在联合编目的操作过程中,任一获得授权的成员图书馆在获得新文献并完成编目上传后,这些数据即可被其他图书馆查询和下载。这种做法有效地减少了各图书馆在编目工作中的重复劳动,节省了大量资源,并显著提升了信息处理的速度。

联合编目的重要性体现在多个方面:①极大地减少了重复工作,节约了时间和经费,这对于图书馆的运营效率和成本控制有着直接的积极影响。②联合编目通过统一的标准化操作,提高了书目的质量和准确性,有助于实现数据的规范化。③这种方式促进了图书馆间的信息交流和资源共享,加强了馆藏信息的沟通,为文献资源的合理配置和采访系统的协调建设提供了便利。

在我国,联合编目已经得到了广泛的应用和发展。例如,由国家图书馆牵头的全国图书馆联合编目中心(OLCC),高等教育文献保障中心(CALIS)的联机合作编目中心,以及中国科学院国家科学图书馆的联机联合编目系统(UNICAT)等,都是国内重要的联合编目机构。此外,地方图书馆如上海市文献联合编目中心（SIUCC），以及深圳图书馆、湖南图书馆等共同创建的地方版文献联合采编协作网等，都在本地区内发挥着重要作用。

联合编目的最初目标是通过图书馆间的协作，减少重复工作，提高编目质量，并实现信息资源的有效共享。随着技术的进步和图书馆服务需求的变化，联合编目已经成为推动图书馆数字化和网络化发展的一个重要工具，对提升图书馆服务水平和效率具有重要意义。

第二节
数字图书馆服务链模式

一、服务链与供应链

在现代经济体系中，服务链与传统的物流供应链（supply chain，SC）概念存在一定区别。服务链（service chain）通常被视作服务供应链的缩写，代表着一种专注于服务的供应链模式，同时也是供应链研究领域中的热门与重点话题。

目前，学界对于服务链的定义尚未达成统一。有学者如胡正华等人提出，服务链基于现代信息技术、物流技术、系统工程等科学技术，以最大化满足消费者需求为目标，通过有序组织与服务相关的各个环节，构建起一个完整的消费者服务网络。

随着服务业的不断发展，越来越多的行业企业开始参与到服务链之中。服务链的社会化发展是其必然趋势，也标志着社会的进步。对于社会而言，服务链能够提升服务效率并扩大服务范围。对于服务企业来说，服务链有助于降低运营成本，减轻工作压力，同时提升服务质量。

综上所述，服务链实质上是供应链的一种特殊形式，供应链的基本定义、特性和分类理论同样适用于服务链。

（一）供应链的定义

供应链是指为了满足顾客的需求，从获取原材料到制造成中间产品和最终产品，再通过销售网络将最终产品送达顾客手中的过程。这一过程涵盖生产和服务活动，将供应商、制造商、分销商、第三方物流提供者、零售商、最终顾客紧密连接成一个网络系统。

（二）供应链的主要特征

供应链是一个由供应商、制造商、分销商、第三方物流提供商、零售商和最终顾客组成的网络结构，具备采购、运输、生产和销售等多种功能的复合人造系统。这个系统内的企业节点之间存在着密切的需求与供应关系。供应链的独特结构决定了其具有以下几个显著特征。

1. 整体性

供应链包括两个或更多的独立企业（环节、子系统），这些企业联合形成的整体功能大于单独各部分之和，呈现出明显的协同效应。

2. 复杂性

由于涉及多种类型的节点企业，供应链的结构模式远比单一企业的结构模式复杂，每个节点都在供应链的运作中发挥着关键作用。

3. 相关性

供应链内的各个要素紧密相连，各部分的功能和行为会相互制约和影响，从而形成一个高度协调的运作系统。

4. 目的性

作为一个整体，供应链系统旨在完成特定的任务或实现某些商业目标，如提升效率、降低成本或优化服务。

5. 动态性

供应链的管理策略需要根据发展战略和市场变化进行灵活调整，其合作伙伴关系和节点企业的构成是动态变化的。这种动态更新是供应链适应市场需求的重要方式。

6. 随机性（不确定性）

供应链的运作中存在许多不可预测的因素，这些因素可能来自供应链的任何一个环节，给供应链运作带来一定的随机性和不确定性。

7. 环境适应性

供应链系统嵌入在特定的物质环境中，它必须与外界环境进行物质、能量和信息的交换。为了保持系统的稳定和功能的恢复，供应链必须具备适应外部环境变化的能力。

8. 综合应用高技术的经济实体

供应链及其管理涉及的学科和技术非常广泛，它融合了信息技术（IT）、人工智能（AI）、管理学等多个学科领域，形成了一个高科技的经济实体。

（三）供应链的分类

根据节点企业在其中的地位和作用以及其在市场竞争中的整体布局，供应链可以分为三种主要结构：战略匹配型结构、核心企业支配型结构和网络模式的虚拟结构。

1. 战略匹配型结构

在战略匹配型供应链中，各参与企业通常处于平等地位，它们之间的合作关系强调互利共赢。这类供应链中的企业会寻找战略合作伙伴来弥补各自的战略短板，通过资源和能力的整合，增强整个供应链的竞争力。这种供应链结构有助于降低交易成本，减少资源依赖的不确定性，同时提升企业的灵活性和对市场变动的快速响应能力。通过这种策略，企业能够有效提高经营管理的效益，优化资源配置。

2. 核心企业支配型结构

核心企业支配型供应链主要出现在一些具有行业影响力的大型企业中，例如汽车和石化行业。此外，一些国际知名的大公司，如沃尔玛和戴尔，也采用了这种供应链结构。在这类供应链中，总会有一个或几个企业处于核心地位，控制着供应链的主要资源和信息流向，负责协调整个链条的物料调度和决策。这种结构的特点包括减少信息扭曲和放大的现象，优化供应链的物流、信息流和资金流，以及有助于企业扩大经营规模和市场影响力。

3. 网络模式的虚拟结构

随着互联网、交互式 Web 应用和电子商务的发展，供应链的结构和运作方式发生了革命性的变化。在网络模式的虚拟供应链结构中，企业和消费者通过互联网实现有效连接，形成一个开放的全球网络供应链。在这种模式下，企业不仅是供应商，也可以是顾客，而信息技术则扮演着重要的经纪人角色。互联网平台为企业提供了一个理想的信息共享环境，使得具有共同目标的企业能够迅速集结，整合各自的核心能力和资源，构成临时性的联盟——即虚拟供应链。这种结构便于企业根据外部环境的变化，快速调整供应链结构，以更好地应对市场变动和满足消费者的个性化需求。

在网络模式的虚拟供应链中，所谓的"网络经纪人"（能处理巨量信息的供应商、制造商、分销商、零售商、顾客）都可能成为供应链中的核心力量。

这些经纪人依据掌握的市场和经济信息迅速组建或调整供应链,以便更精准地满足市场和顾客的需求。

二、数字图书馆服务链的节点分析

数字图书馆服务链主要由内容供应方、数字图书馆联盟、内容服务提供方、辅助方(第三方)等节点构成。这些节点共同构筑起一个复杂而高效的信息服务网络。

(一)内容供应方

内容供应方是信息和资源的初始提供者,处于服务链的上游位置。具体而言,这些供应方可能是原创内容的创作者,如作者和版权所有者;也可以是内容的整合者与再分发者,例如出版社、报社及杂志社。此外,还涵盖那些提供专业知识或数据的高等教育机构、研究所、专业内容数据库、档案馆以及各类网站。这些实体通过将自身内容数字化,为数字图书馆及其用户提供了丰富的学术和文化资源。

(二)数字图书馆联盟

数字图书馆联盟不仅是内容的制作、组织、存储和管理中心,更是技术与资源共享的平台。在全球信息化飞速发展的背景下,单个图书馆往往难以独自应对信息资源的庞大需求以及技术开发的高昂成本。因此,通过组建数字图书馆联盟,成员之间能够共享资源和技术,不仅可以扩展各自的资源库,还能降低技术开发和维护的成本。这种资源与技术的共享,显著增强了成员机构的服务能力和效率。

数字图书馆联盟的成员极为多元,包括国家图书馆、中国高等教育数字图书馆（CADLIS）、国家科学图书馆、国家工程技术图书馆、党校图书馆、军队院校图书馆、社科图书馆、工会图书馆以及各类地方性数字图书馆等。这些机构通过联盟，不仅在国内范围内实现了资源的优化配置，而且与世界各地的华文图书馆建立了合作关系，进一步拓展了服务的覆盖范围和深度。

（三）内容服务提供方

内容服务提供方作为服务链条中的重要一环，位于其下游位置。它们主要负责从数字图书馆中获取数字化内容，并通过多种方式依据用户的具体需求将这些内容展示并提供给用户。这些内容服务提供方的形式多样，包括搜索引擎、个性化或专业化的服务门户（例如知识服务网站）、数字电视、广播以及移动通信等。这些服务通常是集成提供的，目的是为用户打造便捷的"一站式"服务体验。

（四）辅助方

在内容服务的辅助方面，主要包括第三方服务提供者、监管机构以及支付中心等。第三方服务提供者通常是支持数字图书馆完成其技术及资金需求的相关组织，如专门从事数字化的企业、快速印刷企业、专业软件开发公司以及第三方物流公司等。监管机构则是指新闻出版署（即版权局）、文化部门和各类认证机构，这些机构确保内容的合法合规性。而支付中心主要指各大银行和其他金融机构，它们处理与数字内容服务相关的金融交易。

三、数字图书馆服务链的节点关系分析

数字图书馆服务链类似于企业的供应链，它通过内容服务流、信息流和资金流的互动，将服务链中的各个节点整合成一个增值的网络结构。

（一）内容服务流

内容服务流是指从供应方到数字图书馆的内容加工与组织，并通过内容服务提供方向用户传递经过优化处理的信息和知识的过程。这一过程的起点是内容提供方，终点则是最终的用户，呈现为一个从上游到下游的知识传递过程。

（二）信息流

在数字图书馆服务链中，为了满足用户的需求，关键信息如需求数据、内容详情、支付情况、用户资料以及版权信息需要在各节点之间有效传输。这种信息的流动是双向的，既包括从用户到图书馆的反馈信息，也包括从图书馆到用户的服务信息。

（三）资金流

在数字图书馆服务链中，不仅有非营利的公益性图书馆节点，还包括版权持有者、商业性数字图书馆和各类企业等节点。这些节点间的资金流涵盖了信息资源购买、高昂的数字化处理费用以及提供的增值服务和个性化服务的费用。这些费用通常由营利性用户承担，并在各个节点之间进行适当的分配。

四、数字图书馆服务链的服务模式

在当今信息化飞速发展的背景下，数字图书馆作为信息获取的重要途径，其价值和竞争力越来越多地体现在所提供的服务质量上。服务质量的高低，取决于其构建的服务模式。通过参考国内外数字图书馆及大型搜索引擎如Google的运营模式，并结合服务链管理的理念和优势，数字图书馆服务链可以构建出以下三种信息服务模式：大众化信息服务模式、专业化信息服务模式以及个性化信息服务模式。

（一）大众化信息服务模式

大众化信息服务模式主要面向广大公众，旨在提供自由获取信息的通道。用户可以通过多种渠道，如信息门户网站、数字电视、广播以及移动通信等，便捷地查询和获取自己感兴趣的信息。此模式的主要服务内容包括信息检索、网上订阅和多形式媒体信息服务。

1. 信息检索

与 Google 等搜索引擎类似，数字图书馆服务链的信息检索服务允许用户自行登录检索网站，通过输入关键词来查询所需信息。用户不仅可以查看检索结果的题录和摘要，还可以根据需要免费或支付相应费用下载相关资源。

2. 网上订阅

数字图书馆服务链提供网上订阅服务，该服务支持用户订阅定期发布的数字或纸质书籍、期刊以及图书馆藏古籍复制品。用户注册后，可以提交订阅请求，服务提供方在确认订阅信息后进行分类处理。例如，古籍复制品可能需要快速印刷后通过物流公司送达；纸质期刊，如某杂志，则由出版社负责发送；而数字内容则通过电子邮件或授权下载的方式提供。服务过程中，需对用户信息进行有效管理，以便进行用户分类和提供个性化服务。

3. 多形式媒体信息服务

利用数字电视、广播和移动通信等媒体形式，数字图书馆服务链向用户提供音频和视频信息服务。这些服务大多为免费提供，旨在普及文化知识和提高全民文化素质。用户还可以通过移动通信方便地访问信息，相关的信息费用则从通信费中自动扣除。

（二）专业化信息服务模式

在当前的信息化时代，数字图书馆服务链不断发展且日益成熟，专业化信息服务模式成为提升图书情报服务效率与质量的关键途径。此模式主要依据不同专业领域的需求，精准地为用户提供信息服务，通过精细化管理与服务流程，极大地提高了用户对信息服务的满意度以及使用的便捷性。

专业化信息服务模式主要包括两大服务类型：专业信息门户服务和专业信息咨询服务。

1. 专业信息门户服务

专业信息门户服务作为数字图书馆服务链中的重要组成部分，其核心在于利用专业知识对信息资源进行筛选与管理。这些门户网站通常包含由图书馆馆员或行业专家精心挑选的信息资源。这些资源不仅符合高标准的质量控制要求，还配备了详细的元数据或目录记录，便于用户检索和获取信息。通过这种方式，专业信息门户能够提供丰富的数据库检索服务、学术虚拟社区交流平台、代理检索及定题跟踪等功能，有效地满足了专业用户的具体需求。

2. 专业信息咨询服务

专业信息咨询服务是基于数字图书馆与用户的双向互动而设计的，它不仅继承了传统图书馆的信息咨询优势，还融入了现代信息技术，提高了服务的及时性与准确性。这类服务通常比专业信息门户服务更为复杂，包括信息的深度加工和增值服务，如专题咨询、市场分析报告、情报分析和查询服务等。在实际操作中，用户可以通过数字图书馆服务链系统提出具体问题，系统则根据问题的性质在咨询知识库中进行搜索，快速找到并反馈解决方案。对于新的或更为复杂的问题，系统会自动将问题分派给相应的情报机构或专家团队，他们将通过搜集、组织和分析相关文献来提供答案，并将这些问题及其解决方案存入咨询知识库，以供后续使用。

这种专业化的信息服务模式，不仅极大地提高了服务效率，也优化了资源配置，使得用户能够在最短的时间内获取最准确的信息，从而有效支持用户完成学术研究或职业任务。数字图书馆通过这种服务模式，更好地实现了信息资源的深度开发与利用，进一步推动了知识的传播和创新。

在数字时代，个性化信息服务模式正逐渐成为图书馆服务链中不可或缺的一部分。这种服务模式专注于满足每位用户独特的信息需求，通过分析用户的使用行为、习惯、偏好和特定需求，提供量身定制的信息内容和服务功能，旨在为用户打造尽可能贴合其个性化需求的服务体验。个性化信息服务模式强调对用户个体差异的深入理解和准确把握。这不仅仅是将信息服务简单地对应到用户的显性需求，更是通过智能化分析工具挖掘用户潜在的需求和偏好。在此基础上，图书馆能够针对不同用户群体设计具体的服务策略，实施差异化的服务内容。数字图书馆服务链的个性化信息服务主要包括个性化定制服务和主动推送服务。

1. 个性化定制服务

个性化定制服务是根据用户的特定需求，提供专门策划的信息内容。例如，对于研究人员，数字图书馆可能提供深入的学术资源搜索和整合服务；而对于业余爱好者，图书馆则可能推荐与其兴趣相关的书籍和文章。此类服务不仅限于静态的资源推荐，更包括为用户设计的互动查询工具、个性化的资源导航以及定制的学习和研究路径等。

2. 主动推送服务

相较于传统服务等待用户来询，主动推送服务则更为前瞻性，它基于用户的历史行为和偏好预测用户可能的需求，并在用户需要之前提前提供信息服务。这种服务可以通过电子邮件、应用通知或其他数字平台，向用户发送最新资讯、学术论文、即将到期的借阅提醒，甚至是个性化的阅读建议等。

个性化信息服务系统通过建立同好群组，为兴趣相投的用户提供了一个更具针对性和个性化的资源共享平台。在这样的交流空间中，用户不仅能够得到他人的推荐和建议，也能在信息泛滥的数字环境中通过互相交流有效地过滤和筛选信息。

二、数字图书馆个性化服务系统功能模块

数字图书馆个性化信息服务体系应秉持"以服务为核心"的理念，使用户能够在图书馆提供的资源中精心挑选所需信息，并将其整合至"My Library"。用户只需提交个性化申请，在访问"My Library"时，便可获得系统根据其兴趣自动分析并推荐的相关最新信息。用户可按需构建自己的个性化馆藏，定制服务项目，筛选资源，并与兴趣相投的其他用户进行互动，打造一个完全个性化的资源环境。

在数字图书馆的信息资源服务方面，其利用网络平台，按照数字资源的生命周期（涵盖资源的创建、描述、组织、检索、服务以及长期保存等各个环节）来设计其逻辑结构。其内部业务主要包括数字资源的创建、描述、整理、发布及长期维护；外部服务则通过网络技术提供，相关用户的访问信息将以文件或数据库的形式存储。

数字图书馆的信息资源既包括独立开发的特色资源，也涵盖购买的商业数据库资源。资源检索通过两种方式进行：首先，建立一个统一的元数据仓库，整合自主和商业数据库的元数据，并使用DC元数据描述，统一存储于元数据仓库中；其次，在应用层通过检索代理对这些数据库进行统一搜索，以此向用户提供服务。

个性化服务系统"My Library"集成了多种功能,包括我的书架、我的数据库、我的消息、馆藏借阅管理、访问历史、检索历史、推送服务、信息推荐、定制服务、用户群信息交流、常用链接、个人设置等。其中,用户群信息交流功能支持用户查看与自己资源访问行为相似的其他用户的访问及检索情况,并进行信息交流。用户可通过网络完成注册、身份验证、信息检索、参考咨询及接收个性化服务,相关信息将被存储在用户信息库、咨询信息库和日志信息库中。

个性化服务系统分为八大功能模块,包括安全认证、我的收藏、信息推送、资源检索、信息定制、数据分析与挖掘、用户信息交流和馆藏借阅管理。

(一) 安全认证

数字图书馆门户系统中的安全登录及认证功能确保与图书馆自动化系统和邮件系统的认证信息统一。用户在登录后,可以更新个人信息,并根据兴趣进行自动或半自动的信息维护,例如提交个性化信息服务需求表。

(二) 我的收藏

我的收藏包括我的书架、数据库、常用链接、关注用户、浏览及搜索历史等。在"我的书架"板块中,用户可以自行分类整理心仪的图书或电子资料;在"我的数据库"板块中,按照系统设定的分类管理感兴趣的数据库资源;"我关注的用户"让用户依据兴趣分类关注其他用户,并查看他们的借阅或资料浏览情况;"访问历史"记录用户的资源访问轨迹;而"检索历史"则保存了用户每次的检索词及时间。

(三) 信息推送

信息推送是指数字图书馆根据用户的个性化需求和兴趣点,通过电子邮件、短信、网页或RSS等方式,向用户发送图书推荐、数字资源、最新消息或相关用户信息。

(四) 资源检索

资源检索服务构建在异构数据库基础之上，提供了统一的服务系统，该系统分为元数据统一检索和应用层统一检索两大部分。元数据统一检索以数字化仓库为支撑，将不同数据库系统中的元数据进行整合。当用户进行资源查询时，系统将自动收集和记录检索的历史数据和关键词，这些数据将用于未来的用户行为分析和资源开发。此外，检索系统还具备多项高级功能，包括实时的检索词提示，提供同义词和音近词的建议，自动纠正输入错误，以及进行分类统计和热门词汇分析。系统还支持相关文献查询和长串关键词的检索，极大地丰富了用户的阅读和研究体验，提高了检索的效率和准确性。这些功能不仅提升了用户检索资源的便捷性，还加强了信息的准确获取和深度挖掘。

(五) 信息定制

定制管理功能为图书馆用户带来了极大的便利，主要涵盖以下内容：

其一，书签和常用链接管理。用户能够将常访问的网页链接，诸如图书馆的检索界面、各类搜索引擎的首页等，纳入个人书签列表。此功能助力用户迅速访问自身经常所需的网页，提高信息检索效率。

其二，数字资源定制。用户可依据自身需求，把经常使用的数据库添加至专门的定制页面，以便随时进行学术查询和资料检索。

其三，搜索引擎快速链接。通过设置快速链接，用户能直接在图书馆页面上选取所需的搜索引擎，输入关键词后直接跳转至搜索结果，简化了搜索步骤。

其四，最新信息通告。当用户登录"我的图书馆"页面时，系统会自动弹出窗口，展示图书馆的最新通知以及最近更新的数字资源信息，使用户能够及时掌握最新资讯。

其五，资源类别定制。用户可根据自身兴趣或研究需要，选定特定的资源类别予以关注，系统依据这些偏好进行个性化信息推送。

其六，界面个性化设置。为用户提供自定义操作界面的选项，涵盖布局、风格等，以契合不同用户的视觉喜好和使用习惯。

其七，专业用户群定制。允许用户针对特定学科领域定制相关的用户群信息，用户可以查看这些用户群的活动记录及其频繁使用的资源，便于发现和追踪相关领域的最新动态。

（六）数据分析与挖掘

数据分析与挖掘旨在收集并分析图书馆的资源信息、用户信息以及访问信息。通过对这些数据进行深入剖析，我们能够洞悉用户的需求和行为模式，进而提供更为个性化的信息服务。例如，对图书馆文献资源的访问数据进行关联性挖掘，能够从庞大的用户访问日志中，识别出不同用户之间的访问关联以及他们共同的兴趣点。这不但有助于图书馆更好地管理资源，还能让用户发现与自身兴趣相符的新资源。

（七）用户信息交流

用户信息交流是另一个至关重要的环节，涵盖消息管理、信息咨询以及用户群信息查看等功能。在消息管理方面，图书馆系统搭建了一个平台，使用户之间以及用户与图书馆员之间能够自由地交流信息。而信息咨询主要通过虚拟参考服务，为用户提供查询与研究支持。此外，用户还可以在系统中查看与自身专业或兴趣相关的其他用户群体，了解这些群体常访问的资源。这种透明的信息交流极大地丰富了用户的图书馆使用体验。

（八）馆藏借阅管理

馆藏借阅管理是图书馆服务的核心内容之一，涉及纸本文献的借阅、续借以及预约等操作。借助高效的馆藏借阅管理系统，用户能够轻松查看自己感兴趣书籍的借阅状态，并进行续借或预约。这样的系统不仅提升了文献的流通效率，也提高了用户的满意度和图书馆的服务质量。

三、数字图书馆个性化推荐服务功能分析

数字图书馆个性化推荐服务作为个性化服务的核心，为用户提供高度定制化的阅读体验。此项服务的实现，不但提升了信息检索的效率，还极大地丰富了用户的阅读选择。以下内容将对该服务的系统架构及关键功能进行详细分析。

（一）个性化推荐服务系统架构

数字图书馆个性化推荐服务的系统架构以用户需求为核心，通过连接图书馆丰富的资源，如书籍、期刊、论文和专利等，构建起一个便捷、高效的信息交流平台。这种服务系统主要具有以下显著特点和功能：

①用户群组与共享兴趣：用户能够以某本书籍、某门课程或某种期刊等资源为依托，创建个人群组。这不仅有助于他们找到兴趣相投的其他用户，还能共同探讨感兴趣的主题，如书籍和课程内容。此外，用户可以自由分享自己的阅读和研究心得，从而形成一个以阅读和学术交流为目的的虚拟社区。

②资源关联性的自由操作：个性化推荐服务为用户提供了添加不同类型资源间关联关系的接口。用户的操作能够帮助构建不同资源之间的联系，形成一个相互关联的资源网络。这使得用户在浏览时能够突破资源类型的界限，从一个资源自然地过渡到相关的其他资源。

③两种个性化推荐模式：系统设计了两种个性化推荐策略。其一，基于用户的历史借阅记录和资源的标签，为用户推荐可能感兴趣的其他资源。其二，依据当前资源与其他资源的相似度，推荐相似度最高的资源，以此满足用户的个性化需求。

（二）个性化推荐服务前台工作流程

个性化推荐服务的前台部分主要负责资源推荐、用户兴趣偏好配置以及用户身份验证。在这些功能中，资源推荐是核心功能。当用户进入数字图书馆平台时，系统首先检查用户是否已登录。对于未登录的用户，系统将基于其浏览行为提供通用推荐；对于已登录的用户，系统则检查其资源访问记录，并根据内容相关性和协同过滤技术提出个性化推荐。

（三）个性化推荐服务后台架构

个性化推荐服务的后台主要处理用户请求，包括一个核心的业务逻辑层和一个数据操作层。业务逻辑层主要涵盖数据收集、数据预处理和推荐算法三个模块。

①数据采集：此部分主要聚焦于收集用户的显式与隐式信息。显式信息如用户个人资料存储于用户信息数据库中，而用户的评分数据则记录在资源评分数据库中。同时，也负责搜集资源信息，并将这些信息存储在资源信息数据库中。

②数据预处理模块：该模块负责分析日志数据，建立资源访问记录表，分析不同资源间的相似性，并将结果存储在资源相似度数据库中。此外，还会综合资源访问记录和评分数据，构建一个用户资源综合评分表。

③推荐模块：该模块运用基于内容和协同过滤的算法，为用户推荐可能感兴趣的资源。

（四）资源推荐系统工作流程

在现代图书馆服务体系中，资源推荐系统采用了个性化与非个性化推荐策略相结合的方式。该系统针对普通访客提供基于资源类别的检索及推荐服务。例如，当用户尚无浏览或操作记录时，系统会主动向其展示当前热门的文献或数据库资源，以激发用户的兴趣。

对于已注册的用户，资源推荐系统则启用更为精细的个性化推荐策略。在用户注册并开始使用图书馆服务，如检索、阅读、下载或提供反馈等操作后，用户偏好提取模块会分析并记录用户的行为特征，将这些数据存储于用户个性特征库中。这一步骤旨在准确把握每位用户的独特需求和兴趣。接着，系统中的用户信息模型构建模块会依据收集到的数据创建详尽的用户信息模型。这些模型有助于系统更好地理解用户的具体需求。在此基础上，个性化过滤模块进一步发挥作用，对图书馆丰富的资源进行筛选，确保推荐结果最大限度地符合用户的预期和偏好。

四、数字图书馆个性化推送服务功能分析

在当前数字化时代，图书馆不再仅仅是书籍和资料的简单聚集地，而是借助先进的数据分析技术，成为一个能够提供个性化服务的信息智能中心。个性化推送服务是图书馆服务创新的重要组成部分，通过深入分析和挖掘用户的资源访问历史及行为，图书馆能够更加精准地满足用户需求。以下将详细介绍基于数据分析和挖掘的个性化推送服务策略。

（一）基于联机分析的信息推送

数字图书馆能够通过多维度的数据分析，深入洞察用户行为和资源使用情

况。通过以下策略，可以实现资源的精准推送，提高用户满意度和资源使用效率。

1. 文献分类资源访问量排名推送

图书馆可以依据中图法对文献资源进行分类，统计每一类文献的访问量，并按照访问频次进行排名。例如，如果法律类书籍是频繁访问的类别，那么可将此类资源主动推送给学习法律的用户，从而实现精准匹配。

2. 资源类型访问量排名推送

图书馆可以根据资源的类型，如图书、期刊、学术论文等，进行分类统计和排名。频繁被访问的资源类型将被推送给对这类资料表现出浓厚兴趣的用户。

3. 综合文献分类与资源类型的访问量推送

通过结合文献分类和资源类型的数据分析，图书馆可以更细致地了解用户的具体需求。当一个用户定制了某一文献类别且频繁访问特定类型的资源时，系统会自动将相关资源推送给该用户。

4. 院系与专业相关资源推送

根据用户所在的院系和专业背景，统计各院系、专业用户的资源访问习惯，图书馆可以按照院系和专业推送相关资源。这种策略能够帮助用户获取与学习和研究直接相关的资料，有效支持其学术活动。

5. 班级相关资源推送

图书馆可以依据用户班级对资源访问情况进行统计，向各班级用户推送其成员频繁访问的资源，促进班级内的学习和交流。

6. 用户类型与专业相关资源推送

图书馆可以根据用户的类型（如本科生、研究生、教师等）及其专业来分类推送资源。不同用户群体的学习和研究需求不同，通过此策略可以更加精准地满足各类用户的需求。

7. 年龄层次相关资源推送

用户的年龄层次也是个性化推送服务中的一个重要因素。图书馆可以根据用户年龄段（如青少年、青年、中年等）的不同需求，推送适合其年龄层次的资源。

（二）基于规则或用户群的信息推送

通过对图书馆文献资源访问数据的分析，我们不但能够发掘用户访问资源之间的关联性，还能识别出具有相似访问模式的用户群体。在此基础上，图书馆可以开展以下几种基于规则或用户群的个性化信息推送服务：

1. 页面内推送

当用户浏览特定资源时，系统能够在同一页面上推荐相关主题或者与之紧密相关的其他资源。

2. 邮件或页面个性化推送

对于展现出相似研究兴趣的用户群体，当其中一名用户访问与该研究方向相关的资源时，相关信息将同时推送给整个用户群体。

3. 主题定制推送

用户在定制特定主题后，系统将依据该主题的用户群中访问频次较高的资源进行推送；同时，用户还可以接收有关该主题的其他用户群的资源访问情况，以及与该主题相关的关键字分类信息。

（三）信息资源推送的序列图

在图书馆的信息资源推送系统中，序列图展示了信息流动的详细过程，具体步骤如下：

①信息推送系统从定制列表中请求读取用户的定制信息。这一步骤是整个

信息推送服务的起点，确保精准捕捉用户的需求。

②为了更细致地处理用户数据，定制列表会向用户汇总表发送请求，以汇总所有用户的定制信息。用户汇总表在此基础上向用户个性化信息表请求读取具体的用户信息，其中包括用户的偏好、历史活动记录等数据。这些数据是个性化信息推送的关键，有助于系统更好地了解用户的需求。

③在用户信息被读取后，用户个性化信息表还会根据最新数据向用户汇总表发送更新后的用户信息。这一环节保证了信息的实时更新和准确性，使得推送服务能够针对用户的最新状态做出响应。

④用户汇总表还需向不发送用户类型表请求读取那些选择不接收推送的用户类型。这一步骤确保了系统的推送服务不会打扰到不愿意接收信息的用户，体现了服务的人性化以及尊重用户隐私的原则。

⑤定制列表会向定制汇总表发送请求，生成与定制相关的信息汇总表。这个汇总表将整合所有定制信息，为生成资源内容对照表做准备。资源对照表的生成是由定制汇总表向资源对照表发起的，它将资源内容与用户需求进行匹配，是信息推送能够准确有效的关键。

⑥在所有这些数据处理完成后，定制列表还将向当日推送数据表发出请求，生成当日的推送数据列表。这个列表包含了当日所有需要发送的信息资源，是信息推送的直接输出。

⑦当日推送数据表将这些数据发送到邮件服务器，由服务器将推送内容发送给目标用户。这一系列操作保证了图书馆能够通过电子邮件等方式，有效且准确地将信息资源推送给用户。

整个过程通过多个数据表和系统的协同工作，确保了信息推送服务的高效性和个性化，使得图书馆能够更好地服务于广大用户，满足他们对知识获取的需求。通过这样精细的操作流程，图书馆不仅提高了自身资源的利用效率，也极大地丰富了用户的学习和研究经验。

五、数字图书馆个性化服务功能实现

（一）系统开发和运行环境

1. J2EE 体系结构

J2EE（Java 2 Enterprise Edition）规范定义了一个基于 Java 语言的企业级服务应用框架，专为分布式应用系统而设计。该架构采用组件化的方式进行开发与部署，极大地简化了程序的构建与整合流程。尤其是在构建数字图书馆系统时，J2EE 提供了一个高度可移植且兼容的信息服务平台，确保了系统的广泛适用性与长期可维护性。J2EE 框架支持多层分布式应用模式，将应用逻辑依据功能划分为多个组件，这些组件分别在不同层级的服务器上运行，并通过各自的容器实现管理（例如，Servlet 组件在 Servlet 容器中运行，EJB 组件在 EJB 容器中运行）。各层容器通过特定协议相互通讯，实现组件之间的调用。J2EE 的企业级多层应用模型对传统架构进行了有效的分割，使得每个服务层都能够独立运作。

（1）运行在客户端机器上的客户端层组件

客户端层位于 J2EE 体系结构的最前端，主要包括运行在用户设备上的各种客户端应用。这些客户端应用可能是基于 Web 的（例如，网页或 Applet），也可能是传统的桌面应用（如独立的 Java 应用程序）。这一层的主要职责是提供用户接口，捕捉用户操作，并将这些操作转换为应用可识别的请求。

(2) 运行在 J2EE 服务器上的 Web 层组件

位于 J2EE 服务器上的 Web 层主要包括 JSP 页面和 Servlet。此层可能还会包含一些 Java Beans 对象，用于处理来自用户的输入，并将这些输入传递至业务层的 Enterprise Beans 进行进一步处理。Web 层作为客户端与业务逻辑层之间的桥梁，承担着数据传递和部分初步处理的任务。

(3) 运行在 J2EE 服务器上的业务逻辑层组件

业务逻辑层组件主要指的是 EJB（enterprise javabean），根据 EJB2.0 规范，它包括三种类型的 Bean：会话 Bean（Session Bean）、实体 Bean（Entity Bean）、消息驱动 Bean（Message Driven Bean）。会话 Bean 处理与客户端的临时会话，其生命周期随客户端会话结束而结束，并可分为有状态与无状态两种。实体 Bean 代表数据库中持久化存储的数据，保证数据的持久化存储与管理。消息驱动 Bean 则融合了会话 Bean 的功能与 Java 消息服务（Java Message Service,JMS）的消息监听功能，允许企业组件以异步方式接收消息。

(4) 运行在 EIS 服务器上的企业信息系统层软件

位于 EIS（企业信息系统）服务器上的这一层处理更为复杂的企业信息系统软件，涵盖主机事务处理、数据库管理系统及其他底层系统等功能。这一层的主要职责是确保数据的安全性、完整性及高效处理。

通过上述多层架构，J2EE 平台确保了企业应用的高效性、可扩展性及可维护性，特别适用于需求严格且功能复杂的数字图书馆系统。此外，J2EE 的标准化架构还为系统的未来升级提供了便利，保障了技术的前瞻性和持续的技术支持。

2. 系统开发工具

数字图书馆个性化服务系统（My Library）的开发工作主要依赖于IBM公司开源的Eclipse软件。Eclipse是一款经过IBM多年研发的Java集成开发环境，其显著特点在于极强的可扩展性，用户可以通过添加第三方插件来增强其功能。此外，系统界面的设计则利用了Dreamweaver MX这一工具，该工具支持可视化的JSP页面开发，使得页面设计变得更为直观和便捷。

3. 系统运行环境

为了确保数字图书馆系统的顺畅运行，我们为其配置了一套专门的运行环境。这套环境包括JDK1.5及以上版本与Web服务器、Web Sphere和Oracle 10G数据库的组合。其中，JDK作为Java应用的核心编译和测试工具，提供了必要的Java虚拟机执行环境。Web Sphere则承担着运行JSP和Servlet组件的重要任务，并同时充当Web服务器的角色。这样的环境配置不仅稳定而且用户友好，极大地提升了工作效率。

（二）个性化服务原型系统展现

1. 图书推荐服务的主要过程

当注册用户成功登录图书馆网站后，会被引导至个性化服务的首页。此首页会依据每位用户的具体信息进行个性化定制，所以每位用户所看到的界面内容各不相同。主要功能涵盖个性化设置、我的收藏以及图书推荐等。其中，图书推荐服务的主要过程如下：

①系统会通过分析用户的IP地址、账号ID以及访问时间等基本信息，在个性化数据库中筛选出适合推荐的图书和期刊资源。在个性化首页上，用户还能够看到一个展示最受欢迎文献资源的排行榜，该排行榜呈现的是当前被借阅

或查询频率最高的资源。当用户点击"资源推荐"链接后，系统将根据用户的具体信息推荐相关的文献资源。

②个性化首页的设计旨在提供一站式服务，包括个人资料管理、资源搜索、个性化定制、我的收藏以及资源推荐等多项功能，使每位用户的访问体验更加贴心且高效。

2. 个性化系统的主要功能

个性化服务系统集成了几项关键功能，以提升用户体验并提供定制内容。

（1）个性化定制

在个性化定制模块中，用户可以选择自己的研究兴趣领域，并设定相关关键词。系统将依据这些关键词提供更为准确的文献推荐。此外，用户可以设置资源推荐的频率，例如每三天或每五天进行一次，同时还能决定每次推荐的文献数量等详细参数。

（2）资源推荐

资源推荐功能是该系统的核心，负责向注册用户推荐图书、期刊和学术论文等资源。这些推荐主要基于用户的访问日志分析得出，同时也可能包括其他热门资源，如访问量高的文献和点击率高的书籍或期刊。系统还会考虑新加入的、符合用户兴趣的资源，以此进行推荐。

（3）我的收藏夹

"我的收藏夹"功能为用户提供了一个私人信息存储空间，用于收藏用户感兴趣的资源和知识。用户在浏览时发现有用的资源可以直接存入收藏夹，其中包括喜欢的资源、历史访问记录、定制内容以及访问过的关键词等。例如，如果用户在忙碌中发现了一本有趣的书，但没有时间立即深入阅读，可以将其加入收藏夹，以便之后直接访问这些内容，无需重新搜索，极大地节省了时间并提高了效率。

通过这些功能，个性化服务系统旨在为图书馆用户提供更加个性化和精准的服务体验。

第五章

数字图书馆的全民阅读推广

第一节
图书馆与全民阅读推广的关系

一、图书馆与全民阅读的关系

(一) 图书馆引领着全民阅读

图书馆在全民阅读活动中占据着至关重要的地位,它不仅是知识的殿堂,更是文化交流的中心。这里汇聚了从古至今的各类珍贵文献,包括期刊、报纸、经典名著以及各种典籍。这些经过专业筛选和整理的资源,为广大读者提供了丰富多样的阅读选择。作为一种公益性的文化机构,图书馆在推广全民阅读的过程中发挥着核心作用。它不仅提供丰富的藏书和舒适的阅读环境,还拥有一支专业的图书馆工作队伍。图书馆的存在不仅满足了文化传承的需求,更是社会发展的必然要求。其历史使命和社会责任远超自身机构的范畴,成为推广阅读的引领者和组织者。图书馆通过自身的行动和服务,向社会传递着现代民主、公民权利以及人人平等的重要价值。人们在图书馆的学习和阅读过程中,逐渐培养出持续的阅读习惯,进而提升个人素质和文化修养。

(二) 图书馆承载并践行着全民阅读

图书馆是掌握全面知识和进行深入系统阅读的理想场所,甚至可以说是唯一的场所。正如《公共图书馆宣言》所述,公共图书馆是提供信息的核心场所,任何人都可以随时访问并获取所需的知识和信息。公共图书馆服务的宗旨在于不分年龄、性别、国籍、语言或社会地位，为所有人提供均等的服务和资料。

公共图书馆不仅提供全面的文献资源，而且确保每个人都能在此平等地获取知识，享受科学的知识体系和丰富的人类文化遗产。在公共图书馆里，没有任何社会组织能够像它一样，以免费、公平和自由的方式服务于所有公民，帮助人们放松身心、愉悦心情、增长见识。特别是在国家近年来提出"建设学习型社会"的背景下，政府不断加大对公共文化设施的投入，使得公共图书馆在硬件和软件设施上都得到了显著的提升，馆藏文献的数量和质量也有了明显的改进。

（三）公共图书馆是全民阅读推广的主角

公共图书馆是推动全民阅读的关键力量。当前，我国公共图书馆在推广全民阅读的活动中正处于快速发展的阶段。全国各地的公共图书馆均设立了专门机构或指派专职人员负责此项工作。公共图书馆通过举办多种形式的活动，不仅引发了公众的阅读兴趣，还帮助读者深刻感受到阅读的魅力，逐渐形成了热爱阅读的情感和良好的阅读习惯。同时，在应对现代互联网环境下纸质与数字阅读共存的挑战中，公共图书馆推出了多样化的服务，旨在满足社会和读者多样的阅读需求，使其阅读推广活动得到了广泛的社会认可。

二、公共图书馆推广全民阅读的必要性

公共图书馆在全民阅读推广中具有不言而喻的重要性。全民阅读是国家构建学习型社会的重要战略之一，也是公共文化服务体系的核心内容。阅读推广包括图书馆与社会各界的共同努力，旨在培养大众的阅读习惯，提升阅

读兴趣和水平,进而推动阅读文化的普及。在当今社会,全民阅读已成为文化推广的重要组成部分,政府在这一过程中扮演着不可或缺的角色。自20世纪我国开始实施全民阅读计划以来,公共图书馆就成为这一活动的核心力量。公共图书馆不仅提供传统的借阅服务,更通过创新和多样化的服务,使阅读活动日趋常态化,这也反映了公共图书馆服务的逐步革新,以适应社会的发展需求。根据《公共图书馆宣言》和《中国图书馆服务宣言》,公共图书馆有责任促进全民阅读,开展各类阅读活动。这些图书馆凭借其专业的资源和权威性,成为推广全民阅读的关键场所。公共图书馆不仅是信息的仓库,更是智慧的分享者,它们在普及科学文化知识、提升全民文化素养方面发挥着重要作用。

近年来,公共图书馆已把培育优秀的阅读习惯作为其职责之一,并努力将其融入公众日常生活。随着《公共图书馆法》的实施,公共图书馆在全民阅读推广中的作用日益凸显。作为社会主义公共文化服务体系的重要组成部分,公共图书馆不断推动和引导全民阅读。在国家政策的支持下,公共图书馆应抓住每一个机会进行读者需求调研和书籍资源的整合,优化阅读环境,确保阅读服务的普及和均等。通过开展多样化且内容丰富的阅读推广活动,公共图书馆有效提升了公众的阅读兴趣和能力,营造了良好的阅读社会氛围。此外,作为文化传递者和知识的桥梁,公共图书馆有能力满足人民日益增长的阅读需求,为构建全面、多层次的全民阅读推广服务体系发挥着积极的作用。

在当前我国积极倡导全民阅读的大环境中,公共图书馆作为一种非营利性的文化教育机构,需要根据具体情况,不断进行创新并提升服务效率,从而成为广泛推动全民阅读活动的关键动力。公共图书馆应当评估并优化自身的服务能力，引入多样化的全民阅读活动及其形式，最大限度地利用公共图书馆在社会服务中的作用，探索提高服务质量的有效途径和方法，担负起向社会提供文化知识服务的责任，以更有效地推进我国全民阅读活动的深入实施。

在我国文化发展的大背景下，全民阅读计划正成为推动社会进步的重要策略之一，公共图书馆在这一进程中扮演着不可或缺的角色。作为培育和提升公众阅读习惯的核心场所，公共图书馆不仅是承载和传递社会主义核心价值观的平台，而且在满足广大民众日益增长的文化需求、推动公共文化服务体系的现代化和公平化、增强文化公益机构活力等方面发挥了至关重要的作用。公共图书馆的阅读推广活动与国家的全民阅读政策相得益彰，双方通过相互支持、相互激励，促进了各自的发展和创新。

三、公共图书馆推广全民阅读的作用

公共图书馆在推动全民阅读中发挥着尤为显著的作用。作为科学文化传播的重要阵地和社会教育的关键机构，公共图书馆通过其广泛的文化活动，有效地促进了科学文化知识的普及和人类文化遗产的保护。在全民阅读推广中，公共图书馆不仅作为引领者，其丰富多样的阅读项目和服务模式，如集成化的网络知识服务平台，不仅提高了资源共享的效率，而且通过个性化的阅读服务，满足了不同读者的个性化需求，加强了实体与数字资源的结合，形成了线上线下资源互补的新型服务体系。这种模式不仅拓展了公共图书馆的服务范围，也为阅读活动的持续发展和深度拓展提供了宝贵经验。

（一）建立了学术文化社区

作为文化、教育、信息服务的中心，公共图书馆肩负着普及科学知

识和文化传播的使命，是社会主义文化生态系统的重要组成部分。全民阅读作为传播社会主义优秀文化、提升公众文化素质的活动，以公共图书馆为中心，通过强化其职能体系，有效地推动了全民阅读的普及和文化素质的整体提升。

全民阅读战略的核心是通过多样化的文化和科普活动激发人们的阅读兴趣，鼓励大家广泛阅读、深入阅读，从而提升公众的科学文化素养。公共图书馆在这一过程中起到了至关重要的作用，与政府文化部门合作，积极举办读书会、展览等文化活动，这不仅延伸了图书馆的文化教育功能，还促进了与居民社区的直接合作，引导并鼓励公众积极参与阅读，不断提高文化素质，共同构建了一个学术文化社区。

（二）培养了民众科学素养

在知识经济时代，多个学科不断地向深度和广度发展，新兴的交叉科学和边缘科学层出不穷，科学知识的内容和形式越发精细且复杂。面对这一变化，民众对读书学习的热情达到了空前的高度，他们渴望通过获取科学知识来充实自己的思想，扩展视野，学习新技能以适应快速变革的社会。这种需求恰恰催生了全民阅读的繁荣。以公共图书馆为核心，针对民众日益增长的知识和文化需求，建立了全面的全民阅读服务体系，这不仅极大地激发了民众的学习主动性，也助力于科学素养的普及和提升。

（三）丰富了民众精神生活

从公共图书馆成立之初，它就肩负着提供知识服务和文化教育的重任。无论是学术研究、科技创新还是文艺创作，图书馆的支持都是不可或缺的。在当前知识经济的背景下，无论是哪个组织或个体，都无法置身于知识与文化的海洋之外。公共图书馆通过积极推动全民阅读，有效缓解了民众物质财富增长与精神文化需求之间的矛盾,对于丰富人民的精神生活具有重要的意义。全民阅读是构建社会主义文化强国的关键策略,通过文化的力量增强国家综合实力,提升民族的凝聚力与创新能力。依托公共图书馆丰富的藏书资源,不断创新阅读服务和推广方式,将极大地发挥图书馆在文化建设中的作用,有效地桥接民众的精神文化需求与物质生活的差距,全方位推动社会主义文化事业的发展。

(四) 推动了全民阅读职能体系的调整

在当今科技迅速发展的背景下,公共图书馆的作用日益突出。作为优质文化和先进科学思想的传播基地,公共图书馆承担着重要的文化教育责任。它不仅提供书籍借阅服务、文献管理、信息服务等功能,还承载着科学文化的普及任务。因此,公共图书馆必须充分利用自身优势,激发公众的阅读热情。只有通过满足人们的精神文化需求,才能有效促进公众科学文化意识的形成,并提升他们的综合素质。全民阅读作为政府文化部门应对知识经济挑战所采取的战略性措施,需要公共图书馆积极履行其文化教育职能,认真组织全民阅读活动,并根据实践经验适时调整其职能体系。

(五) 创新了全民阅读推广的管理模式

在知识经济时代背景下,公共图书馆在其服务功能上进行了根本性的转变,由传统的图书借阅和信息服务,渐渐扩展到知识和智慧层面的服务。在此过程中,全民阅读作为一个系统性的社会文化项目,需要公共图书馆不仅深入挖掘和分析公众的阅读兴趣与习惯,更应依据群众的文化需求,创新其服务机制和管理模式。公共图书馆作为知识服务的重要社会平台,其核心任务是促进科学文化的普及并提供专业的知识服务。通过积极宣传科学和文化的优秀思想,公共图书馆助力于塑造公众的科学价值观,从而推动社会文化的全面进步。在全民阅读的推广上，公共图书馆扮演了不可或缺的角色。它通过组织各种形式的阅读活动，如分享会、专题讲座等，为公众提供了丰富的精神文化资源。此外，图书馆还在不断探索如何通过数字化资源的引入和用户体验的优化等方式，来更有效地服务社会，使得其服务变得更加方便和高效。

（六）普及全民阅读扩展服务范围

公共图书馆作为社会文化教育的重要平台，面向广大市民提供查询信息、检索文献以及借阅书籍等服务。在信息技术高速发展的今天，智能移动设备变得随处可见，这在一定程度上削弱了图书馆在知识服务方面的职能。现代人倾向于通过微信沟通、在微博上获取信息、使用手机购物，因此亲自前往图书馆阅读和学习的人数有所减少。然而，全民阅读活动作为一种创新的文化普及方式，能够有效地利用公共图书馆在知识传播、文化普及和社会教育方面的功能。通过全民阅读活动所营造的社会文化氛围，不仅可以提升图书馆的知名度，还能吸引更多读者，从而扩大其服务范围。

（七）促进阅读风尚的良性转变

家庭作为社会的基本单元，承担着孩子早期教育和构建和谐社会的重要职责。公共图书馆通过推广家庭阅读，鼓励更多家庭参与阅读，这不仅能够培养一种崇尚知识和热爱读书的氛围，还能促进整个社会阅读风气的提升。这种转变将增加社会对阅读的重视，同时推动阅读保障和责任机制的完善。

（八）推动阅读文化向纵深发展

公共图书馆也致力于推广家庭阅读文化，积极引导家庭在挑选阅读材料时既重视质量又考虑适宜性。这种推广活动有助于逐步培养家庭成员正确的阅读兴趣与习惯，提升其整体的阅读水平，并增强阅读的积极效果。通过这种方式，不仅能够营造健康的家庭阅读氛围，还能推动阅读文化在社会范围内的深入发展。

（九）扩大公共阅读资源的利用程度

在公共资源的利用方面，公共图书馆拥有丰富的纸质及数字化资源，这些资源是人类文化创造的宝贵财富。通过家庭阅读和全民阅读活动的推广，这些资源得到了更加充分和有效的利用。图书馆帮助读者快速准确地定位到最适宜的阅读材料，最大化了公共阅读资源的价值和效益，从而服务于更广泛的读者群体。这不仅提升了图书馆资源的使用效率，也为社会文化的传播与发展做出了显著贡献。

四、公共图书馆阅读推广活动的要求

（一）服务理念多元化

在现今社会，阅读需求日渐增长。为了有效满足这些需求，公共图书馆的阅读推广活动必须发挥重要作用，推动活动方式的创新发展：①要实施"人本服务"，即针对不同读者群体的具体需求，提供定制化的阅读服务。②要追求"服务平等"，确保所有读者无论背景如何都能平等享受阅读资源，体现资源使用的公平性。③需"注重内涵发展"，确保所有阅读活动都紧扣社会主义核心价值观，缩小读者与社会价值之间的距离。④要"创新与追求卓越"，不断优化图书馆的服务理念，为阅读者创造更优质的阅读环境，激发其阅读兴趣。⑤"主动出击"，图书馆要发挥其服务潜力，积极探寻读者的需求，展现服务的主动性和灵活性。

（二）主题形式多元化

众多地区的公共图书馆目前通过举办各类阅读推广活动，积极推动全民阅读文化的形成和发展，这些活动具有广泛的社会影响力。活动形式多样，与社会发展的实际需求相符，有效地与公众关注的热点问题整合。成功的活动形式包括"真人图书馆"、优秀读物排行榜、阅读达人秀、有奖阅读知识竞赛、书斋微博、阅读书友会以及经典读物话剧展播等。这些多样化的主题活动不仅扩大了公众的阅读视野，提升了他们的文化素养，更重要的是培养了公众长期坚持阅读的习惯。

（三）推介途径多元化

在数字时代的今天，互联网技术与新媒体的广泛融入日常生活极大地丰富了公共图书馆的阅读推广方式。公共图书馆已不再局限于传统的实体借阅，其官方网站、社交媒体账号如微博、微信等，均成为推广阅读的有效平台。这些平台不仅提升了图书馆服务的可达性和便捷性，也为读者提供了更为丰富的阅读资源和互动体验。例如，一些具备资源优势的图书馆开始开发专门的手机应用程序（APP），这些 APP 集成了视频、音频、动画、图片及文字等多种形式，围绕特定的阅读推广活动主题，旨在吸引更广泛的用户群体，特别是年轻一代。这不仅使阅读活动更加生动有趣，还体现了阅读推广在现代社会中的时代感。

（四）管理过程多元化

从国内多个成功的公共图书馆阅读推广案例中可以看到，单靠一家图书馆的力量往往难以达到最佳的推广效果。有效的阅读推广活动需要在策划主题、协调指挥、组织实施以及活动评估等多个环节中，获得其他社会组织的支持和合作。例如南京图书馆举办的"少儿阅读季"就是一个典型案例，该活动通过整合多个地方政府部门和社会单位的资源，实现了跨部门的协同合作，显著提高了活动的组织效率和社会影响力。这说明，要使公共图书馆的阅读推广活动更加深入人心，实现全民阅读的目标，必须动员和整合更广泛的社会资源，形成强大的推广联盟。因此，公共图书馆在未来的阅读推广工作中，应继续拓宽合作范围，利用现代信息技术提升服务效率，同时也应通过创新合作模式，与社会各界建立更紧密的合作关系。只有这样，才能更有效地提升阅读推广活动的覆盖面和影响力，让阅读成为社会文化生活的重要组成部分。

第二节
数字图书馆的读者推广与利用

一、读者推广和利用教育的基本要素

随着现代信息技术的不断进步,数字图书馆的兴建极大地改变了图书馆的内容与形态。从传统的印刷资料、缩微资料、视听资料,拓展到各类电子出版物和电子信息资源。应用网络技术后,图书馆得以接入各种商业电子文献传递中心、在线检索中心和电子杂志中心等多层级网络平台。这些外部信息资源,虽然不是图书馆原有的资产,但能够通过网络被检索和利用,因此它们被视为图书馆的虚拟馆藏的一部分,形成了"实体馆藏+虚拟馆藏"的新模式,塑造出了"无墙的图书馆"。更进一步的变革在于,数字图书馆已经不再局限于传统图书馆的框架,它成为国家文明的象征和国家竞争力的一个重要标志。这样的变革也促进了图书馆的读者推广和利用教育的改革:原本只需教导读者如何利用馆藏的图书和文献,现在则需要教导他们如何有效利用数据库和在线信息资源,同时加强对读者信息素养的培养。

同时,随着现代信息技术的飞速发展,数字图书馆的构建不仅改变了图书馆的内容和形式,与传统图书馆相比有了显著变革,同时也促进了图书馆在读者利用教育方面的进步。数字图书馆的读者推广及利用教育涵盖了多个基本要

素，包括读者、活动组织者以及内容和方式等。

在多样化的推广方式中，高校应充分利用完善的"数字图书馆推广及利用教育"课程来增强师生的信息素养，并提升他们对数字图书馆的认识与使用能力。鉴于图书馆服务的读者群体广泛且需求多样，这一教育过程无疑面临着不少挑战。为了有效推广数字图书馆，并促进其使用，教育活动的形式多种多样，主要包括直接教授数字图书馆的利用知识，以及通过策划相关活动来激发读者的兴趣，进一步深化其对数字图书馆的了解和利用。

（一）读者

数字图书馆利用先进的数字信息处理和网络传输技术，提供全面的文献信息资源服务。这种服务的实现，依赖于数字化信息的高效处理和网络的广泛传播。在数字图书馆中，读者服务的基础是先进的数字和网络技术。在当前社会，数字化已经极大地改变了人们获取知识的途径：从传统的阅读报纸、杂志和参与文化交流，转变为通过互联网搜索并学习新的知识和信息。同时，数字化也改变了人们的表达和交流方式。现代人越来越倾向于使用计算机和互联网来表达个人观点、分享想法。此外，数字化技术还改变了人际交流的范围和方式，通过网络，人们可以不受时间、地点和人数的限制，自由地进行交流和学术讨论。

（二）活动的组织者

在知识经济时代的背景下，数字图书馆的发展已不再仅仅局限于图书馆领域，而是成为衡量一个国家信息化水平和经济发展水平的重要指标。从国家层面而言，科技的进步和经济力量的增强在很大程度上依赖于信息资源的有效获取和利用，而数字图书馆在这方面发挥着关键作用。它不仅是传统图书馆的现代化延伸，更是推动教育、科研和技术创新的重要基础设施。从微观角度来看，数字图书馆的建设使广大读者能够更加便捷、快速地访问和利用各种文献信息，这对教育和科研的发展具有深远影响。从宏观角度来看，数字图书馆的建设和发展对于提升国家的社会政治和经济发展水平、增强国际竞争力，以及提高全民科学文化素质和社会主义精神文明建设水平都具有重要意义。此外，数字图书馆还能够在全球范围内传播中华优秀传统文化，带动国内相关产业的发展，从而在全球化的经济一体化进程中为中国争取更为有利的地位。因此，推广数字图书馆的工作应当成为全社会的共同责任，通过普及教育、完善法律法规以及借助大众传媒等形式，推广应用数字图书馆，激发全民的信息意识。

（三）内容

在数字图书馆的读者推广及教育利用活动设计中，应涵盖以下内容：加强读者的信息素养培训，宣传数字图书馆的环境和功能，阐释图书馆的文献信息资源种类和结构，以及讲解网络信息资源的管理和搜索引擎的使用方法。

（四）方式

在方法上，针对数字图书馆的不同读者群体，如不同年龄、教育水平和背景的读者，应因材施教，提供适宜的教育辅导。这些辅导方式包括提供书面材料、进行一对一指导，以及运用网络多媒体或电视等现代媒体工具进行教学。

二、数字图书馆读者推广和利用教育的内容

数字图书馆的推广和教育活动涵盖多个要素，包括读者、活动组织者、教育内容和方法等。其中，教育内容的设计至关重要，它不仅指导读者如何高效利用数字图书馆的资源，还致力于提升读者的信息意识和自主学习能力。教育内容通常涵盖对数字图书馆基本环境和功能的介绍、图书馆文献资源的类型与

结构，以及网络信息资源的组织方式等方面。

（一）数字化图书馆环境中读者信息素养的培养

信息素养是现代信息社会中所有公民必备的基本能力。在信息技术广泛应用的当下，每个人都需要借助信息技术来处理日常生活和工作中的信息问题。不熟悉信息技术的人可能会逐渐与现代社会脱节。从更宏观的角度来看，一个国家的发展也依赖于其公民的信息素养水平；一个对信息及信息技术知之甚少的国家，其发展前景令人担忧。掌握信息和信息科学技术是现代社会公民的基本要求。数字图书馆在这方面具有独特优势，能够凭借自身的设施、技术、人才以及信息资源等优势，对读者进行全面的信息素养培训。信息素养的培养是指教导读者如何获取、使用和开发信息的技能和修养。读者的信息素养包括信息知识、信息意识、信息道德和信息能力等方面。

信息知识是信息素养的基础，指的是读者对信息技术的了解以及对信息的基本内容和特征的掌握。这不仅是简单地认识信息，更重要的是理解信息的结构和功能，从而使读者能够有效地识别和利用信息资源。信息意识是指读者对信息的敏感度和主动获取信息的意愿。这种意识使读者能够在海量信息中快速提取有价值的数据，并将其转化为自己的知识体系和行为指南。信息意识的提升有助于读者在信息泛滥的时代中有效地筛选、评估和利用信息。信息道德是指读者在信息活动中应遵守的伦理和法规。在信息技术高速发展的今天，信息道德的重要性日益凸显，这不仅包括尊重知识产权、保护个人隐私，还包括防止信息技术被滥用，如预防网络犯罪和计算机病毒等。培养良好的信息道德对于构建和谐的信息社会至关重要。信息能力是信息素养中的实践部分，它要求读者不仅能够操作信息系统，还应具备信息资源的利用和开发能力。这种能力的培养需要读者在实际操作中不断学习和提升，例如使用各种信息系统软件、开发和整合信息资源等。

数字图书馆在信息素养的普及和提升中扮演着极为关键的角色。作为信息的集散地，数字图书馆拥有丰富的资源和先进的技术，为广大读者提供了学习和实践的平台。在这里，读者不仅可以接触到各种信息资源，还可以通过参与实际操作，如信息检索、数据分析等活动，来提高自己的信息工作能力。因此，数字图书馆不仅仅是资源的提供者，更是信息素养教育的重要基地。通过组织各种培训课程和实践活动，数字图书馆可以帮助读者从理论到实践，全面提升自己的信息素养，从而在信息化社会中立于不败之地。

（二）揭示数字化图书馆环境中文献信息的传递与交流模式、特点

在数字图书馆的环境下，对文献信息的传递与交流模式及其特点进行阐述，旨在帮助读者深入理解数字图书馆的工作原理及其文献信息资源服务的具体操作。数字图书馆提供了一个信息服务平台，该平台作为图书馆利用网络上丰富信息资源的工具，搭建了数字图书馆与读者之间的沟通桥梁。该平台承担着信息导航的角色，一方面，允许读者通过数字图书馆的门户网站访问互联网，充当信息导航器或搜索引擎的角色，帮助读者轻松检索网络信息；另一方面，直接向读者提供所需信息。在数字图书馆的信息展示平台上，互联网作为文献信息传播的主要媒介，传递着各类馆藏文献、数据库信息、使用情况及研究评述等内容。通过这些展示平台，网络成为数字图书馆信息交流的表层通道。图书馆通过将对外发布的信息上传至互联网，开辟了新的信息传播渠道，使得读者能够通过网络更全面地了解数字图书馆的相关信息。

在当今数字化时代，文献信息的传递已远超传统模式，迈入了以互联网络

为核心的新阶段。数字图书馆作为这一变革的核心，依托现代信息技术，提供了多样化的文献信息服务，其方式主要可分为主动模式和被动模式两大类。主动模式指的是数字图书馆或读者中的任何一方主动向对方发送文献信息的服务方式。在此过程中，电子邮件成为重要工具。例如，当读者对某一专题的文献感兴趣时，他们可通过电子邮件直接向图书馆提出需求，内容可能包括图书购买、文献原文传递等，并附上联系方式等详细信息。图书馆接收到这些请求后，会根据读者的具体需求提供相应服务。反之，数字图书馆也会利用电子邮件主动向读者推送最新的文献信息或通知，尤其是那些已登记成为会员或申请了特定服务的读者，他们会定期收到图书馆发送的相关资料和通知。被动模式则是指数字图书馆通过建立和维护一定的平台，等待读者自主访问获取信息。这包括图书馆官网、特定的数据库、在线阅读区等，用户可在这些平台上自由浏览、搜索和下载所需的文献信息。这种方式虽在一定程度上依赖用户的主动性，但仍是数字图书馆服务中极为常见的一种模式。值得注意的是，这两种模式并非孤立存在，而是需要相互配合，方能发挥最大的服务效果。数字图书馆在实际操作中往往会结合这两种模式，既定期向读者推送最新的资源和服务信息，又维护和更新平台，以使读者能够随时获取所需的文献。

数字图书馆作为信息交流的平台，其服务不仅限于图书馆与读者之间通过电子邮件或网站进行文献信息的简单传递。它还包括与出版商、银行、数据库公司、咨询公司等第三方的合作，这些合作使得信息服务更加多元和专业。此外，数字图书馆提供的网络社区平台，如聊天室、论坛、个人主页等，使读者能够在更广泛的网络环境中参与讨论、分享信息，从而增强了图书馆的社区功能，使其成为一个数字化的读者俱乐部。在这里，读者不仅能够获取信息，还能与

其他读者或图书馆工作人员进行实时交流,分享使用体验和意见。数字图书馆读者服务主要具有以下特点:

①开放性:数字图书馆是一个基于互联网的开放信息平台。借助现代计算机软硬件技术,实现了跨平台、跨地域的数据传递和访问。这种开放性意味着任何具备网络连接的设备都能够接入图书馆的服务系统,极大地扩展了服务的覆盖范围和读者群体。

②集成性:在数字图书馆中,信息服务和多媒体应用的集成度极高。在同一个网络平台上,不仅可以传递文本信息,还能同时传递图像、声音、视频等多种媒介的内容。这种集成性不仅提供了丰富的信息形式,还优化了信息的传递路径,使得单点和多点传输均成为可能,满足了不同读者的需求。

③高效率:利用网络信息技术,数字图书馆能够将众多计算机资源连接起来,实现快速的信息存取和传递。这种高效率的信息处理大大提高了文献信息资源的利用率,使读者能够在最短的时间内获得所需信息。

④实时性:数字图书馆使信息资源的更新和传递更加及时,确保了信息的时效性和动态性。这种实时性体现了数字图书馆服务的快速反应能力,使读者能够及时获取最新的信息和资源,满足其实时的学习和研究需求。

(三)数字图书馆文献信息资源的类型与结构

1. 电子出版物类型及其检索

电子出版物涵盖电子书籍、电子期刊和电子报纸等多种类型。在数字化时代,这些资源借助高效的检索系统,为广大读者带来了极大的便利。

电子书籍作为电子出版物的一种,在多媒体技术和超文本技术的推动下得以迅速发展。与传统书籍相比,电子书籍具有内容更新迅速、携带便捷等特点。

用户可以通过网站访问来浏览和检索电子书籍目录，也能够使用如北大天网、谷歌等搜索引擎进行查找。此外，电子书具备稳定性和易于存储的特性，使其成为获取信息的可靠途径。

电子期刊则是从20世纪90年代开始兴起的数字出版形式，现已形成多种类别。这些包括网络上专门出版的电子期刊以及传统期刊的电子化版本，既有需要订阅费用的版本，也有免费提供给读者的形式。电子期刊的优势在于出版周期短、成本低，能够通过电子方式快速更新发布，同时拥有丰富的超文本链接和强大的交互性。用户可以通过专门的电子期刊检索系统来查找所需资料，例如美国图书馆协会的数据库、WWW虚拟图书馆和中国期刊网等。

电子报纸提供了比传统纸质报纸更为丰富的阅读体验。电子报纸不仅包含当天的全部新闻，还常常设有如"前期回顾"等链接，便于读者进行深入阅读或扩展阅读范围。许多国家的主流报纸，如美国的《纽约时报》、英国的《泰晤士报》以及中国的《人民日报》等，都已经推出了它们的网络版本。这些电子报纸的内容不断丰富，技术也在持续进步，包括在网站上设置的检索功能，使得查找过往文章变得更加便捷。

在检索电子出版物时，读者可以利用各种在线工具和数据库，根据关键词、作者名、出版日期等信息进行搜索。这些数据库通常具有用户友好的界面和强大的搜索引擎，使得从海量数据中快速定位信息成为可能。

2. 数据库

数据库是一种具有悠久发展历史且广泛影响的电子信息资源。传统上，数据库形式多样，包括批处理数据库、磁带数据库、便携式数据库、软盘数据库、光盘数据库以及联机数据库等。特别是随着互联网的广泛应用，联机数据库得到了飞速发展。同时，随着视频、文字及多媒体技术的广泛应用，多媒体数据库也迅速增长。在我国，对数据库的生产和开发得到了空前的重视。例如，《法律条目全文数据库》《红楼梦全文数据库》以及《人民日报全文数据库》等全文数据库的建设，不仅丰富了国内的数据库资源，还提升了信息的利用效率。此外，还有如《多媒体汉英字典》和《多媒体动物百科全书》等多媒体数据库，以及文摘数据库、索引数据库和书目数据库等，其制作技术已经日趋成熟。

3. OPAC

联机公共检索目录（Online Public Access Catalog，简称 OPAC）自 20 世纪 70 年代问世以来，随着图书馆自动化技术的不断进步，OPAC 的功能和性能实现了显著的飞跃。21 世纪，图书馆目录服务（OPAC）不仅继续提供丰富的书目信息，还增加了对商业数据库的支持，以支持音频、影像及动画等多种多媒体内容，使得 OPAC 的功能更加广泛且综合。在现有的 OPAC 数据资源基础上，已涵盖了文献数据库的内容，同时拓展至事实数据库与数值数据库，甚至包含各类依据馆藏自行构建的专属数据库。

OPAC 还实现了与全文数据库的链接，使用户不仅可以查询二次文献，还能进行全文检索。OPAC 的用户界面变得更加友好，通过菜单系统的提示和指导，读者能够更加准确和快速地进行检索操作。此外，OPAC 在提供错误信息和反馈方面也做得更加详尽，便于进行人机对话。其显示格式更符合读者的阅读习惯，图文并茂，增强了信息的可读性和易用性。检索方式的灵活性和联机服务的周到性，进一步提升了 OPAC 系统的整体功能和用户体验。

（四）网络信息资源的组织与展示

互联网作为广阔的开放信息平台，拥有丰富多样的数据来源。时至今日，全球网站数量已逾四千万个,每日信息流量更是高达惊人的亿兆级别。在此情形下,单个用户显然难以独立完成海量信息的浏览与阅读,因而需要依靠图书馆对网络信息资源进行有效组织和管理。

图书馆在组织网络信息资源时,面临着信息的海量性、无序性、冗余性和不稳定性等问题。为解决这些难题,图书馆运用先进的图书情报技术对网络信息进行筛选、挖掘、组织和加工。经由这些技术处理,将相关网络信息转化为图书馆的虚拟馆藏,既为读者提供了便利,又拓展了数字环境下图书馆的藏书范围。要将网络信息资源转化为图书馆的虚拟馆藏,必须经过图书馆的技术处理。这一过程不但提高了网络信息的有序化程度,还增强了信息的易访问性和实用性。在组织网络信息资源的过程中,首要之事是对这些资源进行准确过滤,包括对信息的形式、内容范围、与其他信息的关系、权威性、时效性、独特性、目标用户群和成本等方面进行评估和选择。当前,对网络信息资源进行有序化整理的典型做法是采用机读编目格式,这种方法不仅提升了信息的检索效率,还使信息的存储和管理更为规范。通过这样的方式,数字图书馆能够更好地为广大读者服务,提供更加快捷、准确的信息检索服务。

第六章

数字化阅读对全民阅读活动的推进

第一节
数字化阅读新形态助推全民阅读

一、全国数字化阅读特点

（一）阅读载体多样化

随着网络和信息技术的迅猛发展，电视、电脑、智能手机以及其他移动设备的广泛普及，传统纸质阅读的局限被打破。这些现代化的阅读载体不仅丰富了阅读方式，还逐步改变着人们的阅读习惯。在公园、地铁、机场或餐厅等场所，随处可见人们通过手持设备阅读信息的情景。

（二）阅读形态多元化

在数字化时代的推动下，纸质媒介虽仍具重要性，但已难以满足快速传递知识和信息的需求，其阅读范围和形态受到一定限制。数字广播、数字电视、电子杂志、数字图书馆的兴起，使城市生活步入数字化时代，人们深刻感受到媒介技术的进步和信息传递的灵活自由。这些新兴媒介的变革不断推动着公众阅读习惯和形态的演变，引领着一场阅读方式的革命。

1."快餐式"阅读

在数字化时代，信息的迅猛增长使许多人陷入阅读迷茫，不少人因此产生"信息焦虑症"。随着人类生存节奏的加快，新知识替代旧知识的速度不断加快，阅读形态从传统的线性阅读逐渐转变为快速浏览式的"快餐式"阅读。在这种阅读模式下，与传统阅读载体（如书籍、报纸、广播和电视）相比，数字时代的阅读更善于利用超链接整合信息，使信息呈现出错综复杂的交叉状态。在这种知识链的引导下，大众的阅读方式由直线性、单向性转变为互动性和多动态性。人们在阅读时习惯于快速从一个标题跳到另一个标题，从一个网页迅速切换到另一个网页，甚至通过超链接迅速从一本电子书的某章节跳到另一本电子书的特定段落。这种阅读方式从深度阅读转为泛读，从静态阅读转向动态阅读，从单一阅读载体转向多元化阅读载体。快速和快感成为"快餐式"阅读的显著特征。

2."感知化"阅读

"感知化"阅读随新媒体的出现而兴起，标志着阅读方式从印刷时代跨入声像时代。在这种阅读形态中，大众更多地利用视觉和听觉来感受阅读的乐趣。这种变化不仅影响了阅读的对象和性质，也深刻改变了阅读的心理和功能价值，使阅读变得更加直接、轻松且富有趣味。在"感知化"阅读中，读者通过图像、视频和声音等多种感官体验来接触和理解内容，这种多感官的阅读方式极大增强了阅读的吸引力和效果，使阅读不再局限于文字的理解，而是成为一种全方位的感知体验。

3."碎片化"阅读

所谓"碎片化"阅读，是指在多样化的信息获取渠道中，读者不再依赖单一的阅读载体，而是通过各种媒介接触和吸收信息。这种阅读形态的变化，标志着仅通过一种媒介传播知识的时代已经结束。在这个多媒体融合的时代，图文、影音等多种格式的内容被广泛使用，极大地丰富了大众的阅读体验，提高

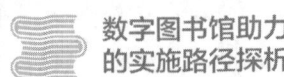

了他们的视野和辨识能力。碎片化阅读不仅反映了个性化和多样化的阅读需求，也促使人们在短时间内获取和处理大量信息的能力得到提升。

4."浅"阅读

随着知识信息的爆炸式增长，人们在阅读时越来越倾向于采取浅阅读的方式。这种阅读形态以轻松愉快为主，旨在快速获取信息而非深度挖掘或长时间沉浸。浅阅读因其速度快、覆盖广而受许多人欢迎。在这种阅读价值观的驱动下，大众媒体的文本内容变得更加简短和浅显，以适应快速消费的需求，从而影响了读者抽象思维的使用程度和深度。这种阅读方式虽然提供了信息的广度，但也可能削弱深度阅读和批判性思维的培养。

（三）阅读环境随意化

阅读环境的随意化是现代社会的显著趋势，读者与阅读内容之间的平等关系越发明显，读者可自由选择阅读的时间和地点。阅读环境不再局限于传统的纸质图书，现代的交流工具如博客、网页、论坛、微信等平台，使读者可直接与作者对话，或在虚拟空间中与其他读者交流思想，实现了读者与作者、读者与读者之间的即时互动。这种互动消除了时空限制，丰富了阅读的方式和体验。同时，现代人不必局限于固定地点阅读，无论是在地铁上、候车室，还是任何可利用移动终端的场所，都可随意阅读。这种阅读的随意性极大地方便了人们的生活，使阅读更贴近日常，更加灵活和个性化。此外，通过各种在线平台和阅读网站，人们还可参与共读活动，与其他读者一起讨论和品味书籍。这种新型的阅读方式，不仅打破了传统阅读的空间和时间限制，还增强了阅读的社交属性，使阅读成为一种更加开放和互动的活动。

二、数字化阅读内容及其受众群体

（一）数字化阅读内容

1. 个性化内容占主导

个性化内容已成为当前数字化阅读的核心。目前，数字化阅读主要可分为消遣型阅读和学术型阅读。消遣型阅读市场规模达数十亿元，受众无特定限制，需求不明确，内容多以娱乐为主，如城市生活故事和轻松新闻等，这类读者群可能流动性较大。相比之下，学术型阅读主要集中在纸质书籍及期刊的数字化上，内容稳定，读者群体固定，阅读目的明确。在消遣型阅读领域，网络文学大学应运而生，由中文在线发起，诺贝尔文学奖得主莫言担任名誉校长，旨在免费培养网络文学原创作者，性质类似于"淘宝大学"。此外，小米小说也专门为初级读者提供定制内容。

在学术型阅读方面，多看阅读与国内顶尖出版社合作，针对科技、IT、社会科学、历史等领域推出了个性化内容的原生电子书，取得了良好反响。例如，中文在线专注教育领域，与清华大学合作推出全球首个中文在线课堂，并与各级学校合作开发了一系列电子教学资源。

2. 袖珍型内容成趋势

随着社会的快速发展，人们生活节奏随之加快。在这种快速变化的现代社会中，为适应加速的移动生活方式，人们越来越青睐快速消费的阅读方式，其中"袖珍型内容"成为流行趋势。这种阅读方式简短精练，可迅速吸收，是数字化阅读在当前环境中蓬勃发展的重要表现。

特别是在手机小说领域，袖珍型内容表现尤为突出。这类作品通常字数较短，多在二万至三万字之间，形式紧凑精练，内容虽篇幅不长，但人物、情节、时空背景等元素一应俱全。此外，这些小说通常采用直白而富有感染力的语言，加上新颖的表达和幽默的插入，能迅速抓住读者的注意力，提供强烈的情感体验。例如，法国作家菲尔·马尔索的作品《Passages Tabac》，就是一个典型例子。该作品采用手机语言创作，语句极尽简化，甚至直接融入了如 OMG、BF 等网络流行语。为照顾到年龄较大的读者群体，作品中还特别附有术语对照表，可见其细致周到。

在题材和主题上，这类小说多聚焦于日常生活、写实主义，贴近普通人的生活感受。它们通过缩短信息的传递链路，使内容的传递更加直接和自由。这种袖珍化的内容不仅仅局限于文本，其背后的生产和传播机制也展现出相似的袖珍化特征。数字化阅读的普及，使作者与读者的界限逐渐模糊，创作和分享变得更为便捷。数字化阅读的这种普及，不仅改变了人们的阅读习惯，更加速了内容生产方式的变革。传统的新闻采编系统和著名作家们也开始适应这种袖珍化的趋势，转向更灵活、更快速的内容创作和发布方式。在这种趋势的推动下，数字阅读渠道的优势愈发明显，逐渐取代传统的发行渠道，甚至可能借助规范化的体制，构建起全新的数字阅读标准，引领新闻生产的未来方向。

3. 多样化内容显丰富

数字化阅读内容主要靠计算机等相关设备以二进制的形式作为文本存储、阅览的工具和载体。数字化阅读的内容不仅局限于传统纸质书籍中的文字、图像、色彩及版式，还整合了声音、视频和超链接等多种媒介，通过数字技术实现了信息的全方位融合传播。这种内容的多样性不仅丰富了阅读材料的形式，也拓展了阅读的方式。视觉与听觉的结合，使阅读体验更为全面，同时通过集成多种符号和媒介，内容呈现更加生动和真实。这种形式的呈现极大地激发了人们的阅读兴趣，并通过内容之间的相互关联，利用网络的超链接功能，使阅读材料呈现出无限扩展的可能。此外，读者能在众多网页中自由选择喜欢的内容，从而在大脑中形成跨文本的知识网络。这种跨界的阅读方式不仅拓宽了人们的视野，也加深了对不同领域知识的理解和掌握。数字化阅读因此成为现代学习和娱乐的重要方式，其多样化的内容成为最大特色之一。

（二）受众阅读倾向

1. 受众习惯网络阅读

网络阅读已成为基于互联网环境的一种阅读方式，受众通过网络获取信息，并利用计算机及移动终端设备阅读数字内容。这种方式不仅便于人机互动和人际交流，也是一种现代的学习和生活方式。随着网络技术的普及，公众已逐渐习惯于利用网络进行阅读。网络无地域时间限制，配合新媒体的发展，内容丰富多彩，极大地增强了受众的阅读兴趣。在这个虚拟平台上，每个人都能平等互动，享受阅读的自由和个性化，从而获得心理上的满足。操作网络阅读简便快捷，轻点鼠标或敲击键盘即可查找所需资料。目前，流行的网络阅读形式包括电子书、博客和微博等。电子书结合了电子文本和阅读设备，便于携带和信息获取；博客则允许用户简洁快速地分享思考和感受，便于及时与他人交流；微博则通过简短的更新，使人们能够实时分享自身经历和情感状态。网络阅读已成为社会普遍接受的阅读方式之一，人们通过各种现代化设备，随时随地享受网络带来的便捷信息交流。

2. 受众接受快餐阅读

快餐阅读简洁明了，通常以图文并茂的形式呈现，内容丰富多样，能迅速满足人们多方面的需求。这种阅读方式不仅能节约时间，快速获取所需信息，还能通过轻松的内容为人们提供娱乐，帮助他们缓解压力。因其内容通常具有娱乐性，快餐阅读越来越受到大众欢迎。与传统阅读相比，现代受众更偏爱兼具图像和视频的多媒体阅读形式。人们可根据自己的需求，选择性地阅读，或进行快速的浏览和跳跃式阅读，从而在有限时间内吸收更多信息。

3. 受众依赖碎片阅读

碎片阅读将信息细化为易于消化的小块，打破传统的阅读结构，将复杂内容转化为简洁的知识点或信息点，更适合快节奏的现代生活。在数字化和新媒体的快速发展下，信息呈现爆炸性增长，大多数人无法在短时间内完成对一份报纸或一个电视节目的全民阅读，而更倾向于通过搜索引擎直接检索关键信息。碎片化阅读常通过智能手机、社交媒体等新型平台进行，不仅提供信息，还构建了一个虚拟的社交空间，使人们在心理上获得支持和满足感，同时也能参与到信息的传播过程中。

此外，随着信息技术和电子设备的发展，人们更倾向于利用碎片时间，如通勤或等候时刻，通过移动设备进行阅读、娱乐或工作，使生活变得更加丰富和多元。碎片化阅读不仅使信息本身碎片化，同时也使阅读的时间被碎片化。现代人无需花费大量时间寻找一个安静的阅读环境，无论是在街道上行走，还是在公交、地铁站，甚至是购物商场中，都可以随时随地进行阅读。电子书籍和社交媒体的普及进一步加剧了这一趋势，使受众的阅读方式也被碎片化。

4. 受众兼顾多元阅读

在现代社会中，阅读方式的多元化是不可避免的趋势，主要表现在媒介、内容和载体上。尽管受到现代科技的冲击，传统阅读如纸本阅读仍有其独特魅力和不可替代性。纸本不仅是传统文化的承载物，更是深度阅读和思考的优良媒介。与此同时，数字化阅读因其交互性强、开放性高及个性化选择等特点，在现代人的日常生活中扮演着越来越重要的角色。它打破了时间和空间的界限，使全球的信息交流与分享成为可能。

传统阅读和数字化阅读各有优势和局限。传统阅读的深度和思考性是数字阅读难以企及的，而数字化阅读能够提供即时的信息更新和广泛的互动交流，这是传统阅读方式所不具备的。此外，传统阅读不受硬件和软件设施的限制，更适合那些欣赏纸质触感和注重阅读仪式感的读者；而数字化阅读则需要依赖相应的技术支持，这在一定程度上限制了其普及性。从长远来看，虽然全球纸质阅读率呈现下降趋势，但数字化阅读方式并不会完全取代传统的阅读方式。在全媒体时代，阅读方式的选择更加多样化，可以根据不同年龄、学历和职业的需求选择最合适的阅读方式。传统阅读和数字化阅读互为补充，共同构成了一个互动和渗透的多元阅读环境。这种环境不仅促进了阅读方式的优化，也拓展了信息的获取范围。在这种多元阅读的背景下，教育者和政策制定者应重视阅读方式的整合与创新，以满足不同受众的需求。

三、全民阅读的数字化阅读新形态

（一）数字化阅读的渐变

随着联合国教科文组织在 20 世纪末设立 4 月 23 日为世界读书日，全球迎来阅读热潮，中国也频繁举行各类读书活动，通过阅读推动文明的传承与发展。在多样化的当代，阅读的形式、内容及其深远意义均呈现出逐步的渐变。

从古代结绳记事，到陶器上的符号刻画，阅读逐渐演化为一种行为艺术。例如，公元前 16 世纪的甲骨文从符号到文字的演变，商代青铜器上的铭文，以及春秋时期的竹简和丝绸，都是古代文明通过阅读传递的主要途径。公元 105 年，东汉蔡伦发明纸张，为阅读提供了新的物理载体，推动了传统阅读方式的兴起。随着第一台电子计算机的问世以及互联网的普及，阅读的载体和获取信息的方式发生了革命性转变。现代人通过简单地点击和触摸，便可实时获取全球信息，这种无时空限制的数字化阅读方式日趋成熟。传统阅读方式面临挑战，而数字化阅读以其时尚和便捷性，迅速成为主流。

1. 数字化阅读终端不断增多

与传统纸质阅读相比，数字化阅读突破了物理界限，扩展到电脑屏幕及各类新媒体。至今，读者可利用网络在线平台、智能手机、平板电脑以及电子书阅读器等多种移动设备进行阅读。每个人的阅读需求因时间、地点而异，因此阅读方式多样化，人们可能同时使用多种设备和产品进行数字化阅读。

2. 数字化阅读人群不断壮大

数字化阅读的受众群体逐渐扩大，覆盖了不同年龄和社会阶层。多样化的数字阅读产品能满足各类读者的需求。例如，年轻人喜欢通过移动设备浏览新闻、享受网络文学；针对儿童的阅读应用和多媒体印刷读物（MPR）也日渐流行。此外，开车时或视力不佳的老年人可能选择听书。近年来，社交媒体如微博和微信的兴起，也为数字内容的传播开辟了新途径，使读者能更自主地选择阅读方式。无论是哪种形式，都反映了数字阅读的普及和发展，预示着未来会有更多的阅读方式和产品形式涌现。

3. 数字化阅读内容不断完善

由于网络信息的迅速增长和真假难辨的问题，数字阅读内容的质量参差不齐。然而，随着人们对数字内容质量要求的提高，数字化阅读的内容质量也在持续提升。不再仅仅是将传统纸质内容简单电子化，或是传播表面的信息，现今的数字化阅读通过正规渠道提供更加深入、经过精心加工的内容，以满足不同读者的需求，从而实现从浅层阅读到深度阅读的转变。

（二）创新与助推全民阅读

数字化阅读以其方便快捷和成本低廉的特点，使一部分人逐步抛弃纸质书籍，转而将其作为主要甚至是唯一的阅读方式。尽管阅读习惯的变化看似是一种退步，实则代表着随着阅读形式的演变，阅读者群体也在发生转移。许多人在享受数字化阅读随时获取信息的便利时，也被期刊和图书吸引，进而选择购买或收藏。因此，数字化阅读的发展实际上也促进了传统阅读方式的复兴。数字化阅读作为一种快速广泛传递知识信息的方式，为全民阅读创造了良好的环境。

目前，数字化阅读已推动了国内阅读产业的发展，并从多个角度助力全民阅读的普及。数字化阅读已逐渐成为在全国范围内推广全民阅读的新典范。在注重传统阅读的基础上，各地加大了对数字阅读的推广力度，利用互联网、智能手机等数字化媒介向读者推荐书籍，并积极建设阅读网站及数字阅读社区、园地。如数字化农家书屋、电子阅报栏设于街道之上，以及数字图书馆进驻社区等，这些公共文化服务设施的建设，极大地推动了全民阅读的进程，突破了地域界限，显著缩小了城乡间的阅读差异，加快了信息的获取速度，从而在广义上推动了全民素质的普遍提升。

（三）数字化阅读未来发展趋势

1. 数字阅读与传统阅读融合发展

社会的发展带来了人们需求的多元化。从纸本到屏幕，多种媒介的并存不仅推动了阅读方式的革新，同时也表明传统媒介不会因新兴媒介的出现而逐渐消失。未来，传统阅读和数字阅读的融合将是主流趋势。阅读不仅是人们获取信息、知识的途径，更是日常生活中不可或缺的一部分。随着数字媒体的普及，数字阅读变得更加重要，它不仅推动了信息的快速传播，也促进了全民阅读的实现。

2. 重点开发手机阅读

手机阅读将是未来数字化阅读的代表。为适应这一趋势，我们需要从以下几个方面加强手机阅读的开发：

①提升数字阅读平台的移动适应性：当前的数字阅读平台需进一步优化，以更好地支持移动设备。这包括对平台架构进行调整，确保在各种屏幕尺寸上均能提供良好的阅读体验。例如，改进平台的响应速度和布局，使其在智能手机和平板电脑上均能流畅运行。

②与移动运营商合作推广阅读服务：通过与移动运营商的合作，可更直接地将数字阅读服务整合至用户的移动设备中。合作模式可包括数据优惠、预装阅读应用等，从而降低用户的使用门槛，提高数字阅读的普及率。

③完善手机图书馆的功能与接口：手机图书馆应成为数字资源的重要扩展平台。通过优化图书馆网站的移动端界面，改进电子资源的格式转换和访问方式，可以使手机阅读更为便捷。此外，图书馆的移动应用也应加强功能开发，如在线借阅、电子书下载和实时咨询等。

④创造用户友好的阅读环境：为了吸引并保持用户，打造一个符合阅读心理需求的友好界面至关重要。这包括简洁明了的操作界面设计、舒适的阅读背景色彩以及可个性化的字体和布局选择。例如，提供夜间模式、调整亮度和字

体大小的功能，可以使长时间阅读不易疲劳。

⑤推出专属移动端的阅读工具与资源：开发专门针对移动端用户设计的阅读工具和资源，如手机阅读专属的摘要工具、笔记功能和互动社区。这些工具和资源不仅能增强用户体验，也有助于提升用户对手机阅读的依赖性和忠诚度。

3. 加强数字内容监管

数字化阅读虽带来了"轻阅读""浅阅读"和"快阅读"的担忧，但无可否认，数字化阅读是科技发展的必然结果。我们应当如何使数字阅读为大众提供便捷而丰富的知识？如何在数字阅读中激发读者的阅读兴趣，并提升他们的文化素质？这些都是数字化阅读所需面对的挑战。因此，我们既要肯定数字阅读在促进互动和文化普及方面的作用，也应通过适度的"人文监督"来规范其内容和形式，这是数字化进步中的一个有效策略。

随着数字化阅读的普及，互联网上的信息质量成为公众关注的焦点。为确保数字阅读内容的健康和安全，需加强网络内容的人文审视与法规监管，挑选优质信息，排除不良内容。公众强烈呼吁构建更严格的网络内容监管机制，以维护数字阅读的品质。①网络内容监管需要健全的法律支撑。我们应在电子商务和网络游戏等领域内，制定明确的交易和隐私保护规则，并明确各方责任。同时，还应具体规定网络舆论监督的策略、内容、方法和目标，以及相应的权利、义务和法律后果。②纪检监察机关应明确网络监管的受理程序、调查措施和反馈时限，并建立完善的奖惩机制。鉴于现行的行政管理机构众多且职责不明确，建立统一的行政管理框架和网络信息安全治理体系显得尤为紧迫。③从道德教育角度，应推广正面引导模式，培养具有影响力的网络意见领袖，引导网络舆论向积极方向发展。通过网站、论坛等平台，采用回帖、点评和互动等启发式方法，引导网民遵守网络道德规范，并培养其道德意识。④在技术层面，建议制定提升网络技术的计划，借鉴国际先进技术标准，结合国内实际，增强网络技术监管能力。⑤加快推进网络信息安全相关的技术研发，提升运营设备的软硬件质量，并增强安全防护系统的整体性能，以有效应对日益复杂的网络安全挑战。

在数字化时代的推动下，依托网络和多种终端设备，数字阅读应运而生，逐渐成为人们的首选。这种新型阅读方式因其便捷性和实用性而广受欢迎，并迅速成为主流。与此同时，网络阅读平台数量激增，它们提供了丰富多样的阅读材料，极大地促进了全民阅读的发展。随着移动终端的快速发展，数字阅读载体多样化，具有大容量、易检索和低成本的特点，更加符合现代人的阅读需求。在这个资源丰富、阅读方式多样的时代，人们的阅读需求和习惯也发生了根本性的变化。尽管数字阅读与传统阅读在形式上有所不同，但阅读的本质并未改变。数字化阅读所带来的新感知体验，与传统阅读相得益彰，共同构成了全民阅读的双重动力。尽管传统阅读拥有不可替代的优势和历史底蕴，但是数字化阅读的独特性是传统方式无法比拟的。它不仅推动了知识的传播和文明的传承，而且在服务社会、促进全民阅读进步方面发挥着重要作用。

四、数字阅读推广活动组织与策划

数字阅读推广的独特之处在于其"数字化"特性，这不仅仅意味着向读者推介多样化的数字阅读材料，更包括了推广渠道和阅读方式的多元化。推广者需要灵活运用各种有效工具，确保每位读者都能在数字阅读的广阔世界中找到导航，掌握获取阅读资源的多种途径。本部分将通过案例分析的方式，展示几种典型的推广活动的组织流程、策划亮点及实际效果，以期为推广工作提供参考。

在Web2.0时代背景下，微博、微信等新媒体已成为我们日常生活的一部分。这些平台不仅仅是信息传播的渠道，更是每个人都可以扮演媒体角色的社交网络。对于那些预算有限的图书馆而言，这些免费且具有广泛宣传效果的新媒体是推广数字阅读资源的理想选择，它们不仅能推送丰富的阅读材料，还能塑造图书馆在公众中的全新形象。

在数字阅读推广方面，微博、微信和移动客户端主要有两个目标：一是引导用户利用数字阅读资源，包括推荐优质内容和提供使用技巧；二是吸引用户的持续关注，通过增加粉丝数量来扩大数字阅读的影响力和服务范围。优质的内容能够吸引用户的关注，而这些关注的用户又将受益于更广泛的数字阅读推广服务。

（一）微博

微博作为数字阅读推广的一种重要渠道，已经被许多图书馆纳入日常工作。为了提升用户参与度，在策划各类活动时，需通过精炼的文本叙述与搭配的视觉元素（图片），达到宣传目的。精心编排和设计的图文信息旨在吸引眼球，培养受众兴趣。同时，确保信息表达流畅、精准且易于理解，并努力保持内容的友好呈现。文本与图像的协调，能够凸显主题、增强内容层次，并通过直观的方式传递核心信息。通过这些策略，可增强活动策划的吸引力与成效。一则优质的微博，应是文字与图片完美融合的展示。

关于如何注册并运用微博进行官方认证，官方网站上已有详尽说明，此处不再赘述。本文以新浪微博为例，探讨几种典型的数字阅读推广线上活动及其分析。在线活动大致可分为两类：一种是"1+N"模式，即一则微博加上指向特定活动页面的链接；另一种则是直接使用微博内置的活动功能进行。

1. "1+N"模式

在"1+N"模式中，"1"指的是微博本身作为宣传的入口，"+"为具体参与活动的网页链接，而"N"则是网页上的具体内容，如在线问卷、互动游戏、知识问答、推荐阅读或微书评等。这种模式非常常见，活动页面的设计应简洁清新，易于用户操作，避免内容过多或登记项目过于烦琐。对于可能涉及抽奖的活动，还需在公布获奖信息时注意保护用户隐私。在设计数字阅读推广活动时，可围绕如何使用数字阅读资源、资源库类型、内容推荐、阅读达人竞赛、经验分享或征集宣传活动等主题展开，目的是让更多人了解并利用图书馆的数字资源。

2. 熟练运用微博各种功能

微博平台提供了丰富的功能模块，其中包括"微博活动"等多种应用，适合用于数字阅读的推广活动。这些功能中，尤以有奖转发和有奖征集最为常用，但根据不同的活动内容，还可以选择其他适合的模块。

尽管使用微博的活动模块进行数字阅读推广在实际操作中例子不多，分析认为这主要是因为用户已趋向使用更为方便灵活的"1+N"模式；此外，活动功能的固定模板可能与具体的活动内容不完全吻合，显示出一定的局限性。然而，对于那些开发活动网页有困难的用户而言，这些功能模块提供了一种无需费用的推广方案。

在运用微博活动模块时，不仅要精通其操作方法，更应该跳出传统的商业使用模式，将其转换为适合数字阅读推广的工具。此外，微博还提供了其他多种应用功能，如各种 APP 模块，这些都可以在微博的官方应用界面中找到并选择使用。例如，曾经流行的"微博大屏"应用虽然是收费的，但也提供了免费试用版或一定次数的免费使用。

（二）图书馆移动客户端

图书馆移动客户端，亦称为图书馆 APP，是一款集数字阅读资源与移动图书馆服务于一体的应用程序。众多图书馆常会制作客户端的二维码，并将其印制在多种宣传材料上或在读者服务活动中介绍此应用，同时鼓励读者下载并安装。推广这一客户端时，可通过体验方式和应用方式两种方法进行：

1. 体验方式

体验方式主要是向读者展示使用移动图书馆的便捷，如获取馆内新闻、图书续借、借阅信息查询及查找讲座活动等功能，并介绍各类免费、有版权保护且制作精美的数字阅读资源。推广中的挑战包括：一是图书馆举办的活动需提供稳定的网络环境，确保至少十人同时使用图书馆 Wi-Fi 服务无阻；二是工作人员需熟练掌握移动客户端的下载及安装流程，特别是安装路径和注册登录过程。

2. 应用方式

应用方式是将客户端功能或资源整合进用户日常生活，使其以易于接受的形式推广图书馆移动客户端。例如，客户端内的"活动预约／报名"功能，能让读者预约图书馆的线下活动，并通过客户端的预约页面了解活动详情及在线报名。同时，在活动的海报及其他宣传材料中，加入客户端的报名方式，引导读者下载并使用。

例如，东莞图书馆移动客户端新增的"扫描"功能在引入"电子书借阅机"

后，为每本电子书提供了二维码。读者只需扫描这些二维码，就可以将电子书下载至移动设备。这种方式由于其新颖性，能够吸引更多的用户，同时确保了资源的版权保护并提升了客户端的下载量。

第二节
对促进图书馆阅读推广活动的建议

一、公共图书馆与其他机构的合作阅读推广

（一）阅读推广的相关机构

1. 图书馆

图书馆是负责搜集、整理及保存文献资源，并向读者提供阅读与参考服务的机构。作为提升全民文化素养和知识水平的文化教育机构，图书馆在培养全民的阅读习惯、提升阅读能力及推广阅读活动中扮演着核心角色。在中国，参与阅读推广的图书馆类型包括公共图书馆、各级学校图书馆、企事业单位和民间组织的图书馆，以及私人和民营图书馆等。图书馆在阅读推广方面的优势体现在其丰富的资源、广泛的读者基础、适宜的阅读环境及专业的馆员支持。以图书馆为中心的阅读推广活动具有形式多样、内容丰富及规模完善的特点。各个图书馆会根据其服务的特定读者群体的需求，开展相应的阅读推广活动，旨在唤醒读者的阅读兴趣、提供阅读指导及确保阅读资源和服务的可获得性。

2. 出版发行机构

出版发行机构是指出版与发行纸质、音像和数字媒介的公开出版物的企业和组织。在我国，这些机构是阅读推广的主力军，其主要业务集中在传统的纸质出版物，如图书、报纸和杂志等。这类机构包括出版社、书店、报社、杂志社、报刊亭。这些出版发行机构与图书和阅读活动紧密相关，它们不仅掌握着丰富的图书资源和最新的图书信息，同时对图书和阅读抱有深厚的热情，这成为它们企业文化的一部分。因此，这些机构在推动阅读活动方面，无论是从动力还是资源配置上，都比其他类型的企业更为得心应手。

作为以出版和销售图书、报纸、杂志为主要经营活动的组织，出版发行机构在推广大众阅读、形成良好的阅读环境以及提升全民阅读参与度和频率方面具有天然的责任和利益。它们的成功直接与能够激发更广泛的阅读兴趣和销售更多出版物的能力相关。

在举办阅读推广活动时，这些机构能够提供及时更新的内容和多样化的活动形式，吸引更多读者参与。将阅读推广与图书销售结合的策略，可以在短时间内达到双赢的效果，即提升阅读热情的同时增加图书销量。然而，这种策略也可能带来一些问题。由于重点可能过于倾斜于推销自家的图书，可能会影响到活动的公正性。此外，由于过度的销售导向，消费者可能在冲动或误导下购买了并不适合自己的图书，这不仅对个人而言是一种资源浪费，也对社会的图书资源配置造成不良影响。因此，出版发行机构在承担阅读推广的责任时，需要更加注重活动的公正性和实质内容，避免单纯的销售导向。它们应该致力于提供更多元化和高质量的阅读材料，鼓励公众以更理性的态度选择和购买图书。这样，不仅能够真正提升公众的阅读兴趣和文化水平，还能够促进出版发行行业的健康发展，实现文化传播和商业利益的良性互动。

3. 大众媒体

大众媒体作为大众信息传播的媒介，一直以来都是阅读推广活动最重要的宣传者。近年来，随着阅读推广成为一种流行趋势，许多大众媒体借助其庞大的观众基础和强大的传播能力，积极投身于阅读推广活动的策划和实施，从而成为我国推广阅读的关键力量之一。这些活跃在阅读推广前线的大众媒体，涵盖了城市电视的教育频道、文学及阅读专栏的报纸杂志，以及互联网和移动端等新兴媒介。由大众媒体发起的阅读推广活动，内容通常现代且形式多样，借助原有的传播路径和观众群体，使得这些活动更易于吸引和接触广大群众，其独有的宣传手法也使得这些阅读推广成为公众热议的话题。但是，这些推广活动因专业知识的欠缺而质量不一，缺少权威性，有时也倾向于表层的"浅阅读"和速食文化。

（二）公共图书馆阅读推广的合作

公共图书馆的合作阅读推广，是由公共图书馆与一个或多个阅读推广机构共同参与的活动。这些机构通过相互协作，共同实施阅读推广项目。在这种合作模式下，各方能够利用自身的优势和专长，交流推广阅读的经验，分享资源，并共同打造出效果超过单一机构努力的阅读推广新模式。我国公共图书馆的合作阅读推广主要分为两种情形：

1. 不同公共图书馆之间的合作阅读推广

不同级别的公共图书馆间的合作阅读推广已在先前的讨论中被多次提及。通常，这类合作包括两种形式：

第一种是高级别的公共图书馆与下属的地区图书馆之间的协作，如国家级图书馆与省市级图书馆的合作，或市级图书馆与社区图书馆的协作等。在这种模式下，高级图书馆通常负责制定阅读推广活动的总体策略、内容、形式、框架以及目标，而下级图书馆则负责协同这些指导方针，共同承担具体的组织实施工作。这样的合作，一方面能够增强高级图书馆的影响力和阅读推广活动的覆盖面，使得服务可以延伸到本地区以外的更广泛读者群体，也有助于实现图书馆服务的均等化；另一方面，也帮助下级图书馆降低组织阅读推广的难度，快速提升其阅读推广的能力与经验，为其未来独立开展和持续推进阅读推广活动提供了坚实的基础。

第二种是同级公共图书馆之间的合作阅读推广。例如，江苏省图书馆与浙江省图书馆，以及苏州市金阊区图书馆与平江区图书馆之间，都积极开展合作阅读推广活动。这种合作通常建立在各自公共图书馆的平等协商基础之上，共同规划、组织及执行各类阅读推广项目。这些活动或在参与图书馆中同时举行，或轮流承办。偶尔，也会采用以一家图书馆的成功阅读推广案例为核心，其他图书馆则参照其模式举办相关的分会场活动。例如，前文中提到的苏州独墅湖图书馆举办的"晒书会"，其形式创新且深受读者欢迎，导致苏州的平江区图书馆和金阊区图书馆等苏州区级图书馆也希望合作开设类似的分会场。在我国，处于同一级别的公共图书馆往往拥有相似的规模和资源，其合作不仅能有效降低阅读推广的成本，还能加速推广活动的普及与实施，使得阅读推广资源得到更广泛的共享和利用。

2. 公共图书馆与其他阅读推广主体的合作阅读推广

我国公共图书馆与之前提到的三大阅读推广主体都有着频繁而密切的阅读推广交流合作。

（1）公共图书馆与图书馆的合作阅读推广

在我国，除了公共图书馆外，如学校图书馆、私人图书馆以及民营图书馆等，大多数图书馆的规模较小，资源相对有限，这在一定程度上影响了全民阅读推广的步伐。在这种情况下，公共图书馆通过与这些图书馆合作，主要采取资源共享及引导和指导的方式进行阅读推广。公共图书馆利用各类图书馆的地理和受众优势，或者协助这些图书馆将读者组织引入公共图书馆参加阅读推广活动，或者将其阅读推广项目分享给这些图书馆，帮助他们在本馆中实施。例如，学校图书馆通常位于学校内部，与教师和学生保持紧密互动，这使得它们更容易吸引和动员学生参与。公共图书馆在举办青少年比赛活动时，经常会与本地学校图书馆合作，由学校图书馆负责宣传、分发材料、收集作品等任务，甚至在大型比赛中，在学校图书馆设立分赛点或预赛点，以便更多学生能够参与。总的来看，我国在公共图书馆与其他类型图书馆的合作阅读推广方面发展较为缓慢，合作方式较为保守和有限，合作频率也不高。要促进这类合作的发展，不仅公共图书馆需要设计更多适合的阅读推广活动并积极发出合作邀请，其他类型的图书馆也应加强对阅读推广的重视，调整图书馆政策和组织结构，为合作做好准备，并逐步从被动接受转向主动寻求合作的发展。

（2）公共图书馆与出版发行机构的合作阅读推广

在阅读推广中，公共图书馆与出版发行机构的合作阅读推广具有以下几个方面的优势：

①出版发行机构掌握着最新最快的图书资源，这使它们在推广阅读的过程中能迅速响应市场需求。这些机构不仅拥有全国遍布的销售网点和渠道，而且还精准掌握了当前市场上的畅销书籍和广大读者的阅读偏好。公共图书馆与出版发行机构合作的首要方式是图书资源的共享。出版发行机构常向图书馆提供当年度最受欢迎的畅销书或即将推出的新书，这些书籍成为图书馆举办展览活动的重要内容。此外，这些机构还会向图书馆捐赠书籍，用作阅读推广活动的

礼品或赠书，以此支持图书馆的阅读推广工作。在一些大型的阅读推广活动中，出版发行机构还会派遣专业人员，携带图书和宣传资料到场，直接与读者互动，介绍图书内容，推广阅读的乐趣。这种面对面的交流方式极大地增强了活动的互动性和效果。

②出版发行机构拥有遍布全国的网点和渠道。由于我国公共图书馆的数量相对有限，其覆盖的读者群体并不全面，尤其是在城市的郊区和偏远地区。因此，将书店等与图书紧密相关的场所作为公共图书馆的阅读推广活动的外延、分站点和宣传场所，是解决这一问题的有效方式。书店的普及使得阅读推广活动能深入到更广泛的区域和更多的读者中。

③出版发行机构掌握的第一手图书销售和读者阅读数据，为公共图书馆提供了宝贵的信息资源。这些信息不仅帮助图书馆了解当前读者的阅读需求和偏好，而且也为制定更具针对性的阅读推广策略提供了科学依据。在中国，尽管购买图书仍是获取图书资源的主要方式，但这些数据的分析和应用，能够显著提高公共图书馆服务的质量和效率，更好地满足广大读者的阅读需求。

（3）公共图书馆与大众媒体的合作阅读推广

大众媒体与公共图书馆的合作在阅读推广中起着重要的作用，主要通过两种方式实现：宣传推广合作和合作栏目制作。

宣传推广合作是最直接的合作方式，大众媒体利用其广泛的覆盖范围和影响力，帮助公共图书馆推广阅读活动、书籍及文化活动。这种合作通常包括以下几个方面：①活动宣传：公共图书馆举办的各类阅读促进活动如读书会、作家见面会、新书发布会等，通过电视、广播、网络等媒体平台进行宣传，吸引更多公众的参与。②资源推广：介绍图书馆的藏书资源和服务项目，通过制作特色节目或新闻报道，提高图书馆服务的社会知名度和利用率。③文化推广：推广图书馆作为文化中心的形象，通过媒体报道图书馆参与的文化活动，展现其在社区文化发展中的积极作用。此类合作的优势在于能够迅速扩大信息的传播范围，增加图书馆活动的可见度，从而吸引更多市民走进图书馆，参与阅读和文化活动。

与宣传推广合作相比，合作栏目制作是一种更深入的合作方式。这种方式通常涉及图书馆与媒体共同策划和制作定期栏目，围绕书籍推荐、阅读方法、文化讨论等内容，具有较强的互动性和教育性。具体来说，包括：①书籍推荐栏目：定期在电视或广播中设置栏目，由图书馆的专业人员推荐书籍，并介绍书籍背后的知识和故事，引导公众深入阅读。②阅读技巧分享：制作系列节目，分享有效的阅读方法和技巧，帮助观众提高阅读效率，增强阅读体验。③文化对话：邀请作家、学者等嘉宾与图书馆员共同参与节目，就某一书籍或文化话题进行深入讨论，提供多角度的思考和学习。这种合作模式不仅能够推广阅读，还能深化公众对文化和阅读的理解，激发社会对知识的尊重和对学习的热情。

二、阅读推广的个性化发展策略

（一）记忆型

在图书馆系统中，设有一套完善的读者个人档案记录与管理模块，用于跟踪和利用这些数据。每位读者初次访问图书馆时，会为其创建一个专属的终身阅读档案，记录其年龄、性别、教育背景、职业及兴趣等基础资料。此外，档案中还会持续更新读者的到馆频次、借阅记录和活动参与情况等所有与图书馆相关的动态信息。这些资料的收集，既方便图书馆在读者下一次访问时，能够提供更加个性化的阅读建议和服务；同时，图书馆还能依据读者的阅读偏好和习惯，主动推荐可能引起兴趣的新书和阅读推广活动，以此吸引读者再次光临。未来，图书馆还可以通过与其他图书馆或机构共享这些档案，不仅能够获得更全面的读者数据，也能够随时随地为读者提供更多元化的个性化服务。

（二）引导型

在当前的图书馆服务模式中，馆藏资源和阅读推广活动通常以静态的方式展现，读者需被动地从中作出选择。许多读者因对图书馆的了解不足以及对自身阅读兴趣和能力的不明确，经常面临如何选择和利用图书馆资源与服务的难题。随着图书馆服务向个性化阅读推广发展，更主动的引导式服务模式开始被采纳。例如，未来读者进入图书馆，可能会像进入高级酒店一样，被一位友好的图书管理员首先问及姓名和来访目的，并引领至适合的阅览区、借阅处、活动场所或深度咨询台。在这些场所，读者将获得更个性化的阅读或活动引导，使得他们能够更顺畅、方便、愉快地满足阅读需求。图书馆的引导应适度，尊重读者的个性和选择，避免将阅读推广从引导过渡到辅导，或过度服务，影响阅读体验。同时，在数字图书馆服务中，图书馆系统和网站通过提供多样的浏览选项，帮助用户更快地定位所需信息，这不仅提升了用户忠诚度，也减轻了在庞大的网站上遇到的信息过载与迷失问题。

（三）定制服务型

由于每位读者的个性都有所不同，图书馆在推广阅读时必须考虑读者对活动类型、内容、时间和场地的各种需求。传统的统一式阅读推广活动已难以满足这种多样化的需求，因此图书馆正趋向于提供更为灵活和个性化的定制服务型阅读推广。目前，图书馆能较容易实施的定制服务型阅读推广主要包括两种模式：一是网络电子阅读推广活动的点播服务。图书馆在其网站或设施内提供预先制作好的各类阅读推广活动的点播服务，使得读者可以随时根据自身兴趣选择并观看。这些活动涵盖讲座、培训和展览等形式，包含文本、照片以及音视频资料。随着人机交互技术的发展，这种点播服务还可能通过图像、声音甚至是气味和触感，使阅读推广活动的表现形式更加多样化和真实，从而增强读者的参与感和互动体验。二是分类阅读推广活动。图书馆根据读者的个性和需求，按一定标准将读者分组，并针对每一组的特定特征，策划并实施适合该组的阅读推广活动。这种分类方式既是对完全个性化定制阅读推广的一种过渡，也是一种近似方法。鉴于我国公共图书馆需要服务众多读者，短期内难以实现一对一的完全个性化服务，通过分类推广，图书馆既能满足个性化需求，又能高效利用现有资源。

三、公共图书馆阅读推广的平衡发展策略

我国的公共图书馆阅读推广活动呈现出明显的地域差异，其中东部沿海地区发展迅速，而中西部地区则相对滞后。尽管如此，中西部地区在不断追赶的过程中也展现出了其发展潜力。①东部地区的公共图书馆在阅读推广方面具有较早的起步优势。这一区域的图书馆由于经济基础雄厚，加之政策支持和资金投入充足，使得阅读推广活动能够较早地开展。相比之下，中西部地区的公共图书馆由于经济和资源的限制，起步较晚，这在一定程度上影响了其阅读推广的效果和速度。②东部公共图书馆在阅读推广活动的组织次数和质量上明显超

过中西部。东部地区的公共图书馆不仅活动次数频繁,而且在活动的类型、规模以及内容上都表现出更高的丰富性和多样性。这不仅吸引了大量的阅读者参与,也极大地丰富了公共文化生活。而中西部的公共图书馆虽然也在努力举办各类阅读推广活动,但由于资源和经验上的限制,往往难以与东部地区相比。③东部公共图书馆的阅读推广活动呈现出一种网络化的立体式发展模式。在这种模式下,不同地理位置、不同层级、不同规模的图书馆根据自身特点,形成了一个功能各异、协调一致的阅读推广网络。这种网络不仅使得资源共享、信息互通成为可能,还促进了不同图书馆之间的互助和协作。相对而言,中西部的公共图书馆虽然依赖于几个大型的核心图书馆来推动阅读推广,但这种模式导致了资源集中和发展不平衡。较小的图书馆和偏远地区的图书馆常常因资源不足而难以有效开展阅读推广活动,与东部地区的图书馆在发展水平上存在较大差距。

我国东部地区公共图书馆的阅读推广发展迅速,其主要原因包括:①东部地区的经济发展水平较高,这为公共图书馆的建设和运营提供了充足的财政支持和资源条件。在经济较为发达的地区,政府和社会对文化建设的投入通常较大,这直接推动了图书馆服务的质量和规模,使得阅读推广活动得以广泛开展。②东部地区自古就是我国的文化中心,不仅历史悠久,而且文化底蕴深厚。从古代的书院到现代的大学,从传统的戏曲到现代的文学创作,无不展示着这一地区文化的繁荣和深远影响。因此,公共图书馆在这样的文化环境中,能够依托丰富的历史文化资源,吸引更多的读者,同时也更容易获得社会的认同和支持。③东部沿海地区的开放性也为公共图书馆的发展提供了独特的优势。这些地区是我国最早接触外国文化和进行国际交流的窗口,多样的文化视角和开放的交流环境使得这些地区的公共图书馆在引进和吸纳国际先进的阅读推广理念和实践经验方面具有先天优势。图书馆能够及时引入国外的新书和新知,满足读者日益多元化的阅读需求。④国家图书馆作为我国图书馆事业的领头羊,位于东部地区的北京,其在全国图书馆事业中具有指导和示范作用。国家图书馆不仅提供丰富的文献资源,还经常举办各类阅读推广活动,如讲座、展览、培训等,这些活动的成功举办,提高了公众的阅读兴趣和文化素养,也为东部其他公共图书馆提供了可借鉴的经验。

在我国,城乡公共图书馆在阅读推广方面存在显著的发展差距。城市图书馆由于资源丰富、位置优越,其全民阅读推广活动发展迅速。相比之下,农村及城市偏远地区的图书馆在阅读推广上进展较慢,这些地区的图书馆发展往往依赖于城市中心图书馆的带动和辐射作用。①城市公共图书馆通过建立城市偏远地区和农村分馆的方式,有效地将阅读推广活动扩展到较为偏远的地区。这些分馆作为城市公共图书馆的组成部分,不仅共享城市图书馆的资源,还参与到城市图书馆的各类阅读推广活动中,从而使阅读推广的影响力得以向周边地区扩散。②城市公共图书馆在举办大型阅读推广活动时,会与周边农村和偏远地区的图书馆建立合作关系。通过在这些地区图书馆设立活动分站点,共同举办或参与阅读推广活动,这不仅增加了活动的覆盖面,也促进了阅读文化的普及。③城市图书馆发起并组织地区性图书馆阅读推广联盟,这一联盟包括城市周边的各级各类图书馆,尤其是农村图书馆。联盟成员通过协作共享,不仅共同策划和举办阅读推广活动,还分享阅读推广资源、案例和经验教训,这大大降低了单个图书馆面对的组织难度和成本,同时提升了阅读推广的效率和效果。

近两年来,我国公共图书馆在阅读推广方面的地域差距有所缩小。特别是中西部以及农村地区的图书馆，它们不仅学习和借鉴了东部等发展较快地区的阅读推广经验，还根据自身特点创新推出了多种新颖的阅读推广活动，取得了显著成效。为了进一步促进公共图书馆阅读推广的平衡发展，相关部门和机构应当继续强化对农村及偏远地区图书馆的支持。这包括提供资金支持、技术培训、资源共享等方面的帮助。同时，鼓励更多的城市公共图书馆通过建立分馆、合作站点等形式，扩大其服务范围和影响力。

四、"互联网+"时代公共图书馆阅读推广

在"互联网+"时代的大背景下，公共图书馆的阅读推广工作迎来了前所未有的发展机遇与挑战。随着互联网技术的飞速发展，公共图书馆必须适应新的阅读需求和变化，实现传统阅读方式与现代技术的完美融合，以拓宽服务范围并增强其公共服务功能。

（一）"互联网+"概述

"互联网+"一词首次在政府的工作报告中提出，代表了一种新兴的融合模式，主要描述互联网与传统行业的深度结合。这种"+"不仅仅是简单的加法运算，而是两个不同领域通过互联网的桥梁实现的融合和协同。这包括利用互联网的思维方式和技术力量，将传统行业的发展趋势与互联网的创新策略相结合，进而推动形成全新的产业形态和业务领域。在这样的背景下，"互联网+"成为推动社会各行各业深度改革与创新的关键途径，它通过整合网络资源和产业需求，响应市场的持续变化。在满足互联网时代需求的同时，它也支持行业服务和产品结构的创新，使得可持续发展成为可能。特别是在"互联网+公共图书馆"的实践中，这种模式有效地推动了图书推广领域的革新和发展。

（二）"互联网+"时代阅读模式的转变

在"互联网+"时代背景下，阅读模式经历了显著的变革。随着技术的不断进步，图书馆等传统阅读场所也需要适应这种变化，创新其管理方式，以满足现代人的阅读需求。

1. 阅读渠道得以拓展

在云计算和大数据的推动下，信息化技术得到了全面的优化。新媒体技术的快速发展改变了信息的传递形式和内容，使信息的传播路径得以拓展。这不仅降低了信息传递的成本，同时也大幅增加了信息的量。在传统阅读模式中，纸质媒介如图书和报纸是主要的信息承载工具，但在"互联网+"时代，信息传递不再局限于固定的平台。通过互联网技术，移动设备已经成为主要的阅读工具，这标志着阅读方式的一大转变。现在，人们可以通过各种在线平台阅读电子书籍和电子报刊，这些平台提供了更加丰富和多元的阅读材料。这种阅读方式的便捷性和即时性，极大地丰富了人们的阅读体验，同时也降低了阅读的成本。

2. 阅读模式得以转变

随着新兴技术的快速发展，传统的阅读方式已逐渐向多元化和数字化方向演变，这不仅改变了人们的阅读习惯，也推动了整个阅读生态的升级。现代人越来越多地采用平板电脑、智能手机等现代化工具进行阅读，这些新媒体的介入，不仅使得阅读更为便捷，还优化了信息的整合和处理方式，使得阅读过程更加轻松高效。

在这种背景下，阅读模式经历了显著的变革。过去，人们主要通过纸质的图书、杂志和报纸获取信息，而现在，数字化阅读逐渐成为主流。这种转变不仅体现在阅读媒介上,更体现在阅读的时间和空间上。现代阅读具有明显的零散化和随时性特征,人们可以在任何时间、任何地点,通过各种智能设备快速获取和处理信息。这种新型阅读模式不仅提升了阅读的灵活性,也丰富了阅读的深度和广度。

3. 阅读效能得以提升

阅读效能的提升是"互联网+"模式下的另一个显著成果。互联网技术的应用极大地丰富了阅读结构和体验,降低了阅读成本,使更多人能够参与到阅读中来。数字化阅读不仅提供了丰富多样的阅读资源,还通过智能化终端如手机、平板电脑、电脑等,创建了多样化的阅读平台。这些平台通过差异化的阅读载体,不仅满足了个性化阅读需求,还使阅读时间更加灵活,极大地提高了阅读的可访问性和效率。借助互联网,人们建立了复杂的知识点链接结构,为知识检索和信息共享提供了强大的技术支持。这种结构不仅保证了阅读内容的丰富性和多样性,也使得阅读的过程更加互动和社交化。现代阅读平台不仅支持无障碍阅读,还促进了实时交流和知识共享,为读者提供了一个交流思想、分享经验的社区环境。在公共图书馆等阅读推广机构,现代阅读模式的推广越来越注重满足现代阅读群体的需求。通过精准化的阅读机制,这些机构为读者提供更加人性化和个性化的服务,从而确保阅读推广的效果能够在全面升级的基础上,实现阅读效能的持续优化。这种以用户为中心的服务模式,不仅提高了读者的满意度,也为整个阅读行业的发展注入了新的活力。

(三)"互联网+"时代和图书馆阅读推广之间的关系

在当今"互联网+"时代,图书馆的阅读推广工作呈现出全新的面貌。这一时代的标志是信息技术的飞速发展,尤其是数字资源的广泛应用,深刻影响了传统阅读方式和推广策略。图书馆作为知识传播的重要场所，正逐步将互联网技术融入其服务体系中，从而更好地满足现代人的阅读需求。

①数字资源的持续增长要求图书馆不断升级其信息技术。为了适应这一变化，图书馆必须整合各类网络资源、数据库和新媒体资源。这种整合不仅仅是为了提供丰富的阅读材料，更是为了通过差异化服务满足不同读者的需求。例如，针对年轻读者推出的互动式电子书籍和在线讲座，为他们提供既有趣又富有教育意义的阅读体验。通过这种方式，图书馆能够实现资源的最优配置，确保高质量内容的普及。

②随着社会节奏的加快，人们的阅读时间和方式也在变化。图书馆在推广阅读的过程中，需要开发更多符合现代生活节奏的阅读方案。例如，开发可以随时随地访问的移动阅读应用，这些应用支持多种终端设备，如个人电脑、智能手机和电子阅读器。这些技术的应用，不仅增强了阅读的便捷性，也提升了阅读的互动性和智能性，使得用户可以在任何时间、任何地点享受到个性化的阅读体验。

③图书馆在新型阅读推广机制的建立过程中，还需要借助互联网的集聚和融合能力。这包括利用社交媒体平台、在线社区和博客等，推广阅读资源，并通过这些平台进行读者反馈的收集和分析。通过这种方式，图书馆不仅能够更有效地传播阅读材料，还能够根据读者的反馈进行适时的调整，从而进一步提高服务质量。

因此，互联网技术的引入使图书馆的阅读推广工作更加高效、精准。图书馆需要不断地探索和实践，利用现代化信息技术提供更加人性化、多元化的阅读服务，从而满足现代社会不断变化的阅读需求。通过这种方式，图书馆能够更好地发挥其在社会文化传播中的核心作用，为广大读者提供丰富、高效的阅读资源。

（四）"互联网+"时代公共图书馆阅读推广项目

1. 转变公共图书馆阅读推广形式

在"互联网+"的时代背景下，公共图书馆的阅读推广方式面临着重新定义的需求。为了提升公共图书馆的功能和影响力，关键在于构建一个高效且完备的网络运营体系，这不仅包括技术层面的创新，也涉及资源整合的优化。

随着新兴媒体尤其是智能手机的普及，阅读习惯也在逐渐转变。人们越来越倾向于利用零碎时间，通过手机等终端设备阅读和获取信息。这一趋势要求公共图书馆不仅要提供传统的借阅服务，更应该通过新媒体平台，拓展其服务的广度和深度，以满足现代人的阅读需求。因此，公共图书馆应当充分发挥其作为知识与信息传播的核心角色。这包括将现代科技与图书馆的传统资源结合，比如通过线上平台提供电子书籍、有声读物等多样的阅读材料。同时，图书馆还需要在资源管理和服务提供上进行革新，通过线上线下的资源整合，优化访问体验，确保读者能够便捷地获取所需信息。此外，公共图书馆还应建立一个全面的信息推送系统和实时互动交流平台，以此来增强用户体验，提供更加个性化和互动性强的阅读服务。这种全方位的服务模式将有助于提升公共图书馆在社会文化传播中的作用，使其不仅是知识的仓库，更是学习与交流的活跃场所。

2. 提倡"个性化"阅读推广机制

在数字化浪潮推动下，"互联网+"模式已经成为各行各业发展的新常态。公共图书馆作为知识传播的重要阵地，也迎来了转型升级的重要时刻。为了更好地适应这一变革，图书馆阅读推广项目需重新思考和设计，以期更精准地满足人们的个性化阅读需求。

图书馆需要建立以用户为中心的阅读推广策略。这意味着要深入理解不同读者群体的阅读偏好和习惯，以及他们对知识获取的具体需求。在此基础上，图书馆应利用互联网技术和大数据分析，实现精细化管理和服务，以确保每位读者都能在图书馆找到符合其个性化需求的阅读材料和服务。具体而言，图书馆可以通过以下几个方面来实施个性化阅读推广策略：

①建立数据分析平台：通过收集读者的基本信息（如年龄、教育背景、职业等），图书馆可以利用大数据技术来分析读者的阅读偏好和行为模式。这不仅可以帮助图书馆优化书籍采购和资源配置，还可以通过精准推送，提高阅读推广的效率和效果。

②推行个性化阅读服务：根据数据分析结果，图书馆可以为不同的读者群体设计符合其兴趣和需求的阅读列表和活动。例如，针对年轻一代读者，可以推广电子书和有声书等数字阅读形式，同时通过社交媒体平台增加与读者的互动和参与感。

③优化资源配置和利用：利用数据处理技术，图书馆可以更有效地管理和调配资源，减少资源浪费。通过系统化的资源整合和优化，可以确保每一本书都发挥其最大的价值，同时也提高图书馆运营的经济效益。

④加强阅读推广活动：图书馆可以定期举办如"年度读者最爱的十本书"等主题活动，这不仅能增加读者对图书馆资源的了解和使用，还可以通过这种方式收集读者反馈，进一步优化服务。

⑤拓展新形式的阅读推广：如通过推广听书应用和在线阅读平台，图书馆

可以将传统的纸质书阅读扩展到数字阅读，满足更多样化的阅读需求。同时，这也是图书馆服务创新的重要方向。

通过这些措施，图书馆不仅可以提升自身的服务能力和水平，更能在"互联网+"的大背景下，有效应对读者需求的多样化和个性化趋势。这种以用户为中心的服务模式，将使图书馆能够更好地履行其文化传播和教育的社会职责，同时也将图书馆的阅读推广工作推向一个新的高度。

3. 拓展渠道多样化

在当前信息化迅速发展的背景下，公共图书馆的阅读推广也必须与时俱进，实现多元化的扩展。特别是"互联网+"的战略应用，已成为链接传统阅读与现代科技的重要桥梁，标志着公共图书馆服务模式的重大转型。

"互联网+"的概念不仅仅是技术的简单叠加，而是一种深层次的、系统性的整合，它通过网络的力量，使得数据信息的连接更加紧密，极大地拓宽了图书馆的服务范围和深度。在这一模式下，智能手机、平板电脑、电子阅读器等智能化设备的广泛使用，确保了阅读活动可以突破时间和空间的限制，随时随地都能进行。更重要的是，互联网技术的融合不仅提升了图书馆的开放性和可接入性，还强化了其服务的个性化特色。图书馆能够根据每个用户的阅读历史和偏好，提供更为个性化的阅读推荐和服务，这种精准化的服务使得读者的满意度和参与度得到显著提升。同时，这种"互联网+阅读"的模式也促进了公共图书馆与其他行业的交流与合作。无论是教育、科研还是文化传播等领域，图书馆都能通过网络平台，与各界共享资源，实现信息的互通有无，进一步扩大其文化影响力。因此，图书馆需要不断强化"互联网+"的战略应用，通过技术整合与创新，确保其服务能够更好地满足现代社会的需求，实现公共文化服务的持续优化和创新。通过这样的努力，图书馆可以真正成为知识传播的高地，激发公众的阅读兴趣，提升整个社会的文化素养和科技水平。

4. 建立"互联网+"阅读推广路径

在当前的公共图书馆阅读推广项目中，要充分利用"互联网+"的优势，必须融合营销机制，确保推广活动和信息的连贯性。有效的营销模式和多元化的结构设计，可以显著提升读者的关注度，并在各个阶段保持营销效果。

①应建立微博营销通道。微博作为一种快速的信息传播和发布平台，不仅使用户能够轻松访问和查找信息，还可以进行评论和转发，从而实现互动的即时性。在信息汇聚和传播速度方面，微博能帮助公共图书馆根据实际需求调整策略，为阅读推广的全面实施提供坚实的基础。各地图书馆可以通过微博开展书展、论坛和读书推荐等活动，提升推广的效率和水平。

②应发展微信营销路径。公共图书馆可以开设微信公众号，设立定期发送信息的机制，确保主页面具备关键词搜索和导航菜单，旨在提高阅读效率和资源整合能力。此外，构建活动通知体系，可以优化微信营销的全面性。

③整合大数据阅读推广机制。在互联网技术不断演进的今天，通过网络不仅可以获取信息，还可以在图书馆内部了解读者的基本需求，建立系统化的读者数据库。利用读者的注册信息和借阅行为，构建完善的数据推送系统，深入探索读者的阅读偏好，通过营销手段提高个性化服务的水平，完善智能化的阅读推广方法，为技术分析和阅读管理的提升打下坚实的基础。

五、人工智能阅读与图书馆阅读推广

随着人工智能时代的兴起，其在教育和出版行业的应用正在彻底改变传统的阅读模式。这种变革促进了人工智能阅读的产生与发展，并对图书馆的阅读推广提出了新的挑战和要求。在这一背景下，图书馆如何有效实施人工智能阅读推广成为关键，其中包括构建陪伴式阅读、自适应阅读和游戏化阅读等多种推广场景的实施。

（一）AI 阅读已成为一种发展趋势

1. AI 阅读发展的驱动应用

从 Alpha Go 击败围棋高手，到 VR/AR 技术的应用，以及认知计算、情感计算、高级机器人技术和基因技术在教育场景中的探索，这些都标志着教育的核心动力正在转向以人工智能为主导的科技与教育研究创新的融合。这种趋势旨在提高学习效果、优化教育资源供应并实现教育公平。近年来，教育部推出的《高等学校人工智能创新行动计划》便是在各级教育体系中推广"人工智能+X"的复合专业培养新模式。此外，AI 教育实践也在个性化学习、虚拟学习助手、商业智能化和专家系统等领域展开，形成了自动问答辅导、智能测评、模拟教学和幼儿早教机器人等多样化应用。

在出版领域，Hello Code 与亚马逊中国合作推出的 AI 系列教材《从编程思维到人工智能：编程超有趣》通过富有趣味性的故事和专业知识指引青少年学习编程，这一创举预示着出版领域的 AI 革命已经到来。AI 的应用不仅在教育领域带来革命，也对阅读方式的改变产生深远影响，如语音和图像识别技术改变了信息获取方式，自然语言理解技术优化了信息需求的准确表达，深度学习则使内容更精准地满足用户需求。

2. AI 影响下的阅读变革

在当今时代，人工智能（AI）的迅速发展已成为推动多个行业革新的核心动力，其中包括阅读领域。AI 的进步主要分为计算智能、感知智能以及认知智能三个发展阶段。目前，我们正处于感知智能这一阶段，这一阶段的 AI 不仅能够理解视觉和听觉信息，还能做出相应的判断和行动，极大地辅助了人们在视听方面的需求。

具体到 AI 的应用层面，第一层运算智能，即 AI 的基本能力，涉及数据存储与计算处理；第二层是感知智能与运动智能，使 AI 能听懂、说出，看见并识别事物；最高层则是认知智能，即 AI 的理解与思考能力，它通过自然语言的交互和智能学习，推动阅读行业的变革。AI 的这一能力，使信息获取变得前所未有的便捷，例如实时语音转文字、智能校稿协作以及数据大分析驱动的创意写作等，都极大地丰富了阅读的形式和深度。

在阅读思维的变革方面，AI 技术的应用首先使得阅读突破了时空限制。借助 AI，高质量内容的获取和场景的应用不再受时间和空间的束缚，使得多感官体验成为可能。此外，AI 还使全方位的多感官感知成为常态。通过机器语言处理、自然语言理解、信息提取与知识挖掘、搜索技术和语音识别等手段，AI 阅读提供了一种越来越贴近人类语言理解和大脑处理方式的交互体验。这种体验从单向的知识信息传递转变为多感官的、双向的信息互动和交流，实现了真正的人性化与个性化智能服务。

AI 阅读不仅仅是信息的传递和获取，它更是一种全新的生态系统构建。在传统阅读方式中，人们仅通过文字获取知识，而数字阅读虽然改变了形式，但其本质并未有太大变化。然而，AI 阅读通过智能平台和特定的阅读场景，构建了一个全新的生态系统。这个系统涵盖了内容审核、AI 实时评估、辅助创作、客户服务、文字识别、快速内容存储和解构、相关阅读推荐、娱乐阅读及用户生成内容（UGC）等多个技术环节，形成了一个全面的"AI阅读"生态圈。

（二）AI赋能的图书馆阅读推广

1. AI让图书馆阅读推广成为无限可能

在信息化与知识化迅速发展的今天，图书馆作为阅读推广的重要阵地，一直致力于引导和扩展阅读活动。随着人工智能（AI）技术的不断进步和普及，图书馆的阅读推广工作被赋予了更广阔的可能性和更深层次的影响力。

AI技术的应用使得图书馆能够鼓励读者自主建立学习小组，开展主题式探究。这种方式不仅增强了读者的主动学习能力，也让阅读更加贴近个人兴趣和实际需求。通过智能系统的推荐和数据分析，读者可以更系统地进行知识的探索和学习，使得学习过程更为高效和精准。

AI的应用突破了传统阅读推广的时空限制。无论是在家中、咖啡店，还是在公交车上，只要有网络连接，读者便能通过图书馆的在线服务平台接触和阅读各类文献资料。这种无时无刻的学习可能，极大地便利了公众的阅读与学习，提高了图书馆服务的覆盖面和影响力。

AI技术的运用也拓宽了图书馆的知识来源。不仅传统的纸质图书，电子书籍、在线讲座、互动教程等形式也被纳入图书馆的资源体系。图书馆工作人员在AI的辅助下，能够更好地管理和推广这些多样化的资源，同时也实现了自身技能的提升和职业发展。

AI还推动了图书馆阅读形式的多样化。例如，通过游戏化的阅读程序和虚拟现实（VR）体验，使阅读活动更加生动有趣，增强了互动性和沉浸感。这些新型阅读方式能够吸引更多的年轻读者，尤其是习惯于数字化互动的新一代。

AI的普及使得图书馆更加注重提升用户的个人化阅读体验。通过分析用户的阅读行为和反馈，图书馆能够优化推广策略，更准确地满足读者的需求。例如，通过智能分析系统评估读者的创造性思维成果，图书馆可以及时调整资源配置和服务策略，从而不断提升服务质量和效果。

2. 图书馆 AI 阅读推广场景的构建与实现

（1）陪伴式阅读推广场景

陪伴式阅读在家庭和学校的传统阅读推广活动中一直占据重要位置。随着 AI 技术的发展，现在通过虚拟角色的设定，读者可以在阅读学习中找到一位"虚拟伙伴"。这样的伙伴不仅能提供虚拟的阅读辅导和陪练，还能相互激励和启发。此外，通过对阅读后的效果进行分析和评估，这些技术还可以帮助提升阅读的成效。例如，想象力英语项目就是在多个专业领域专家的合作下开发的，包括美国的少儿英语教学专家、儿童心理学家、前好莱坞团队成员以及 IT 专家。这个项目通过模拟真实的生活和学习情境，教导孩子如何在实际情境中运用英语，同时，一个虚拟的"小伙伴"会陪伴孩子一起学习，提供鼓励和启发。另一个例子是"音乐笔记"，这是一个在音乐教育领域使用的陪练机器人。它通过智能腕带和应用程序的结合，利用可穿戴设备和视频传感器对钢琴演奏的数据进行实时采集和分析，并将练习的反馈和评价展示给用户。

图书馆可以借鉴这些例子，通过开发和利用第三方平台如应用程序（APP），为图书馆用户构建陪伴式阅读场景。这样的场景可以包括机器答疑、智能提醒、个性化成长规划、内容推荐以及阅读效果的评估等功能。通过这些智能化的服务，图书馆可以为用户提供一个更加互动和个性化的阅读学习环境。

（2）自适应阅读推广场景

自适应阅读是一种通过 AI 算法实现的先进阅读方式，它通过分析用户的阅读习惯和学习数据，实时反馈给用户，借助知识图谱等工具提供个性化的阅读内容、进度和方式。这种方法不仅提升了阅读效率，还极大地增强了学习成效。与传统的阅读推广手法，如推荐阅读清单等相比，自适应阅读更能精准地满足个人的阅读需求，因为它侧重于个体化的阅读体验设计，包括内容选择、进度规划和阅读方式的推荐。在传统模式中，资源的组织和推送往往比较粗放，难以达到自适应阅读所强调的个性化水平。相比之下，自适应阅读能够基于每个用户的具体需求，提供更为精准的阅读内容和测评，从而有效提升用户的阅读和学习效率。

图书馆在推广自适应阅读的过程中可以借鉴 AI 在教育领域的应用，结合图书馆的资源优势，升级现有的资源发现平台和智慧服务平台。例如，图书馆可以整合机构一站式服务系统，加入基于大数据的用户行为分析功能，构建用户画像。这些画像帮助图书馆更好地理解用户需求，从而提供包括知识图谱、图像识别、语言识别、智能翻译及自然语言处理等集成化智慧服务。通过这样的智慧阅读服务平台，图书馆不仅能够提供传统的图书借阅服务，还能为用户打造一个全方位的、个性化的学习和阅读环境。这样的自适应阅读服务将图书馆的功能从简单的文献提供者转变为学习效率的提升者和知识探索的助力者。

在 AI 的辅助下，图书馆能够更有效地进行阅读推广，创造符合时代发展需求的新型阅读场景，使阅读不仅是知识获取的过程，更是个性化学习体验的典范。这种自适应阅读的实践不仅优化了图书馆服务，也预示着教育模式的未来发展方向，即更加个性化、智能化和高效化。

（3）游戏化阅读推广场景

随着 AI 和 VAR 等技术的飞速发展，虚拟化与游戏化的体验逐渐成为现实生活的一部分。特别是在阅读推广领域，图书馆已经开始利用这些技术创建吸引人的阅读环境。通过建立虚拟现实系统和配合游戏化元素，如道具的使用，VR游戏让用户通过视觉、听觉、触觉等多感官的互动，享受一种前所未有的沉浸式体验。用户可以在虚拟空间内自由移动、奔跑或执行其他动作，如瞄准和射击，从而获得极具真实感的体验。图书馆已经尝试在多种阅读推广场景中实施游戏化策略。例如，利用AI技术，图书馆可以创造出富有互动性的阅读场景，如将童书《小红帽》变为一本可以影响故事结局的互动电子书。在这样的游戏化阅读中，孩子们可以做出决定，选择不同的路径，这些路径可能带来意想不到的遭遇和惊喜，从而提高孩子们的阅读兴趣和探索欲。图书馆可以进一步深化AI的游戏化应用，通过技术手段和合作平台，升级和丰富线上+线下的阅读推广场景，这不仅能增加图书馆服务的吸引力，还能激发更多用户的阅读热情。

　　AI阅读，就是利用人工智能技术，极大地丰富了阅读的形式，包括即听即见的功能（将语音实时转化为文字），让信息获取更为便捷；智能协作（借助AI辅助作者进行稿件的校对和编辑），以及智能创作（根据大量的数据洞察，赋予作品更丰富的情感色彩，使创作过程更加智能）。通过这些技术，阅读体验得到了前所未有的AI化提升。图书馆在AI阅读推广上，致力于设计和实施能充分利用馆藏资源的场景。在阅读推广的多种可能场景中，例如，智慧阅读平台不仅帮助用户管理和评估个人或单位的阅读活动，还能提供定制化服务。另外，阅读评估系统能够通过大数据技术分析用户的阅读能力，并提供个性化的阅读计划和内容建议，帮助用户优化其阅读选择。这些数据反馈还能促使上游的出版社改进其出版产品，进而推动教育生态的变革。图书馆通过AI阅读

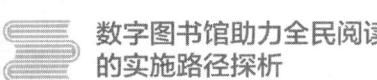

推广，不仅能准确匹配并推送符合用户需求的阅读材料，还能精准地进行情绪管理和思维导向，这有助于用户深入理解阅读材料，并培养对人工智能思维的理解。这样的推广不仅提高了阅读的效率和质量，还促进了整个教育体系的创新和进步。

第七章

数字化阅读的推广策略

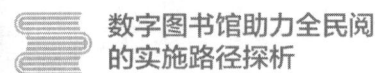

第一节
数字化阅读的媒体与推广媒介

一、数字化阅读的媒体

（一）网络阅读

1. 互联网阅读

随着信息技术与互联网的迅猛发展，人们获取信息和知识的方式发生了深刻变革，互联网阅读应运而生并迅速普及。从广义上讲，互联网阅读是指利用计算机或其他智能设备，通过互联网平台阅读包括文本、图片、视频等多种格式的信息；从狭义上讲，特指通过电子设备和网络技术来阅读数字化的书籍、报纸和期刊，使传统的纸质阅读资料以电子形式存在，人们可在任何时间和地点通过互联网访问和阅读这些资料，目前学术界更倾向于对这一领域进行研究。

从阅读形式来看，互联网阅读可分为在线阅读和离线阅读两种。在线阅读是目前更为普遍的形式，许多知名的文学网站，如晋江文学城、红袖添香网和起点中文网，以及新浪的读书频道都是在线阅读的典型代表，用户可直接在这些网站上阅读到各种最新的作品和资讯。离线阅读则主要涉及将电子书籍、电子报纸或期刊内容下载到本地设备上，用户可在没有网络连接的情况下进行阅读。

2. 阅读推广主体网站

（1）全民阅读网

在中国图书馆学会阅读推广委员会首次工作会议上，正式宣布启动了"全民阅读网"。该平台由各专业委员会共同建设，得到网络与数字阅读委员会和深圳图书馆的技术支持，致力于"确保公众的阅读权益，并使阅读成为一种乐趣"。它不仅是中国图书馆学会阅读推广委员会的主要工作平台，也是一个专业的行业研究与交流平台，以及一个向公众提供服务的阅读平台。网站内容丰富，包括资讯动态、阅读鉴赏、书籍推荐与评论、阅读技巧、专家与读者互动、研究与出版、委员会等专栏。

现代生活节奏快速，催生了简化的"微文化"，全民阅读一度陷入购书多而阅读少的困局。市场上书籍种类繁多，人们在选择时往往感到无从下手，难以静下心来细致欣赏和鉴别。全民阅读网正是为了解决这一问题而设立的，旨在引导公众正确进入数字阅读新时代，帮助人们在数字化环境中快速筛选和吸收阅读材料。

（2）中国全民阅读网

"中国全民阅读网"是在国家新闻出版署的领导下，由中国出版科学研究所主办，与国民阅读研究与促进中心及中国出版网共同创建的官方平台，致力于推广阅读文化，激发全民阅读的热情与主动性，进而有效提升全国阅读率。

网站内容主要包括：①定期发布各类阅读推广活动的政府公告、行业新闻、地方最新动态以及国际阅读相关事件的信息；②发布多种专题报告，如国民阅读状况调查、政府部门的读书活动、全民阅读活动简报和全民阅读蓝皮书等，旨在深入分析当前的阅读趋势；③提供一个互动平台，包括在线论坛、在线调查和在线访谈,旨在增加网民之间的互动交流;④整理发布各级政府、行业协会及相关组织为不同读者群体量身定做的推荐书目;⑤推介由出版单位精选的优秀出版作品,并提供在线阅读服务。

"中国全民阅读网"通过这些综合性的服务与活动,不断推动阅读文化的普及和深化,使阅读成为公民生活中不可或缺的一部分。通过这样的全方位推广,期待在全国范围内形成更加浓厚的阅读氛围,提高国民整体的文化素养和生活质量。

(二)手机阅读

1. 手机阅读

在当今快节奏的生活中,手机阅读作为一种新兴的阅读方式,逐渐成为人们获取信息和知识的重要渠道。这种阅读模式以手机为主要工具,用户可以通过访问WAP站点、使用各种手机阅读应用程序以及通过短信或彩信等方式,享受阅读的便捷。主要的阅读材料包括手机报纸、电子书和手机杂志等。

手机报纸作为一种新型的信息传播方式,通过手机媒介实现新闻的及时传递。它通常由报社、移动通信商和互联网服务提供商共同合作提供,不仅仅是一种电信增值服务,更是传统报纸媒介的延伸。目前,国内的手机报纸主要通过彩信和WAP网站两种形式提供服务,其中彩信手机报是较为普遍的一种模式。

2. 手机电子书阅读软件

(1)掌阅

在众多的手机阅读应用中,掌阅(iReader)尤为突出。这款应用在国内拥有广泛的用户基础,提供丰富的图书资源,包括畅销书、生活指南和文学作品等。掌阅是国内一个主要的数字内容分发平台,以其卓越的用户体验、功能全面、界面简洁和个性化设计而著称。用户注册并登录后，可以通过充值购买阅读币，进而购买喜欢的图书。掌阅的书城覆盖了从原创文学到出版图书、漫画和杂志等多种阅读材料，并且每天都会推出限时免费阅读的书籍。对于需要付费的书籍，掌阅提供了免费试读功能，让用户在购买前可以预览书籍内容。在阅读界面，用户可以根据个人喜好调整字体大小、背景颜色和翻页方式，增强阅读体验。掌阅的书架设计精美，能够让用户轻松管理自己的图书收藏，同时提供了笔记和高亮标记等实用功能，帮助读者标记和回顾重要内容。此外，应用还支持多种阅读模式，如白天模式、夜间模式和护眼模式，以及自动阅读和备份阅读历史等功能，确保用户能够在各种环境下都享有舒适的阅读体验。

（2）QQ阅读

QQ阅读是由腾讯公司开发的一款广泛支持各种移动平台的电子书阅读应用。该应用界面分为书架、精选、书库、发现四个主要部分。在书库部分，收录了超过8万册的出版图书和18万册的原创文学作品。该平台具备高效的书签功能，能自动保存用户的最新阅读位置。阅读界面支持全屏阅读、夜间模式和屏幕旋转，用户还可以自由调整背景色、文字颜色、字体大小及行间距。此外，页面还支持文字和章节跳转，以及目录搜索和自动搜索本地书籍功能。其用户界面风格类似于iBooks，无论是书架的样式还是翻页效果都显示了iBooks的设计影响。每个章节结束时，读者可以进入章节讨论，与其他读者交流心得。QQ阅读还创新地引入了"词典"功能，方便用户查阅任何词语的拼音和解释。此外，图书服务包括免费阅读、包月订阅和单本购买等多种形式。

（3）多看阅读

多看阅读是一款多功能电子书阅读软件，不仅提供广泛的图书阅读服务，还新开设了原创频道，支持阅读多种本地文件格式（具体支持的格式取决于使用的平台）。多看阅读特有的功能包括免费图书搜索，允许用户个性化设置书架分类、选择白天或夜间的阅读主题、调整字体大小和行间距。软件还支持阅读批注和分享经典语句，使得读者之间的互动更加便捷。一个账户可以在多个设备上实时同步阅读进度。多看阅读的界面设计既美观又实用，层次分明，用户可以通过左右滑动来切换个人中心、书架和书城三个主界面。书城内的图书分为畅销书和最新书籍两大类，界面布局紧凑、信息一目了然，允许用户快速浏览书名、作者和价格，方便在书城中快速了解图书详情。此外，用户还可以对文本进行彩色批注，增加了阅读的乐趣和功能性。

（4）豆瓣阅读

豆瓣阅读是一款移动客户端阅读软件，提供的阅读内容丰富，拥有世界文学、外国文学、环球科学、新发现等多方面的内容，聚集了各种文体，如科幻、推理和诗歌等，满足不同读者的需求。用户既可以将电子书下载到移动设备中直接阅读，也可以通过豆瓣阅读直接下载想读的作品。部分作品可以免费获取，而另一些则需使用豆币购买，这些豆币可以通过给账户充值来获得。在阅读体验方面，豆瓣阅读允许用户根据个人喜好自由调整字体大小、字体样式、屏幕亮度、配色方案及翻页模式等。更为突出的是，该软件还提供了一个交流平台，用户可以在沙龙区域内与其他读者分享阅读心得，交流思想。

打开豆瓣阅读，用户首先会被其文艺清新的风格所吸引，而其商店界面设计简洁明了，使用户能够轻松浏览和操作。在开始阅读或欲发表评论时，用户需登录豆瓣账号以便正常使用所有功能。此外，豆瓣阅读在翻页、滑动或点击等操作上表现流畅，提升了用户的使用体验。虽然豆瓣阅读支持诸如画线、分享、复制及纠错等功能，增强了互动性和实用性，但它目前尚不提供旁注、笔记制作或内置字典等功能，这可能是未来版本中可以考虑增加的部分。总体来看，豆瓣阅读是一款集合了丰富内容与便捷功能的阅读软件，能够满足广大读者的需求。

（5）咪咕阅读

咪咕阅读作为一款深受用户喜爱的数字阅读平台，以用户需求为导向，专注于提供多样化的阅读内容，涵盖原创文学、各类图书、杂志、漫画、有声书等多种形式，满足不同用户群体的阅读爱好。为了进一步提升用户体验，咪咕阅读与多家拥有出版及发行资格的机构合作，不断丰富其内容库。此外，咪咕阅读还提供了诸多便捷功能，如在线阅读、离线下载、自动书签、云端收藏及社交媒体分享等，极大地增强了阅读的便利性和互动性。在阅读体验方面，咪咕阅读还提供了全夜间模式、自定义字体和背景、多样的翻页效果及屏幕保护功能，以适应不同用户的阅读习惯和偏好。

（6）百度阅读

百度阅读是百度公司为满足广大用户的阅读需求而开发的一款综合性阅读应用，它不仅包括了一个面向版权方的开放平台，让版权方可以在此上传、管理和销售自己的版权资源，还包括了面向广大阅读者的多个展示终端。作为一个电子书平台，百度阅读通过这种方式实现了资源的有效集成和利用，极大地丰富了用户的阅读选择。百度阅读的多端展示功能，意味着无论用户使用的是电脑、手机还是平板，都能享受到一致的阅读体验。百度阅读的目标是通过技术的力量，让阅读无处不在，随时随地满足用户对知识和信息的渴望。

3. 手机阅读的优势

（1）获取方式更加便捷

学校图书馆纷纷扩充数字资源，包括电子图书、期刊和视频库。借助移动图书馆，读者可在移动设备上轻松阅读这些资源。此外，为提高纸质资源利用率，学校图书馆进行了数字化加工，读者仅需一部手机即可全面搜索图书馆的电子藏品。一些数据库提供商开发了专属阅读APP，读者可通过手机轻松获取各类阅读资源。此外，众多休闲、学术、新闻娱乐等网站也提供丰富数字资源，使读者能够便捷获取信息。因此，数字阅读不仅便捷，而且内容更为丰富，且不受时间空间限制。

（2）利用大数据技术可实现个性化阅读

大数据技术已渗透到各行各业，可分析受众喜好，为其提供个性化信息推送，为决策提供数据支持。在阅读领域，大数据技术也逐渐发挥作用，可进行受众行为分析、实时统计以及精准营销等。通过数字出版活动，可根据读者阅读喜好和当前热点进行个性化推送，节省读者查找资源的时间。

（三）自媒体阅读

1. 自媒体

（1）博客

博客的出现与网络技术的飞速发展密不可分。当网络时代加速前行时，原本属于门户网站等机构垄断的信息发布，逐渐向广泛的用户群体开放。如今，每个互联网用户都有可能成为信息的创造者和传播者，贡献自己的智慧和见解，这一变革为网络世界带来了新的活力。

作为个人情感与思想的记录工具，博客能够反映一个人的日常生活、工作进程、思考历程以及突如其来的灵感。它的形式灵活多变，可以是简单的流水账，也可以是深刻的思考与感悟。对于普通网民而言，博客提供了一个自主管理和发布内容的平台，使得信息的生产和分享变得无比便捷，从而确立了社会大众在网络内容创作中的重要地位。博客不仅仅是记录与表达，它还是一个极佳的社交和互动平台。通过博客，人们可以向网络世界展示自我，与来自五湖四海的网友交流互动，发布的每一篇文章都有可能得到读者的关注和评价。这些互动可能会收获出乎意料的认同与赞赏，给人带来意外的喜悦。

博客是信息筛选和知识积累的有效工具。用户可以通过上传图片、撰写文章、发布视频或利用超文本链接来收藏和整理喜欢的内容。这样的功能使得博客成为个人的信息库和资源中心，方便用户在浩瀚的网络世界中精选信息，与朋友们分享精华。

博客的私密性也不容忽视。它可以是个人的隐秘空间，记录不愿公开的心情或思考，成为个人的秘密花园。很多博客平台允许用户设置隐私权限，将特定的内容设为私密，使得博客兼具了公共表达与私人记录的双重功能。

（2）微博

微博作为一种现代社交媒体工具，以其独特的优势受到广泛使用。以下是对微博特点的详细介绍，全面体现了其在日常生活和信息传播中的作用。

①简单方便：微博对用户的技术设备要求较低，只需具备基本的网络连接功能，如智能手机、电脑或平板等即可轻松访问。此外，用户界面友好，即便是只具备初级电脑操作能力的用户也能快速上手参与。

②即时性：随着智能手机的普及，用户可以在任何时间地点发布微博，服务器处理速度快，上传时间通常不超过一秒钟。与传统的推广媒介相比，微博打破了工作时间的限制，使得信息传播更加迅速和时效。尤其在处理突发事件或重大新闻时，微博的即时更新和快速传播能力显得尤为重要。

③互动性强：发布者更新内容后，粉丝和关注者可以立即进行评论，这些评论对所有人开放，进而引发更多的讨论和互动。通过微博，用户不仅可以直接与内容发布者进行交流，还可以加入更广泛的公共讨论，从而形成一个多维的交流平台。

④共享性：不同于其他网络平台，微博用户可以在首页轻松查看所有关注者的更新，还能分享网络上的有趣内容，并对其进行评论，这样不仅丰富了信息内容，也增加了信息的传播范围。

⑤社交性：用户可以通过搜索已关注的人的好友网络，发现并关注自己感兴趣的博主，从而实时获取其最新的微博更新。同时，参与共同兴趣的微群，与志同道合的人进行交流，为用户提供了一个扩展社交圈子的好机会。

⑥易获得性：用户通过关注他人，可以获得这些被关注者的所有更新，从而使得获取信息变得无比便捷和及时。

（3）微信

微信作为一个多功能的社交通信应用，已融入人们的日常生活，为用户带来全新的移动沟通体验。它支持通过手机网络发送语音短信、视频、图片和文字信息，用户既可以进行单独聊天，也可以创建群聊，还能通过地理位置服务找到附近的人，极大丰富了交流方式。

随着用户数量的迅猛增长，微信几乎成为智能手机的标配软件之一。在这个基础上，微信公众平台的推出进一步扩展了其功能。这个平台允许个人和企业创建公众号，与特定群体进行全方位的沟通和互动，包括文字、图片和语音信息的发送。服务号专为企业或组织机构设计，而订阅号则向所有组织和个人开放，允许他们建立自己的自媒体平台，进行内容的编辑和群发。

订阅号的操作方式类似于传统的报刊媒体，用户需要主动订阅，之后便可以定时接收信息。与微博的开放性不同，订阅号提供的是更为私密的信息交流方式，内容直接推送给粉丝，这种一对一的交流方式确保了信息的直接性和私密性。

2. 科学引导自媒体阅读向"深度阅读"转变

自媒体阅读利用移动平台的便捷性和技术优势，满足了现代人快节奏的生活需求和年轻人的阅读习惯。这种阅读方式在数字化时代日益盛行，已经开始改变传统的阅读习惯。在校园中，学生们常常低头在手机上快速浏览信息，而传统的深度阅读，需要时间沉浸与深入思考的习惯则逐渐淡出他们的生活。

面对这种情况，如何引导学生从表层的快速阅读转向更深层次的深度阅读，成为教育者必须考虑的重要课题。深度阅读不仅能够提高学生的理解能力，也有助于培养他们的批判性思维，这对于学生的长远发展极为重要。因此，探索有效的教学策略和阅读推广方法，以引导学生回归到更为丰富和有深度的阅读实践中，是当前教育工作者面临的一个挑战。

二、数字化阅读的推广媒介

（一）传统推广媒介

1. 常规报刊

（1）发行报纸

作为定期出版和向公众传播的重要媒介，报纸承载着传递新闻和评论时事的职责，以其便携、易保存、成本低廉和覆盖面广等特点，成为社会信息流通的关键工具。报纸不仅能快速及时地传递最新发生的事件，也反映了社会舆论的动态，对引导公共意见发挥着重要作用。在数字化时代，尽管信息传播方式日益多样化，报纸仍保持其独特的不可替代性。报纸以纸张作为主要载体，使得其内容具备较强的保存性和可重复阅读性。

在阅读推广方面，报纸展现出独到的优势：①在传播信息和引导方面，报纸是介绍和推广新书的理想平台。通过报道最新的阅读活动和书籍推介，报纸不仅帮助读者及时了解社会最新动态，同时推广阅读的主体机构也能通过它宣传自己的资源和活动，让公众知晓并参与其中。②报纸在传播知识和陶冶情操方面具有其独特效用。阅读推广机构可以通过报纸直接发布书籍推荐，使读者对相关书籍有直观的认识，激发他们阅读的兴趣。③报纸的种类繁多，覆盖受众广泛。不同的报纸针对不同的区域和读者群体，使得阅读推广可以根据地域和读者的具体偏好进行有针对性的布局。无论是全国性报纸、省级报纸还是地市级报纸，都能有效地承担地域性的阅读推广任务。

在利用报纸作为阅读推广工具时，需留意几个关键点：①选择报纸应基于阅读推广的具体项目。必须明确推广的目标受众，通过分析确定他们常读哪些类型的报纸，进而选出最佳的报纸进行推广，这样可以极大减少盲目性的广告投放。②推广内容需要图文结合，富有吸引力和说服力。优质的推广文案应能够引起读者的兴趣，通过强有力的文字和生动的图形符号的结合，可以提高文章的感染力。③刊登方式。报纸的版面越大，其吸引眼球的程度通常越高，效果也越显著，但相应的成本也更高。因此，推广主体需要根据财务状况和项目目标选择最合适的刊登规模。初期可以选择较大的广告尺寸以吸引注意，之后逐步减小版面。

（2）期刊

期刊，这一特定的出版物形式，是专门面向公众的，定期或不定期出版的连续性印刷品。这类出版物通常的发行周期介于一周至半年之间，它们有着自己的固定名称，并按照卷、期或年、月来进行编号，每一期的版式都保持一致。期刊以其广泛的发行范围、丰富的信息内容、高质量的印刷工艺及美观度、精细的分类以及强烈的专业性而著称。同时，它们通常针对特定的读者群体，具有很强的针对性，其保存期长、可以多次阅读和借阅的特性也非常突出。谈到期刊的起源，可以追溯到 17 世纪的法国。那时，一种小型的册子开始流行，主要功能是介绍书店和新书，类似于今天的书评或导读。这些小册子常在书店中发现，可以视为期刊的早期形态。由此看来，期刊从一开始就与阅读推广紧密相关，它作为一种重要的媒介，旨在扩散阅读文化。

期刊作为一种独特的出版形式，其优势主要体现在以下几个方面：①期刊是传播信息和思想的重要平台。作为信息和精神的载体，它主要向社会大众传递各种信息和文化观念，通过期刊推广阅读和增强阅读意识，效果显著。②专业性强，读者对象固定，针对性强。相较于报纸，期刊更能进行精准的分类阅读推广，其内容涵盖广泛，专业化程度日益提高。无论是基于读者的性别、年龄、职业还是学科领域，期刊都能提供专门化的内容，如针对不同年龄段的期刊，或是专为某一职业群体设计的期刊，甚至是针对特定学科的专业学术期刊。每一种期刊都服务于具有特定需求和兴趣的特定社会群体，这使得在期刊上进行的阅读推广能够更加精准地达到预期的效果。③时效长，传播效果持久。期刊具有较报纸更好的保存条件，读者不仅可以长期保留这些期刊进行多次阅读，还可以通过互相借阅来扩展阅读的范围。图书馆等机构也常常收藏各种期刊，供人借阅,从而延长了阅读内容的生命周期,使得推广的效果更加持久。

在期刊平台进行阅读推广时,需要注意以下几个关键点:①挑选合适刊登于期刊上的阅读推广材料是基础。对于介绍书籍、提升阅读技巧和增强阅读兴趣的文章都非常适合通过期刊传播。但是,刊登相关广告需谨慎行事。由于期刊从编辑到印刷、发行的周期较长,时间敏感性较强的短期阅读推广广告不适宜在期刊中发布。对于那些长期阅读推广项目,由于期刊的发行频次和到达率的限制,广告的制作必须精良,才能在读者心中留下印象。②阅读推广的内容必须与期刊的特色及主题保持一致。每个期刊为了稳定自己在市场上的地位,通常会形成一定的风格,并希望所刊载的内容能够与其品牌特色、定位及栏目设置相协调。此外,选取的内容应当信息量丰富,并具有良好的观赏性及艺术价值。③刊登方式,阅读推广可以采用专栏的形式进行。这些专栏可以包括读物推荐、介绍阅读人物、分享读书典故、阐述阅读方法和技巧、书评以及展示阅读推广的成功案例等。同时,阅读推广也可以通过更为隐蔽的方式融入期刊的其他内容中,比如在"人物专访"栏目中,介绍受访者的阅读经历和他们推荐的书籍,这种方法可以更自然地将推广信息传递给读者。

2. 专门印刷品

(1)内部刊物

内部刊物作为一种特殊的阅读媒介,主要面向特定的阅读群体,发挥着不可或缺的作用。通常,这类刊物可以分为三种类型:第一种主要面向工作人员和业内专家,侧重于业务交流;第二种则以激发公众的阅读兴趣为主,目标读者是广大书友;第三种则结合了前两者的特点。但真正起到推广阅读作用的主要是第二种。它不仅传递信息,更是连接推广组织与读者之间的桥梁。

特别是以推广阅读为核心的内部刊物，其内容设计十分关键，通常基于组织的资源和服务进行策划。编辑可以设立固定专栏，并根据不同的时间节点和社会热点灵活设置专题。这些刊物通常包含最新图书资讯、推荐书目、图书馆藏亮点、服务更新、活动预告及数据库介绍等，也会包括读者的阅读体验、书评、建议以及与阅读相关的趣事。这样的内容不仅帮助读者了解机构的服务，还能引导他们认识到阅读是一种充满乐趣的生活方式，从而激发他们的阅读热情。在特殊节日或假期，如世界读书日、国庆节或学校的寒暑假，出版特别专题版是一个好选择。这些时刻的专题内容如果能紧跟当前的阅读趋势，将更能吸引读者的注意，提高刊物的影响力和吸引力。此外，内容的呈现形式也应多样化，可以包括列表、纪实文章、评论、随笔乃至小说和诗歌。图像和插图是增强阅读体验的重要元素，而一个设计精良、色彩鲜明且布局优美的封面更是吸引读者目光的关键。

（2）宣传手册

阅读推广主体在宣传时会使用到各种手册，这些手册不仅包括介绍机构本身的机构简介，还有旨在帮助读者更好使用服务的读者指南，以及介绍各类资源的资源手册。这些不同类型的手册是推广阅读活动的重要工具，恰当运用可以有效拓宽并稳固读者基础。

机构简介是介绍阅读推广主体给公众的主要文本。它针对的阅读者主要是潜在的读者群体。机构简介的内容设计需紧贴这些潜在读者的需求和兴趣，简洁地传达机构的性质、所提供的资源及服务以及能够吸引他们的独特之处。在设计机构简介时，应该注意以下几点：①简介内容要精炼明了，突出重点。如果潜在读者需要花费大量时间去阅读冗长的简介，他们很可能会失去兴趣。可以通过列点的形式来突出关键信息，确保读者能够迅速抓住要点，避免过多无关细节或不必要的夸耀。②避免使用行业内的专业术语，尽量采用贴近潜在读者的语言风格。语言的选择虽是形式问题，但有时其重要性甚至超越内容本身。例如，面向学生群体时，应使用清新活泼的语言；面向儿童时，语言则应幽默、贴心且充满童趣。③色彩鲜艳，吸人眼球。通过鲜明的色彩搭配、吸引眼球的图片或甚至漫画形式，可以更好地吸引读者的注意力。

读者指南是一种帮助读者更好地利用阅读机构资源的重要工具，也是阅读推广工作中不可或缺的一部分。它主要功能包括解答读者常见疑问、吸引新的读者群体、提高读者使用阅读机构服务的能力。通常，读者指南涵盖以下内容：①介绍机构基本情况，如开放时间、场馆布局、服务对象、管理规定及交通信息等；②列出提供的服务项目，如办理借阅卡、图书杂志借阅、文献传递、咨询服务、讲座活动、手机应用服务、常见问题解答等；③资源说明，包括电子数据库、馆藏书目的介绍。为了提升读者指南的易读性，应采用简明扼要的语言，并增加亲和力；根据不同的服务对象，提供定制化的内容指导。

（3）宣传海报

宣传海报是一种集文字、图案与色彩为一体的视觉传达工具，它通过精心的版式设计展现出独特的艺术风格，有效地传达信息。海报的核心在于吸引目标读者的参与。制作海报时，要清晰地表明活动的性质、主办方、时间及地点，这样的信息布局有利于读者快速把握活动的关键信息。

在海报设计与制作过程中，需注意以下几个关键点：①明确推广的主题和目标受众。设计时，应紧密围绕活动的主题进行创作，确保信息的针对性和有效性。②海报的文字表述应简洁明了，同时在形式上追求创新与美观。文字不仅要直接传达活动信息，还应通过创意的广告语和文字排版吸引受众的注意力。图案作为视觉的核心，应直观并具有吸引力，能够强化信息的传递并加深印象。色彩的运用则需考虑心理影响，不同的色彩组合会引发不同的感受，合理的色彩搭配可以增强传达效果。③海报的投放也是一个重要环节。有效的投放位置能极大地提高广告效果，应选择人流密集且容易被看到的地点。对于需要长期展示的海报，应选择受控环境如室内墙面，而短期的阅读推广活动则可以选择更为灵活的展示场所。

3. 标志物品

（1）标志标语

LOGO，即标志或徽标，是一种将机构的事物、事件、理念等通过视觉图形抽象化表达的特定符号。它不仅仅是一个图形，更是一个能够激发人们联想到特定机构或组织的文化、使命、特性等精神内涵的视觉媒介。LOGO 以其独特的识别性、内涵性和色彩性，成为连接项目与公众的桥梁。对于阅读推广项目而言，LOGO 的设计至关重要。它不仅能够提升项目的认知度和美誉度，还能够通过其独特的视觉表达，增强公众对项目的记忆，促进项目与目标群体之间的沟通与交流。

设计阅读推广的 LOGO 时，需要注意几个方面：①要充分考虑目标群体的社会心理和文化背景，设计出能够触动其心理需求的 LOGO，从而提高公众对 LOGO 的认可度。②LOGO 的设计应追求简洁、美观和实用性。作为一种向大众传递信息的符号语言，LOGO 需要在视觉上清晰易懂，图形简化而不失美观，有效传达阅读推广的核心信息。③LOGO 的可识别性是至关重要的。它需要通过精炼的图形和符号，迅速传达项目的特性，让人们能够瞬间识别并记住。因此，在设计阅读推广 LOGO 的过程中，设计师应广泛调查研究，深入了解阅读推广项目的特点和需求，创造出具有独特视觉形象的 LOGO，以便让阅读者能够轻易地记住并传播。通过这样的设计，LOGO 不仅是一个标志，更是阅读推广活动成功的关键媒介。

（2）常用物品

实物作为信息传递的媒介，在阅读推广活动中扮演了不可或缺的角色。通过将阅读推广的主体名称、LOGO、口号以及项目信息等印制在日常使用的物品上，这些物品便成了信息传播的载体。例如书签、笔、明信片、笔记本、手提袋、U盘、雨伞、文化衫、帽子等，都是典型的实物媒介。这种方式不仅仅是物品的赠送，更是一种情感上的连接，能够在不经意间影响和改变接收者的阅读习惯。

在利用这些实物媒介进行阅读推广时，需要注意几个关键点。①物品本身必须具有实用性。只有实用的物品才会被频繁使用，这样在使用过程中，人们就能不断看到上面的推广信息，从而加深印象，并对阅读推广的主体产生好感。②印制的信息必须相关且醒目。根据物品的大小和形状，合理选择印制的内容和布局是关键。例如，U盘因体积较小，适合印制简洁的 LOGO 和名称；而书签的面积较大，可以包含更多的信息。信息的醒目性是吸引目光、传递信息的重要因素。③馈赠的策略也需谨慎考虑。因为生产这些物品需要一定的经费，所以在馈赠时选择合适的对象至关重要。有些物品适合广泛分发，用以吸引大众的注意；有些则更适合作为特定活动中的奖品，以奖励那些积极参与阅读活动的读者。这样的策略不仅能有效利用资源，还能增强活动的吸引力和影响力。

（3）构建筑物

构建筑物主要包括建筑物内的基础组成要素，例如墙体、支柱、通道、屋顶和窗户等。当人们进入某个建筑时，他们首先会留意到的是其内部布局，因此它们自然而然地成为推广阅读的强大助力。构建筑物不仅能够有效地呈现推广阅读活动的徽标和标语，还能展出与建筑面积匹配的、主题深入的艺术绘画，这种视觉效果的影响力是显而易见的。此外，墙体和柱子还可以用来支撑装饰性极强的展示架，用于陈列各类书籍和杂志。在利用构建筑物进行展示时，需要注意以下两点：①展示内容需要和建筑内部的布局及色彩方案相协调；②构建筑物更适合用来展示艺术字和图画，而不宜用于长篇文字的展示。

（二）电子推广媒介

1. 传统电子推广媒介

（1）无线广播

无线广播，作为一种通过无线电波传递信息的媒介，能够迅速地将音频内容传送至广大听众。这种传播方式具备即时性强、覆盖范围广、受众多样、内容丰富生动等优势，但同时也存在易逝难存的局限。中国各地区均建立了自己独具特色的广播网络，包括新闻、经济、体育、文艺、音乐以及针对特定人群的少儿和乡村频道等。因此，广播成为推广阅读项目的有效渠道之一，尤其是在区域性推广活动中。

利用广播媒介进行阅读推广时，需考虑以下几点：①选择合适的播放内容。由于广播的瞬间性，阅读推广内容应精选如广告宣传、新闻报道、推荐读物、读书典故及相关人物访谈等。这些内容可以单独成节或融入其他节目中进行播报。②根据目标受众选择恰当的广播平台。例如，公共图书馆可以通过城市广播来传达信息，学院图书馆则可以利用校园广播，儿童相关的阅读推广则更适合选择少儿频道。③广播文案的编写必须适应媒介特性，采用口语化、规范化的表达方式，确保关键信息传达清晰、准确，增强听众的听感体验。④巧妙运用音乐元素也是提升广播效果的重要手段。适当的间奏乐和背景音乐不仅能够增添气氛，还能加深听众的情感共鸣，达到教育与娱乐的双重效果。

（2）大众电视

电视作为一种强有力的信息传播媒介，以其独特的方式将声音、文字和图像转化为信号，通过远程传送，成为广大人民群众获取信息的重要渠道。电视的视听双重特性、内容的形象生动与广泛的覆盖面，使其在众多媒介中独树一帜。在多媒体技术飞速发展的今天，电视不仅仅局限于传统的播放功能，其在推广阅读文化方面也展现出不俗的潜力和成效。

阅读推广主体在使用电视媒介时要注意的有：①考虑什么内容适合电视媒介。例如，可以协调电视台派员拍摄大型阅读活动的现场，这种生动的场景能够有效吸引观众的眼球，提升大众对阅读活动的兴趣和参与度。此外，将书籍推介嵌入日常的电视节目中，或在名人访谈节目中推荐书籍，也是利用电视传媒影响力的良策。这种方式借助名人效应，能够迅速提升书籍的知名度，拓宽读者群。②在选择合适的电视频道进行阅读推广时，也应细致分析目标受众的特点和需求。国家级的阅读推广宜选择覆盖面广泛的中央电视台平台；地方性推广则应侧重选择具有地域影响力的地方台。针对不同受众群体，如学生、农民等，选择专业对口的教育或农业频道进行内容推广，能更精准地达到预期的推广效果。③积极寻求与电视台的合作。鉴于电视制作和播出成本较高，而阅读推广多为公益活动，寻找与电视台合作的机会，建立良性互动的合作模式，是降低成本、扩大影响力的有效途径。通过这种合作，既可以利用电视媒介的广泛覆盖优势，也可以为电视台带来丰富多彩的内容供给，实现双方的共赢。

（3）公众电影

电影作为一种大众传播媒介，承担着信息传递与文化推广的重要角色。通过在电影播放前、中场或者片尾加插广告，电影不仅提供娱乐，同时也成为传播特定信息的有效渠道。在推广阅读文化方面，电影媒介具备独特的优势：①观看电影时，观众通常会处于较为集中的注意力状态，并伴有放松的心理状态，这有助于他们更好地记住阅读推广中的信息，并产生深刻的印象。②电影的视听效果极为震撼。大银幕的展示、鲜明的色彩对比以及环绕立体声的音效，都极大地丰富了观众的感官体验，使得广告信息能够在观众心中留下难以磨灭的痕迹。③电影中的广告数量相对较少，每个广告的播放时间有限且制作精良，因此观众较少感到疲劳或反感。这种高质量的广告呈现，有助于提升信息的接受度。④电影是一种群体性的观看活动，它易于在观众中激发集体认同感。当广告信息得到群体的认同时，这种共鸣不仅限于情感层面，还可能转化为实际的集体行动，如参与阅读活动。

2. 新兴电子媒介

（1）电子显示屏

电子显示屏作为一种多功能的信息展示工具，其能够展示文字、图像、视频及录像信号等多种媒体内容。在显示方式上，电子显示屏可分为单色、双色及全彩三种类型。这些显示屏以其高亮度、图像清晰度、色彩鲜艳、低能耗、使用寿命长及稳定性强等优点，被广泛运用于政府部门、城市街道、商业区域以及众多公共场所。尤其在阅读推广方面，电子显示屏发挥着不可或缺的作用。不少阅读推广机构已经开始在合适的室内外环境安装这些显示设备。例如，户外的大型显示屏通常安装在建筑物的入口处,以最大程度地吸引过往行人的注意;而室内的中小型显示屏则常被悬挂于大厅等显眼位置,方便来访者留意。

电子显示屏在阅读推广中具备多重功能。①传播和宣传知识的作用。通过播放机构的规章制度、基础知识、著名读书人物介绍、阅读技巧等内容,电子显示屏有效地普及读书文化。②有警示和激励阅读的双重功能。显示屏上的礼仪警句提醒读者注意个人行为,同时播放的励志名言也激发读者的阅读热情。③电子显示屏还承担着广告的角色。无论是阅读推广活动还是特定项目,都可以通过电子显示屏进行有效推广。④烘托氛围的作用。在特定活动或项目启动时,显示屏可以播放领导或嘉宾的致辞,或是展示节日庆典的相关内容,增强活动的氛围。⑤具有吸引读者的功能。通过播放有趣的视频内容,电子显示屏能够吸引目标读者群体的注意,并有效地留住他们。

(2)电子杂志

电子杂志分为两类:传统型和原生型。传统型电子杂志是纸质杂志的数字复制版;而原生型电子杂志专为网络设计,不通过纸质形式发行。本文聚焦于后者,这类杂志整合了图像、文字、音频、视频以及互动游戏等多媒体元素,展示了卓越的视觉效果与互动体验,主要吸引年轻且追求时尚的读者群体,成为推广阅读的有效平台。电子杂志能够跨平台运作,智能手机、平板电脑及各式电子阅读器的普及,极大方便了其携带和传播,拓宽了阅读推广的渠道和空间。此外,电子杂志内容的多样化和细分化也使得目标推广更为准确。

在阅读推广活动中,电子杂志主要针对追求时尚的年轻人和中年人,这两个群体构成了原生电子杂志的核心受众。推广内容通常涵盖摄影、美食、旅行、汽车和女性等时尚领域。除了提供各种读物的推荐,还可刊载流行名人的阅读心得和技巧,这不仅能引起拥有相似兴趣的读者的共鸣,也有助于激发他们的阅读热情。

(3)视频宣传片

随着现代多媒体制作技术与互联网技术的飞速进步,视频宣传片作为一种新兴的宣传方式,已经被越来越多的阅读推广机构采纳。通过将视频宣传片上传至网络平台或嵌入到电子设备中,这些机构能够更有效地展示自己的形象和传达信息,深受观众的喜爱,成为连接阅读推广主体与目标受众的重要桥梁和传播媒介。

视频宣传片的制作充满创意,赋予了阅读推广机构在内容和形式上的广泛自由度。因此,这类视频内容种类繁多,涉及从机构形象介绍到具体阅读项目和文化活动的推广。视频的呈现形式多样,包括纪录片、图文并茂的解说视频、微电影、情景再现、动画以及音乐视频等,每种形式都有其独特的吸引力和表现力。

在制作过程中,拍摄和后期制作是一项复杂且需要团队协作的工作。对于那些没有足够制作资源的阅读推广机构,他们可以选择聘请专业的视频制作团队来协助完成。这些团队通常能提供全套的制作服务,包括导演、摄像、剪辑、灯光及各种必需的拍摄和后期制作设备。尽管如此,阅读推广机构必须积极参与视频的整体策划和内容创作,确保最终的宣传片能准确传达其理念和信息。

在制作旨在推广阅读的视频宣传片时,应遵循以下关键要点:①根据具体的阅读推广项目主题,精心设计宣传片的主题与内容。只有主题切合,才能有效地达到预期的宣传效果。②选择适合目标观众的表现形式。例如,面向广大市民的宣传片,可采用贴近生活的纪录片形式;针对学生群体,适合制作充满活力与激情的微电影或情景剧；而对于儿童，则可以选择寓教于乐的动画片。这样的形式设计更能贴近目标观众的生活实际和兴趣爱好，进而使阅读的理念深植人心。③选择合适的背景音乐和配音解说。选择一种舒适的背景音乐及富有感染力的解说声音，可以极大地增强观众的情感共鸣，从而使阅读推广的信息更加深入人心。④适当的视频宣传片时长。在确保能够清晰展现主题和信息的前提下，宣传片应尽可能简短。精炼且内容丰富的短片往往能更有效地吸引观众，而过长或内容冗杂的视频则可能导致观众兴趣的流失。通过精心策划，可以确保每一秒的播放都能产生最大的宣传效果。

3. 手机媒介

（1）手机短信

手机短信，作为现代通信的一种方式，已经深入人们的日常生活中。最初，手机仅作为打电话的工具，但随着手机短信功能的引入，手机的用途不仅限于通话，更拓展了其作为信息传递媒介的角色。手机短信的普及得益于多种因素：覆盖了广泛的用户群体，成本相对低廉，操作简单，信息传递速度快，且具有较强的互动性。尽管如此，手机短信作为信息传递的手段还是有其局限，例如内容表现形式较为单一，而且频繁的垃圾短信也降低了公众对此方式的信任感。随时间的推移，手机短信功能不断演化，诞生了彩信、手机报等更多样的通信形式，这些都极大丰富了手机媒介的内容和表现形式。目前，许多阅读推广机构利用短信服务平台，不仅能向广大读者群发信息，还能进行针对性的信息发送，有效推广阅读活动和资源。

在阅读推广活动中，手机短信媒介可在这些方面起到作用：①通知提醒。通过发送关于新书上架、图书到期提醒以及活动时间的短信，阅读推广机构能有效提醒读者。②手机短信也用于用户认证，帮助确认用户身份，确保他们能够使用特定的服务。③手机短信还提供了一系列多样化的服务，如发送新书通知、组织通告、讲座和培训信息、借阅和预约查询，以及文献资源检索等。

在使用手机短信进行阅读推广时，需要注意以下两点：①用户必须主动进行手机号验证，才能成为信息接收者，以避免引起用户的反感。②发送的短信内容应当简洁明了，便于用户快速理解。

（2）手机应用APP

在当今信息化时代，智能手机作为人们日常生活中不可或缺的工具，其功能的多样性和扩展性极大增强。特别是通过引入第三方应用，智能手机的功能得到了进一步的拓展和丰富。目前，手机APP的应用市场正变得日益细分，服务内容更趋向于社会化。在这种背景下，部分阅读推广主体逐渐在传统媒介的基础上拓展，开发并推广自家的APP，旨在提供更为便捷的新闻传播和信息服务，例如手机移动图书馆等。

这些阅读推广主体的APP开通通常有两种模式：自主研发和合作研发。无论采取哪种模式，APP开发应该遵守以下几个原则：①应用开发应聚焦用户体验，尽力满足用户的个性化需求；②应不遗余力地进行APP的推广，可利用网站、社交媒体、手机应用商店等多种渠道；③应确保APP在不同系统（如安卓和苹果系统）的可用性，并与平板电脑具有良好的兼容性。

随着公众对智能手机的依赖度日益加深，使用APP的人群也日渐增多。阅读推广主体应加大对手机APP的研发投入，加强与阅读推广客体的互动与结合，推动阅读推广向社会化、个性化方向发展，以更有效地服务公众。

（三）网络推广媒介

1. 电子邮件与即时通信

（1）电子邮件

电子邮件已成为一种高效且经济的通信工具，它超越了时间与地点的界限，使得不同时间、不同地点的人们可以有效进行沟通。这种媒介以其广泛的覆盖范围、操作简便、成本低廉、高度针对性和反馈效率等优势而备受推崇。此外，电子邮件可以长期存储在用户的邮箱中，便于随时查阅和深思，且邮件的可转发性也极大增强了其在宣传推广中的作用。当利用电子邮件进行沟通和推广时，需要注意以下几点：

①提供高质量内容是基础。只有内容具有吸引力，才能吸引更多用户订阅。电子刊物、新书通知、优秀书籍推荐及阅读推广项目的广告等，都是适合通过电子邮件进行推送的内容。我们应确保内容简洁、实用且清晰，避免冗余，以免引起接收者的反感。对于内容较多的情况，可提供一个链接，让感兴趣的读者可以点击以获取更详尽的信息。此外，适当在邮件中添加阅读推广机构的LOGO、名称或联系方式，也有助于提升宣传效果。

②邮件的格式同样重要。发件人名称应使用阅读推广机构的官方名称，邮件主题需明确具体，以便接收者快速把握邮件要点，并方便日后检索。一个清晰的主题同样关键于激发接收者打开邮件的兴趣。

③合理控制邮件的大小和发送频率至关重要。考虑网络带宽和电脑配置的差异，过大的邮件可能导致打开缓慢，使用户失去耐心。同时，避免过于频繁或重复发送邮件，过度的邮件轰炸可能引发用户的厌烦而非好感。

④应允许用户退订。在使用电子邮件进行推广时，必须以用户的预先同意

为前提，无论是用户自行订阅还是机构主动收集的邮件地址，都应允许用户随时退订，充分尊重用户的选择自由。

⑤为了更好地利用电子邮件进行阅读推广，机构应该利用其他多种媒介来推广其邮件地址或邮件列表的订阅页面，以拓宽用户基础并增强电子邮件媒介的有效性。通过这些方法，电子邮件将继续作为一个强有力的推广工具，支持阅读推广活动的发展。

（2）即时通信

即时通信技术已渗透到社会生活的各个层面，从 QQ、MSN 到在线客服系统以及阿里旺旺等工具，它们不仅仅是网络社交的工具，更成为信息交流的关键渠道。这些工具满足了人们在信息沟通、职业工作和商务活动中的需求，并且在生活习惯、社交方式及思维模式上带来了显著影响。即时通信使得双方都能主动参与信息的传播，具有双向互动的特性。这种点对点的交流方式不仅有助于保持信息传播的稳定性和连续性，而且能显著节约时间和成本，使信息传递更加迅速和直接。即时通信平台不仅支持单对单的对话，也能通过群组功能实现更加统一和协调的沟通方式。通过群组，可以将信息精准地传递给具有相同需求的特定小众群体，同时平台上的广告位则能覆盖更广泛的大众。这种网络结构是一个多节点的网状结构，用户的发布和转发活动能有效扩散信息，实现广泛的舆论传播。

在使用即时通信工具进行阅读推广时，需要注意以下几点：①推广人员应当使用规范和亲和的语言，因为他们代表了推广机构的形象，不当的语言使用可能产生不利影响。由于即时通信的特点是即时性，推广人员需要能迅速并有效地组织语言来应对各种交流场合。②应确保及时响应读者的咨询，妥善处理他们的建议和意见，友好的对待将增加读者对推广机构的好感和信任。③群组功能是推广活动中的一个强有力的工具，它不仅能够扩大宣传范围，也需要投入相当的时间和精力进行日常管理。维护群组的活跃度和秩序，定期与成员进行互动，并收集他们对于阅读活动的意见和建议，都是必要的管理活动。④推广工作不应仅限于即时通信工具，而应与其他媒介相结合，这样能够扩大影响力，实现更全面的推广效果。通过这种多渠道的综合运用，即时通信工具将更有效地服务于阅读推广和信息传播。

2. 网站

（1）阅读推广主体网站

阅读推广门户网站是阅读推广主体的重要窗口，它融合了服务和宣传功能，使得阅读推广活动可以通过精心设计和有效宣传吸引众多读者。这种门户网站不仅可以引导公众产生阅读兴趣，还能帮助读者筛选内容，达到推广阅读的目标。在网站的设计理念、栏目设置及运营管理等方面，阅读推广主体可以展现出极大的创新自由，成为推广阅读的关键网络平台。

阅读推广主体的门户网站可以全面展示各种推广内容，包括机构介绍、标识LOGO、阅读理念口号、各类资源推荐、新书发布、导读、活动宣传、自产刊物、阅读名人、阅读技巧指导、书评、阅读相关视频、阅读沙龙、读者互动及数字阅读资源等。目前，许多网站将这些内容分散在不同栏目中展示，导致丰富多彩的阅读活动未能集中体现，从而影响了活动的生命力和持续性。缺乏持续而广泛的网站宣传，也使得阅读推广失去了其独特的文化魅力，难以形成深远的推广效果或独特的品牌形象。因此，阅读推广主体应在门户网站中设立专门的阅读推广栏目，使推广活动常态化、系统化，形成长期和可持续的阅读推广机制，以此推动品牌建设，并不断提升读者的满意度与忠诚度。

在使用网站作为阅读推广媒介时，应该注意几个关键点：①栏目内容的更新必须保持及时性。信息更新不及时将会减少读者的关注和参与。②书籍推荐不应仅限于纸质图书，还应包括数字资源，比如新引进的数据库、在线免费图书与期刊等，以满足不同读者的需求。

（2）各类型知名网站

在现代社会，多种类型的知名网站，包括综合性门户网站、政府机构网站以及视频分享平台，均已成为有效的阅读推广渠道。这些平台因其庞大的受众群体，使得推广内容能够迅速扩散，触及广泛的读者。比较适合推广的内容包括举办大型阅读推广活动时的宣传性和报道性文字、视频资料等。阅读推广主体可以通过投稿的方式向相关网站提交材料，也可以邀请网站记者来参加并报道阅读推广活动的情况。

在利用其他类型网站进行阅读推广时，阅读推广主体应注意以下两点：①确保内容具有价值性。只有具有价值的、内容丰富的材料才能吸引人们的关注，网站编辑才会接受并推广这些稿件。②挑选与阅读推广目标相符合的网站并与之建立长期的合作关系，通过第三方平台维持持续且稳定的合作伙伴关系，从而有效扩大阅读推广的影响力。

3. 自媒体平台

（1）阅读推广微博

新浪微博在推广阅读活动中发挥了巨大作用。该平台借鉴了Twitter的关键功能，使用户能够通过网页、移动端网页或手机应用等多种方式发布最多140字的信息。用户不仅可以分享文字，还能上传图片，丰富信息内容。此外，用户可以实时查看自己关注的人的最新动态,并在其微博下进行评论交流。继新浪之后,腾讯和网易等其他大型网站亦相继推出了自己的微博服务,进一步扩展了这种社交媒体形式的应用范围。这些平台为阅读推广提供了一个广阔的舞台,极大地增加了信息的流通和互动。

(2)微信公众平台

微信公众平台是推广阅读的有效工具,主要包括两大功能:①信息推送功能。通过微信公众平台,可以主动向用户发送各类阅读材料,如书籍推荐、图文杂志、名人读书心得、书评、培训通知、数字资源介绍及各种阅读促进活动等。此外,利用微信的用户分组功能,可以根据读者的不同层次和需求,向他们推送更加个性化和精准的内容,从而提高阅读推广的效果。②自定义菜单功能。通过精心设计的自定义菜单,读者可以便捷地浏览不同类别的信息。在创建菜单前,需要进行详细的市场调研,明确各栏目的主题并根据实际情况挖掘和整合资源,形成具有独特特色的品牌栏目。只有当栏目得到读者的认可,并持续提供高质量内容,才能吸引持续的关注和较高的点击率,进而实现阅读推广的目标。

在使用微信公众平台进行阅读推广时,推广人员应该注意以下几点:①标题和正文应采用轻松幽默的表达方式,以吸引读者的注意力。②推送的内容应适合在手机上阅读。过于学术化或需要深度阅读的文章不适宜通过微信进行推送。因为手机阅读通常是碎片化和快速的,长篇大论的内容很容易被读者忽略,从而失去应有的效果。③可以利用微信支持的多种媒介,如文字、图片、语音和视频等,创造更富创意和活力的内容展示方式,以丰富用户的阅读体验。内容的多样化和生动化能够更有效地吸引读者的兴趣,增加他们的阅读欲望。④

随着微信公众平台功能的不断更新和完善,阅读推广的方式也应随之进步和创新。应密切关注微信的新功能,并灵活利用这些功能来探索新的推广路径,不断创新,以维持和扩大阅读者群体的关注,从而提升阅读推广的效果。

（3）阅读推广博客

随着Web2.0时代的到来,阅读推广博客成为网络文化中的一个热点。众多知名的门户网站和专业网站如搜狐、新浪、网易、和讯等,纷纷推出了具有各自特色的博客服务系统。博客作为一种用户主动参与的平台,能够在讨论特定话题时吸引更多博客用户的参与,从而实现信息的广泛传播。这种形式的讨论不仅能迅速扩大影响力,还能显著提升传播效果。

要有效地建设并运营阅读推广博客,需要重视以下三个关键方面:①博客内容应该持续更新。如果不能保持内容的及时更新,就很难持续吸引和满足读者的需求,从而导致用户流失。因此,管理者需要投入必要的时间和精力,确保阅读推广信息能够持续、及时发布,以更有效地服务广大读者。②每次发布博文时都应该加入恰当的关键词标签。这样做不仅可以帮助将博文进行有效分类,还便于读者通过关键词快速检索到感兴趣的内容,从而提升博文的可读性和阅读率。③增强博客的互动性。通过留言和评论等互动方式,博主与读者之间可以进行有效的沟通。这种互动不仅帮助博主更好地把握读者的当前及潜在需求,提升信息的准确度和质量,同时也能使读者感受到更多的关注和归属感,进而增强他们对博客的忠诚度。博主应该鼓励读者积极发表评论和留言,并对此予以及时反馈。同时,可以定期发起主题阅读讨论,激发读者的参与热情,促进其阅读技能的提升。

第二节
图书馆数字化阅读推广的策划与实施

一、图书馆数字化阅读推广的基本内容

（一）阅读立法是推广阅读的法律保障

随着全民阅读理念被提升为国家战略，原本由民间推动的阅读活动已转变为政府的责任。在这种背景下，学界开始倡导以立法形式确立全民阅读，以表明国家对这一行为的支持和重视。阅读立法成为一种表达国家意志的国家级行为，特别体现在对全民阅读的推崇与期待中。然而，阅读本质上是个人的自由选择，因此全民阅读立法的必要性和合理性一直存在争议。对于儿童阅读的立法尤为关注，涉及学校和图书馆等方面的儿童阅读推广，目前这些领域的立法并无争议。观察国际上的发展趋势，不难发现儿童图书馆服务越来越多地通过举办各种活动来提供服务，由此也推动了儿童阅读推广活动向立法方向的发展。

儿童阅读的法律规范可由国家立法机关通过发布司法解释来实施，进一步通过配套文件落实到实际操作中。从法律研究到配套司法解释，再到配套法律制度的研究，这一过程使得儿童阅读立法的理论基础更加坚实，研究内容更加全面。在现行法律框架之下，儿童阅读立法的研究主要集中在政策法规、标准指南以及规章制度等方面。在这一工作中，关注的主题包括落实科学精神和专

业主义、评定和管理儿童阅读推广主体资质、保障阅读障碍儿童的阅读权利、保障社区边缘儿童的阅读权利、促进儿童阅读推广活动绩效、落实儿童阅读资源、保障儿童阅读安全等方面。

（二）数据支持是阅读推广的资源保障

为了确保阅读推广工作的高效进行，阅读推广机构必须获得用户授权的相关数据，并对这些数据进行细致的分类整理。这样做可以使得阅读推广的目标更加明确，活动的方向也能够依托科学的数据分析得以精准定位。图书馆是数据挖掘的重要场所，它们拥有丰富的可利用数据资源，如用户行为数据、馆藏文献数据、馆员工作数据以及用户基本信息数据。通过借鉴大数据的分析思维，图书馆可以从文献流程管理的角度出发，对这些数据进行深入分析。这不仅可以实现文献信息与用户信息的有效整合，而且还可以精准记录和分析用户的阅读行为，进一步提升服务的个性化和精准度。

在这个数据驱动的新时代，图书馆的核心竞争力正在逐渐转向如何高效利用数据。这就要求图书馆必须配备更加智能化的管理系统，以实现业务流程的数据驱动化。有了坚实的数据支持，图书馆不仅能准确掌握读者的兴趣和需求，还能推出更多符合读者需求的服务软件，实现真正意义上的个性化阅读服务。为了更好地进行阅读推广，图书馆也需要提升馆员的专业技能和整体工作能力。建立一个数据化的图书馆能够有效帮助馆员快速获取和处理所需的数据，这不仅可以解决他们在工作中遇到的各种数据问题，也能间接提高他们的业务水平。通过对收集到的数据进行分析，图书馆可以更准确地理解读者的阅读习惯和兴趣点，进而为用户提供更为个性化的阅读推送服务，从而提升用户体验，增加阅读活动的参与度。

（三）机制创新是阅读推广的体制保障

推广组织在开展阅读推广工作时，必须创新工作机制与模式。这不仅是其业务专业化发展的基础和保障，也是实现阅读推广常态化和可持续发展的现实需求。当前，阅读推广领域面临的最主要问题之一就是工作机制的问题。为解决这一问题，可以考虑设立专职部门和专业团队，包括专职室组、专职人员及兼职人员。这些团队需明确各自的职责，实行任务化管理，确保责任明确到人，从而提升阅读推广的整体工作效率。

我国的东西部发展差异较大，尤其是西部的经济发展与东部相比较为落后，这使得西部贫困地区的图书馆在推广阅读方面面临诸多挑战。因此，对这些地区的阅读推广工作需要从新的视角进行规划和构思。推广组织应该采用生态化、整体化以及互联互通的新视角，对西部地区图书馆的服务进行深度反思，并尝试将该地区的各类图书馆资源整合，形成一个有机的整体。这样的整合不仅促进了地区内阅读服务的多样性和个性化，也是实现阅读价值的重要途径。此外，借助生态系统的理念来构建西部贫困地区的图书馆阅读推广模式，能有效满足不同用户的动态需求，同时也能解决该地区信息资源短缺的问题。这种模式的建立，能够为西部地区的社会公众提供持续而高质量的阅读推广服务。以机制创新为核心的阅读推广体制保障尤为关键。推广组织应当重视西部贫困地区公众的具体阅读需求，关注图书馆在推广阅读中遇到的困难，并且发挥理论在实践中的导向作用。理论的应用不仅提供了行动的框架和规范，也确保了阅读推广活动能沿着正确的目标稳步前进。

（四）素养提升是阅读推广的动力

当前，阅读推广已从初级阶段进展到深层次发展阶段。应当采用科学、间接、隐性的方法，并以理论与技术为支撑来推进阅读活动。具体而言，就是通过提高公众素养来推动阅读推广的工作，进而有效提高阅读的成效。一方面，通过组织经典阅读活动、主题书展等形式，可以有效提升公众的阅读素养；另一方面，提高公民素养也有助于图书馆更好地进行阅读推广服务，这两者之间存在着相互促进和密不可分的关系。总之，阅读推广的根本目标在于促进阅读习惯的形成和提升阅读效果，其核心在于增强阅读素养。

在提升阅读素养的过程中，我们需要为图书馆工作人员创造良好的媒介环境，增强他们的信息交流能力，并提升他们的阅读素养与文化修养，从而促进社会公众形成良好的阅读习惯。在阅读推广的理论建设方面，图书馆应根据阅读素养的要求设定推广目标，并依据阅读素养的指标体系与模型来进行阅读推广的策划、组织和评估工作。

二、图书馆数字化阅读推广的技术支撑

（一）图书借阅服务

在当今知识经济的时代背景下，公共图书馆作为文化知识的传播中心和信息资源的聚集地，其提供的图书借阅服务已经不仅仅是简单的书籍借还。这项服务已经发展成为一个综合性的知识服务平台，关乎公共图书馆的生存与发展，也直接影响到社会文化素质的提升。公共图书馆必须围绕提升借阅服务的核心职能，创新服务方式，提供更为丰富和高效的阅读体验。

在全民阅读的大背景下，图书馆应当积极响应时代的需求，通过不断优化借阅流程和提升服务质量，吸引更多的读者利用图书馆资源。图书馆应采用先进的信息技术，如智能化借还书机、在线预约借阅系统等，以简化借阅程序，

提高借阅效率。此外，图书馆还应开发个性化推荐服务，根据读者的阅读历史和喜好，推荐适合其兴趣和需求的书籍，增强用户体验。

同时，公共图书馆应成为推广全民阅读和文化教育的重要阵地。图书馆不仅要为读者提供丰富的书籍资源，更应组织系列读书活动，如读书会、作家见面会、专题讲座等，以此提升阅读的互动性和趣味性。通过这些活动，图书馆可以进一步普及阅读的重要性，培养公众的阅读习惯和文化素养，从而提升整个社会的文化竞争力。

（二）社区文化活动

随着全民阅读活动的推广，公共图书馆的角色已从单一的借阅服务提供者，逐渐转变为社区文化活动的组织者和推动者。图书馆应该充分利用自身丰富的资源优势，与社区紧密合作，共同打造多元化的文化活动平台。

公共图书馆可以通过与社区合作，定期在社区中心举办图书展览、文化艺术讲座、亲子阅读活动等多种形式的文化活动。这些活动不仅能够丰富社区居民的文化生活，还有助于提高居民的阅读兴趣和文化认知水平。通过这样的合作，图书馆与社区能够建立起更为紧密的联系，共同促进社区文化的繁荣发展。此外，公共图书馆应积极探索新的服务模式，如开设移动图书馆服务，将图书资源直接送到社区，方便居民在家门口就能享受到图书馆的借阅服务。同时，图书馆还可以利用数字资源，开发在线图书阅读平台，让居民能够随时随地通过网络访问电子书籍和音频书，满足不同用户群体的阅读需求。

（三）科普知识展览

在全民阅读的推动下，科普知识展览已成为公共图书馆文化传播和提升公众阅读兴趣的关键举措。公共图书馆通过策划丰富的科普展览，把科学知识的普及作为主要任务。这些展览不仅包括充满文化韵味的展板，还包括各类科学实验案例和先进科学设备。这些内容作为推广科学知识的重要媒介，不仅吸引观众参与展览，还鼓励他们动手设计和实践科学实验。通过这种互动和体验，观众能直观地感受到科学文化的深刻魅力，并通过阅读获取科学真知，逐步提升自己的科学素养。

（四）数字化阅读推广平台逐步普及

随着数字化技术在图书馆的广泛应用，一种结合虚拟现实、自动识别技术、大数据存储和自动化管理的数字化阅读推广平台应运而生，并逐渐在图书馆中得到推广。这些数字化平台极大地丰富了图书馆的硬件设施，为数字化阅读推广活动提供了坚实的基础。数字化阅读推广平台的普及，大大缩短了公众与图书馆在时间和空间上的距离，使得阅读推广内容能更迅速、广泛地传播。同时，图书馆在阅读推广过程中的服务形式和内容也随着数字化平台的普及而得到了全面的革新和提升。

（五）多元化导读推介服务深入开展

在当前的图书馆阅读推广活动中，运用多元化导读推介服务已成为一种高效的方法。通过对图书馆藏书资源进行全面的梳理和统计，包括图书的位置、目录和流通量等信息的整合，图书馆能够为读者提供更加个性化的阅读建议。以无锡市图书馆为例，该馆利用定期发布的免费读者简报，向公众详尽介绍最新的馆藏资源及图书推介信息。这种做法不仅使读者能够第一时间了解到图书馆的最新动态，还激励他们更加积极地参与到图书馆的各类阅读活动中。此外，无锡市图书馆还特别设立了新书推介栏目，及时更新图书上架信息，为读者提供即时的阅读选择。图书馆的一个角落还设有服务建议专栏，鼓励读者就自己的需求或意见进行反馈。图书馆根据这些反馈进行适时的调整和回应，以不断优化服务质量和提升用户体验。

（六）阅读推广形式多样化发展

公共图书馆作为普及和个性化阅读服务的重要平台，其阅读推广形式越发丰富多彩。目前，这些形式主要包括公益性讲座、经典书籍推荐会、阅读主题征文活动、阅读主题沙龙以及专题文化交流活动等。这些活动不仅满足了不同群体对知识获取和文化提升的需求，还鼓励更多人参与到图书馆的日常活动中来。此外，一些图书馆还创新性地推出了诸如阅读猜谜、旧书交换沙龙、亲子共读等活动，既富有趣味性，也极大地提升了公众的阅读兴趣和参与度。

（七）阅读推广品牌价值逐步形成

阅读推广品牌的建立是提升图书馆社会影响力的关键手段之一。品牌价值的构建也是确保阅读推广活动多样化和持续发展的基石。强有力的品牌不仅能深入人心，吸引更多的参与者，还能在社会中形成一种持久的群体效应。通过不断强化品牌的独特魅力和社会价值，阅读推广活动可以更有效地激发公众的阅读热情，从而稳固其在文化推广领域中的地位。

三、图书馆数字化阅读推广项目的策划与实施

（一）图书馆阅读推广项目的类别划分

1. 从目标群体的角度分类

根据目标群体，图书馆阅读推广项目可分为几个不同的类别：①面向儿童的阅读推广项目；②面向青少年的阅读推广项目；③面向成人的阅读推广项目；④面向老年人的阅读推广项目；⑤面向农民工的阅读推广项目；⑥面向盲人的

阅读推广项目等。

2. 从项目举办情况的角度分类

①常态化阅读推广项目，这类项目是图书馆为培养阅读习惯而长期举办的。为了养成阅读习惯，需要时间的积累与活动的持续性，图书馆应持之以恒地开展这些活动，其举办的频率可以根据图书馆的实际运作情况来设定，可以是每周、每月或每年，重在规律性。例如，图书馆为儿童举办的故事时间、图书推荐等活动。

②主题性阅读推广项目，这类项目旨在扩大阅读推广的影响力。通常在节假日或阅读活动周期间进行，涵盖了特定主题的活动，例如，天津市和平区图书馆曾举办的阅读漫画比赛，该活动通过整合阅读与漫画，征集、评选及展示以阅读为主题的漫画作品。

（二）图书馆阅读推广项目的前提条件

确定读者群是实施任何阅读推广项目的基础条件。只有在明确了目标读者后，才能确保项目的实施效果。观察国际上的阅读推广实践，一个显著特点是他们都设定了准确的目标读者。例如，"阅读之星"计划主要针对的是小学高年级及初中低年级的学生；而"信箱俱乐部"则主要服务于寄养家庭中的儿童。例如，挪威专门为16-19岁的高中生开展了阅读推广项目，参与人次超过六万。该项目通过免费提供文学书籍和教师指南给高中生，帮助他们理解教师如何将课程内容与书籍结合。此外，挪威还为运动员开展了结合体育活动的阅读推广，这些活动在各种比赛场地和运动俱乐部举行，旨在培养运动员的阅读习惯。

（三）图书馆阅读推广项目策划实施的内容

1. 选择与分析读者群

（1）读者类型的细分与选择

在图书馆服务领域，对读者进行精准分类和选定是至关重要的一环。首先，图书馆需以现有条件和资源为基础，合理排定服务优先级，确立符合实际情况的阅读推广方案。由于许多图书馆面临人手不足的问题，因此更需聚焦特定的服务对象和工作重点。

通常情况下，儿童和老年人构成公共图书馆的主要服务对象。例如，儿童读者可以根据年龄分为多个段，如0-1岁、1-3岁、3-5岁、6-9岁等，进一步按照兴趣和爱好细分，比如喜欢汽车绘本的儿童、偏爱动物题材小说的儿童、对科普内容有浓厚兴趣的儿童等。对于老年读者，可分为高知类和普通类，还可以根据个人爱好，如烹饪、音乐等进行进一步划分。

学生则是高校图书馆的关注焦点。针对这一读者群，图书馆可以在学生的生活和学习关键节点，如新生入学、学期开始等时期，开展主题阅读推广活动。这些活动旨在帮助学生更好地适应学校环境，例如，为大一新生提供有助于他们适应的阅读材料。

（2）读者群特点的分析方法

为了准确地界定和推广特定读者群的阅读习惯，图书馆首先需要深入分析这些读者群的特性和行为模式。例如，英国一个阅读推广项目，研究对象被定位为通常不太热衷于阅读的男孩子。通过深入研究，发现这些男孩子普遍对足球有浓厚的兴趣。因此，项目组织者决定将足球元素与阅读活动相结合，推荐相关足球主题的书籍，并以足球相关的奖品如签名笔和徽章作为激励奖品，以此吸引男孩子参与阅读。同样，如果目标读者群为3-5岁的儿童，图书馆应当根据这一年龄段儿童的心理和认知发展特点进行详尽的分析。这是因为不同年龄段的儿童，其兴趣和接受信息的方式有很大差异，有效的阅读推广活动需要准确对接这些特征。为了全面了解不同读者群的特性，图书馆可以采用以下几种方法：

①文献法：这是获取读者群特征信息最直接的方法之一。通过阅读相关的专著、学术论文以及教育教材，图书馆可以系统地了解特定读者群的心理和行为特征。例如，研究儿童发展心理学的文献，有助于理解3-5岁儿童的心理需求；而阅读关于老年心理学的资料，则有助于构思适合老年人的阅读推广策略。

②调查法：除了文献研究，实地调查也是获取信息的重要方式。通过问卷调查、面对面访谈等形式，可以直接从读者那里获得反馈，了解他们的阅读偏好和兴趣点。这种方法尤其适用于已经到访图书馆的读者群体，同时，对于未曾到访的潜在读者群体，也应设计特定的调查方式以获取信息。

③流通数据分析法：通过分析图书馆的流通数据，图书馆可以直观地看到哪些书籍被借阅频次较高，哪些较低。这种分析帮助图书馆了解读者群体的整体阅读喜好，进一步可以针对特定群体如大学生、文科或理科生等进行深入分析，从而为阅读推广活动的设计提供数据支持。

2. 确定阅读推广目标

在制定阅读推广项目的目标时，推广组织需要遵守可评估性和可明确性两大原则，确保每一项推广目标都具体而明确，便于后续的效果评估。具体来说，阅读推广目标主要围绕两个方向展开：一是增强读者的阅读兴趣；二是提高读者的阅读能力。

①增强读者阅读兴趣的目标，着重于通过各种激励措施，激发和维持读者对阅读活动的自发参与。例如，可以通过举办主题鲜明的阅读挑战、读书分享会等，让读者在轻松愉快的氛围中重新发现阅读的乐趣。

②提高读者阅读能力的目标，注重于读者在理解和分析文本上的能力提升。这可以通过提供系统的阅读指导和反馈，例如设立阅读工作坊，引入专业的阅读教练，帮助读者深入理解复杂的文本内容，从而提升他们的综合阅读技能。

例如，参考英国的一个成人阅读推广案例，该项目特别针对阅读与写作能力较弱的成年人，设置了明确的目标：参与者需要在三个月内完成六本书的阅读任务。这个目标不仅明确具体，还易于通过参与者的阅读记录来评估其达成情况。这样的目标设定方法确保了项目的可操作性和效果的可评估性，使推广活动可以有的放矢，有效推动阅读习惯的培养和阅读技能的提升。

3. 确定阅读推广方式

（1）馆藏推荐

在阅读推广活动中，一个核心策略是进行图书和期刊的推荐，因为读者往往不了解哪些领域的资料更为优秀。图书馆有责任做出准确的推荐，这不仅限于馆内现有的资源。推荐的内容可以是图书目录，亦可以是电影、游戏或杂志等。图书馆通常会采取以下几种馆藏推荐形式：

①借阅排行榜：这是图书馆最常用的推广手段，包括月度、季度和年度的借阅排行，还可以细分为文学、经济等不同的类别。

②新书推荐：图书馆也常通过设置新书区、定期展览或在线推广等方式来推广新书。选择推广的新书时，图书馆应着重考虑图书的实用性。

③主题书目编制：根据特定需求，图书馆会策划关于特定主题的宣传活动，

这些书目不仅包括图书，还有数字资源和报纸等。

④馆员推荐：是指了解馆藏资源全面和系统的馆员，基于其专业知识进行的推荐方式。该方式不仅能有效利用馆员的专业优势，同时也能激发他们的工作热情。馆员推荐的核心是激发读者的阅读兴趣，而非展示馆员自身的才华。因此，了解目标读者群的需求和特点是推荐的关键。

⑤读者推荐：读者是图书馆宝贵的资源，有效地整合读者资源是图书馆的关键任务之一。例如苏州独墅湖图书馆中的"图书推荐圣诞树"就是一个创新的例子，让读者可以推荐书目并分享推荐理由。对于儿童读者，可以采用更具吸引力的卡通推荐卡，激发他们的兴趣。推荐不仅限于文字，还可以包括绘画、Flash 动画和视频等形式。

（2）常规读书活动

常规读书活动的推广可以通过馆藏书籍推荐或是组织多样的读书活动来实现。推广阅读的任何形式都应致力于帮助大众建立并维持良好的阅读习惯，这应成为图书馆的日常工作，而非仅仅是一时的举措。建立阅读习惯需要一个长期且持续的过程，因此，图书馆在开展读书活动时，应注重其连续性和常态性，以确保读者能持续受益并在阅读中找到乐趣。

（3）专题性阅读推广项目

每年或两年一次，图书馆将举办一系列专题性阅读推广项目，旨在激发公众的阅读兴趣和参与热情。这些项目由多个精心设计的活动组成，具体如下：

①图书馆会组织多种读书竞赛和挑战活动，比如视频创作赛和书评比赛。此外，图书馆还会为达到特定阅读目标的读者设立奖励，例如，阅读完指定数量的书籍（如六本）的读者将获得金牌奖励。

②图书馆还会定期举办各类主题性活动。例如，在侦探之夜活动中，场地会被布置成案发现场，参与者不仅能阅读侦探小说，还能与侦探小说家面对面交流，体验现场推理的乐趣。

③大型宣传活动也是推广阅读的重要手段。图书馆会借助重大节日，如世界读书日这样特殊的日子，举办独具特色的阅读推广活动。这样的活动通常具有较高的仪式感和广泛的社会影响力，有效提升公众对阅读的认知和兴趣。

第三节
图书馆数字化阅读推广的可持续性及发展展望

一、图书馆数字化阅读推广的可持续性

（一）现有的阅读推广模式及其弊端

1. 媒介融合时代读者阅读引导的模式

（1）模式一：社会化媒体推广模式

在 Web2.0 时代，人们常用"社交媒体"来指代那些基于社会性网络的应用，例如博客、微博、播客、维基、社交网络和诸如豆瓣、优酷这样的内容共享社区。随着图书馆 2.0 概念的推广，不少图书馆开始通过这些社交网络平台来进行阅读推广工作。这种通过社交媒体来进行阅读推广的做法，我们称之为"社交媒体推广模式"。尽管这种模式还处于初级阶段，但其受欢迎程度和效果已显示出潜在的巨大活力。

（2）模式二：电子阅读器借阅模式

纸质阅读虽然仍保持稳定增长，但数字阅读的接触率正以更快速度上升。特别是电子阅读设备的普及，显著提升了数字化阅读的比例。这股数字阅读潮流催生了一种新的阅读方式——电子书阅读，它很快成为一种流行趋势。图书馆，作为推广阅读的关键场所，自然积极响应这种趋势，开展了电子阅读器

的借阅服务。

（3）模式三：移动图书馆推广模式

移动图书馆指的是通过智能手机、Kindle、iPad、PSP 等移动设备访问图书馆资源、阅读和查询业务的服务。尽管电子阅读器是推广数字阅读的一个重要工具，但其所承载的数字内容才是推广活动的核心。移动图书馆通过整合各种平台，突破内容传播的限制，提供丰富的阅读资源，释放阅读潜力，使得阅读真正成为无处不在的活动。因此，移动图书馆推广将成为未来数字图书馆推广阅读的主流模式。

（4）模式四：移动阅读引导模式

在新媒体时代背景下，随着媒介的不断革新和读者阅读习惯的转变，移动阅读引导模式应运而生并逐渐发展。此模式主要分为两种方法：①通过手机访问 WAP 网站或下载应用程序来实现简单的浅层阅读；②提供一种近似于传统纸质书阅读体验的电子书形式，使读者能够利用移动设备随时随地进行更为深入的阅读。

（5）模式五：联合协作阅读引导模式

联合协作阅读引导模式通过整合计算机与通信技术的力量，将区域内零散的信息资源进行集中管理。通过信息资源的交流和服务的共享，强化了地区内各信息机构的合作与协调。在为读者提供必需的阅读材料的同时，利用网络推荐和信息通报等手段，进一步增强了信息机构对读者阅读的引导力度。

2. 新媒体时代读者阅读引导的思考

（1）对读者选择性阅读心理开展研究

读者的阅读心理是一个多元复合的构成，其中不仅包含了阅读的动机，也融合了认知加工和情感反应。当读者面对众多阅读材料时，他们必须做出何种内容、何种方式以及何种环境下阅读的选择。这些选择不仅受到个人阅读习惯的影响，更与其心理状态紧密相关。在选择性阅读的过程中，读者经常会在感性与理性之间做出决策。感性因素通常关联到社会影响，例如网络上的流行趋势和媒体声音可能驱使读者跟随大众的阅读选择。而理性因素则更多表现在个人独立思考和判断的基础上，读者会根据内容的质量和相关性，以及个人的需求和兴趣进行决策。

心理学研究中的建构水平理论提供了一种框架，用以分析在不同情境下读者是如何在感性与理性决策之间权衡的。研究显示，当读者处于认知资源充足的环境中，他们倾向于利用理性思维来做出阅读选择；相反，当认知资源有限时，感性体验往往会对阅读选择产生更大的影响。此外，从读者的涉入度和个体重要性角度出发，可以发现涉入度高或个体认为信息重要性大时，理性决策更为常见。这种模式表明，读者的决策过程不是静态的，而是一个动态变化的过程，受到多种内外因素的影响。因此，对于引导读者进行更加理性的选择性阅读，我们可以从提高读者的认知资源和涉入度入手。例如，通过教育和培训提升读者的信息评估能力，以及通过增强阅读材料的相关性和吸引力来提高读者的投入度。

（2）构建联合阅读引导体系

①科学规范发展目标

阅读引导的体系建设是一项全面的系统工程，它要求我们科学地设定目标。这个体系的目标是使阅读成为文明发达城市的一种文化习惯，成为城市的一张骄傲名片；此外，阅读推广要深入人心，使市民愿意参与并享受分享的快乐，把阅读变成一种受欢迎的休闲方式；同时，通过阅读增进城市与市民的和谐，提升城市的文化格局。因此，建立一个协作的阅读引导体系显得尤为重要。

②构建联合阅读引导体系

联合阅读引导体系应该由图书资讯部门、出版商和书店、政府部门、媒体机构以及 NGO 等社会组织共同组建一个阅读工作指导委员会，来引领阅读引导工作。在委员会的指导和协调下，各参与方应在自己的领域内发挥主导作用，不仅要负责组织本机构的阅读推广活动，还需要汇聚专家研究市民的阅读习惯。在阅读指导委员会的统筹安排下，各参与方可以推出多种形式、内容丰富的阅读推广活动。

（3）开展与新媒体时代的阅读需求适应的阅读引导方式

在当前信息化时代，阅读方式正在经历深刻变革，尤其是随着 Web2.0 技术的融合与普及，各种互联网平台如社交媒体、在线百科、博客及微博等的兴起，为我们提供了更为丰富且互动性强的阅读环境。

①与 Web2.0 相结合，强调互动阅读

随着 Web2.0 技术的发展，网络已成为互动性极强的平台。用户不仅可以阅读内容，还能通过评论、提问等方式参与到内容的讨论中去，形成一种社区互助的学习氛围。例如，读者可以在网络文章下方留下自己的看法，或是通过社交媒体分享自己的阅读体验。

②通过个人中心网络，进行融合阅读

个人中心网络是指以个人为中心，通过个人设备实现信息交换和共享的网络。在这样的网络环境中，读者可以使用文字、图片、音频和视频等多媒体形式丰富自己的阅读体验。例如，可以在个人博客上发表书籍评论，或在微博上

发起关于某本书的讨论话题，与广大网友共同分享阅读心得，实现知识的共享和传播。

③通过平台服务聚合，开展知识点阅读

在信息化快速发展的今天，平台服务的聚合功能为阅读提供了更为便捷的方式。通过扫描图书的二维码，读者不仅可以快速获取到图书的详细信息，还能看到其他读者的评价和讨论。这种方式极大地促进了读者之间的互动和信息的深度分享。此外，借助智能手机等移动设备，读者还能实时加入正在讨论某个话题的小组中，与小组成员进行面对面的交流，从而深入了解和掌握知识点。

④利用移动技术，实现无缝隙阅读

随着移动互联网技术的进步，利用智能手机、平板电脑等移动设备进行阅读已成为常态。市场上众多应用程序如苹果的 App Store、Google 的视觉检索软件等，为用户提供了极大的便利。用户可以随时随地通过这些应用程序搜索、下载并阅读感兴趣的书籍和文章，极大地满足了现代人对阅读时效性和便捷性的需求。

（二）建立阅读推广活动的长效机制

1. 加强图书馆阅读推广服务

在全民阅读推广活动中，图书馆无疑是一个极为重要的阵地和图书推介的平台，更是人们接触图书、了解图书的一个重要渠道。在媒介融合的今天，图书馆如何有效提升阅读推广服务，成为推动全民阅读的一项关键议题。在推进全民阅读活动的过程中，图书馆需要发挥其固有的优势，通过组织多样化的阅读相关活动，以此促进阅读文化的普及。

对于高校图书馆，①应通过广播、校园报纸、张贴海报等多种媒介手段来宣传阅读活动，吸引学生参与，提升他们的关注和参与度；②应该利用丰富的学术资源，举办各类学术讲座等活动，这不仅丰富了学生的课余生活，扩展了他们的知识领域，同时通过举办强调阅读推广的讲座，扩大了阅读的社会影响力。

对公共图书馆而言，①应充分发挥其丰富的图书资源优势，广泛开展形式多样的阅读促进活动，为不同年龄段的读者提供有指导意义的读物推荐；②需完善服务体系，延长开放时间，并加强数字技术的应用研究，为读者营造一个舒适的阅读环境，这样有助于激发读者的阅读兴趣和阅读享受；③应积极利用电子书等新型阅读方式，借助数字化进程，推动图书馆藏书的电子化，便于读者借阅和查询。这样的措施将为图书馆阅读推广服务的增强提供有力支持。

2. 培养青少年读者群体阅读习惯

（1）加强对经典国学、经典名著阅读习惯的培养

为了提高青少年对经典国学和名著的阅读兴趣，我们应该根据不同年龄阶段的青少年进行有针对性的书籍推荐。对于年幼的读者，应该挑选内容丰富、形式多样的图书，以适应他们的阅读能力和兴趣；而对于阅读基础较好的青少年，则可以鼓励他们尝试阅读经典原著。在推广全民阅读活动时，推广组织需要循序渐进，避免由于一开始就接触难度过大的文本而让青少年感到难以理解，这样既可以帮助他们逐渐建立起阅读的自信，也有利于培养他们的自主阅读习惯。

（2）对阅读读物类型进行监管

青少年正处于形成个人阅读习惯和思维模式的关键阶段，他们虽然好奇心旺盛，但缺乏足够的判断力。因此，家长、教师以及相关部门需要密切关注市场上的出版物，并适当进行干预，确保青少年接触到的都是健康、有益的阅读

材料。

除了上述措施外，还需要社会各界的共同努力来促进青少年的阅读习惯培养。例如，公众媒体应该发挥其影响力，积极向青少年传递正面信息，政府部门也应该协调资源，优化阅读环境，而图书馆等文化机构则需要根据青少年的特定需求，提供个性化的服务。这些措施不仅能够培养青少年长期的阅读兴趣，也是推动全民阅读活动持续发展的重要保障。

3. 全方位、多角度构建全民阅读文化阵地

（1）精选出版内容，构建阅读文化风尚

为了提升全民阅读的广泛影响及其效果，必须重视对出版内容的严格筛选。除了经典名著，更应侧重挑选那些具有时代意义、文学底蕴丰富和文化内涵深厚的作品进行出版。优秀作品的筛选不可能一蹴而就，需要长期的文化积累和审慎的编辑过程。从选题策划到稿件组织、再到审稿加工，每一个环节都应严格细致，以确保高质量阅读材料的顺利出版，进而促进新时代阅读文化的形成。

（2）推荐精品阅读

在提供多种类型、精心挑选的出版物供读者选择的同时，还需要相关领域的专家和学者进行必要的指引和推荐。这样，广大读者在选择阅读材料时既能考虑个人需求，又能明确阅读方向，使阅读过程更加高效和有成效。

（3）拓展阅读领域

全民阅读活动应当考虑扩大阅读范围，不仅继续加强深度阅读的推广，也应鼓励阅读的自主性和多样性。除了推荐经典作品外，还应鼓励阅读新时代和现代作家的重要作品，包括国内外知名作家的代表作，以丰富国民的阅读体验。

二、图书馆数字化阅读推广的展望

（一）运用新媒体应用技术推广阅读

1. 二维码技术

二维码是一种在平面上以特定规律排列的黑白矩阵，用于记录数据信息。用户可以通过图像输入设备或光电扫描设备快速读取这些信息，实现信息的自动处理。二维码的应用十分广泛，涵盖了从信息获取、网站链接直达、防伪追溯到促销优惠、会员管理以及手机支付等多个领域。在图书馆领域，二维码的使用同样广泛，尤其在信息检索和移动支付等方面有着显著的应用。读者可以通过展示手机或平板电脑上的二维码读者证来代替传统的纸质读者证，或是直接扫描二维码进入图书馆的网站或系统。二维码为线下读者提供了一个快速的线上信息或服务获取方式，图书馆可以根据具体情况，有计划地使用二维码来整合和推广阅读服务，使读者在合适的时间和地点扫码获取所需的服务信息。

2. H5 场景应用

H5 技术，来源于 Html5 的简称，为现代网页提供支持，包括文字动效、音频、视频、图片等多媒体元素的集成，以及图表、音乐和互动调查等功能的融合。H5 在移动端展示了明显的优势，能够被应用于多种场景中，例如 H5 动画、小游戏、弹幕、邀请函、报名表、视频播放等。H5 的多功能性在阅读推广方面显现出其独特的优势。图书馆可以依托 H5 技术，开发各类与服务相关的应用，如信息发布的 H5（例如图书推荐、阅读推广信息、活动邀请等），互动性 H5（例如报名参加、抽奖、投票、问答测试、问卷调查等），以及故事讲述 H5（例如图书故事、读者故事等）。H5 的社交属性极强，使得图书馆的阅读推广活动能够在移动媒体上实现快速地扩散和传播。

3. 多媒体技术

多媒体技术是对文本、声音、图像和视频等多种媒体的综合处理。在移动互联网时代，多媒体技术已成为图书馆推广阅读的核心力量。例如在图片处理方面，新媒体传播高度重视图片质量，微信和微博等平台的推文中，图片的美观程度往往直接影响是否能吸引读者点击。在音频技术应用方面，它主要用于提供有声书资源和支持朗读活动。

除了当前广泛使用的这些技术，还有众多的移动互联网技术在图书馆阅读推广中展现出广阔的应用前景，如动画技术、体感技术、虚拟现实和人工智能等。随着新媒体平台生态的不断演变，图书馆有机会利用这些新兴技术，例如微信小程序的推出，再次促进了图书馆利用新媒体进行阅读推广。目前，如莆田市图书馆、安阳市图书馆已经开始尝试应用微信小程序，国家图书馆也通过诵读小助手这一小程序开展了线上少儿诵读活动。

在技术应用层面，二维码技术因其普及程度高而被广泛用于图书馆资源展示、服务推广和活动宣传，并已取得显著成效。H5 场景应用主要在微信平台中使用，虽然目前非常流行，但也面临着雷同性高和缺乏创新的问题。在多媒体技术领域，尽管图书馆较为擅长传统的多媒体处理技术，但在新兴技术特别是创新应用方面，仍需进一步加强，尤其是在当前流行的短视频营销领域，随着技术门槛的降低，对创意的要求也随之增高。

（二）图书馆开展阅读推广活动的建议

1. 强化图书馆设施及充实馆藏资源

图书馆在推动全民阅读活动中扮演着关键角色，需要系统化的组织领导和完善的工作机制。政府应在政策和财政上提供支持，确保阅读活动的持续推广和效果。在这种保障下,图书馆不仅应当扩充自身的馆藏,降低公众的阅读成本,还应深化阅读活动内容,创立特色阅读品牌,提供多样化的阅读服务,吸引更多的市民参与。同时,相关部门需制定推动图书馆发展的政策,修订图书馆设施、人员和馆藏资源的标准,鼓励地方政府基于人口规模建设适量的图书馆设施,配备充足的资源,满足公众的阅读及信息需求。此外,为满足更广泛的读者群体,图书馆应在人口密集的城市及各县乡建立分馆,并定期更新书籍,保证乡村读者也能享受便利的阅读服务。

阅读环境的多维打造对培养公众的阅读兴趣和习惯至关重要。这需要图书馆、学校和家庭的共同努力。国家可以通过设立如"世界读书日"等活动,以及考虑立法设定专题阅读日,来加强社会阅读氛围。在家庭层面,可以围绕图书馆的亲子阅读活动,帮助家长创造一个温馨的阅读环境,促进家庭成员间的沟通,帮助孩子养成良好的阅读习惯。学校方面,图书馆可以利用其馆藏资源支持校内外阅读的互动,与学校合作开展丰富多样的阅读推广活动,增强学生的阅读兴趣,共同营造一个积极的阅读氛围。

图书馆需要不断优化服务效能,提供便捷的借阅环境。在现代社会,人们偏爱简便快捷的服务,因此图书馆应致力于简化操作流程,以便利广大读者。例如,应简化借书流程并延长开放时间,安装自助查询系统帮助读者迅速找到所需图书的具体位置,从而节省时间。此外,每位图书管理员都应对自己管理的图书馆设施和馆藏资源有深入了解,并能主动提供高效的帮助和服务。

图书馆在推广阅读活动中扮演着重要角色,其中馆藏资源的多样性和吸引力极为关键。经典文献的阅读无疑能有效提升读者的文化素质,但实际上,许多读者对厚重的经典作品往往缺乏足够的兴趣和自发性。为了更好地推广阅读,图书馆应当根据读者的兴趣偏好、认知水平及知识背景，精心挑选各种风格和难度的经典书籍，以此激发读者的阅读热情，提高其阅读能力。

图书馆应充分利用特色藏书资源，扩展公众的阅读选择。例如，通过数字化珍贵古籍，不仅便于学术研究，还能增加普通公众对国家文化遗产的了解和兴趣。与此同时，图书馆还可以与民间出版社合作，将这些古籍转化为更适合大众阅读的版本，如通俗文学或儿童读物。这种做法不仅让历史文献以一种新的形式活在当代，还能与学校教育相结合，例如将儿童版的历史读物融入学校课程，并配套教学设计，推广乡土教育，从而丰富社区成员尤其是青少年的阅读资源。这样的阅读推广策略，既尊重并满足了不同读者的需求，又有效地提升了阅读的普及率和深度，让阅读成为一种享受而非负担，极大地促进了全民的文化素质和阅读兴趣。

2. 拓展阅读推广的读者对象

图书馆在全民阅读推广中担任着国家指派的核心角色，其责任是确保成年人、未成年人及阅读障碍者均能享有平等的阅读机会。目前，图书馆的阅读推广工作主要聚焦于少年儿童，尤其是 4－12 岁之间的年龄组。然而，对低龄幼儿、中学生、成年人及老年人等其他重要群体的关注却相对不足。这一现象的背后，是因为不同群体的特有需求和特点使得针对他们的阅读推广面临更多挑战。例如，低龄幼儿正处于认知和行为发展的初级阶段，需要特别设计的启蒙材料；中学生则表现出较强的个性，同时他们的学业和应试压力巨大；成年人则常常夹在社会和家庭的双重压力下，虽有学习需求，但可用于阅读的时间和精力有限。

图书馆的阅读推广工作需进行创新和突破。图书馆需通过细致的市场和心理研究，了解不同群体的具体阅读需求和个性特征。基于这些研究，图书馆可以设计具有吸引力的阅读材料和活动，旨在满足各个年龄层和社会群体的特定需求。此外，图书馆在家庭阅读推广上也应发挥重要作用。图书馆应通过举办讲座、研讨会等形式，为成年读者提供学习新知和技能的平台，以适应他们忙碌的生活节奏。为了使阅读推广工作更具影响力，图书馆还应不断拓展新的推广对象，如利用数字技术发展在线阅读平台，以便于更多人在任何时间和地点都能访问阅读资源。此外，针对老年人群体，图书馆可以设计易于阅读的材料和舒适的阅读环境，帮助他们在退休后继续保持心理活力和社会联系。

图书馆在推广阅读方面应充分考虑每位读者在知识需求方向和渴望程度上的差异性。由于不同读者的阅读体验和目的存在差别，图书馆需与读者、作者及出版商加强交流与互动，以确保阅读推广活动的有效性，同时也能够满足读者对阅读个性化的需求。通过这种互动，各方可以更好地理解彼此的需求，这对于知识与经验的共享具有重要的意义。此外，这种交流还有助于提升读者的人际交往与沟通技能，使他们通过阅读获取更多课外资源。同时，图书馆员在与各方沟通的过程中，能够把握不同的需求方向，从而在未来的阅读推广中提高服务水平，进而提升整体的服务质量。

在社会中，存在一些虽然热爱阅读但条件有限，难以满足阅读需求的读者。图书馆应充分利用其丰富的阅读资源，发挥优势，采用多种方式帮助这些读者。例如，可以为视障读者提供盲文书籍或有声读物，为行动不便的读者提供上门送书服务。图书馆应特别关注未成年人和残疾人的阅读需求，提供适宜的阅读条件和分阶段、分层次的阅读推荐。对于残疾人，图书馆应提供专座或上门服务，确保他们方便地获取信息，并组建盲文阅览室，通过提供特殊服务如视听资料、互联网浏览等，满足不同需求。图书馆还应鼓励社会各界参与文献传递，为广大读者群体创造更多便利的阅读条件。

3. 指导读者并培养阅读习惯

图书馆在引导读者和培养其阅读习惯方面担当重要角色。面对市场上层出不穷的新书，许多公众往往感到选择困难。尽管如今有"中国好书"这样的评选活动，书籍的评选与推荐系统还不够完善。图书馆未来应当强化对读者的指导，建立并完善书籍的评选与推荐机制，以连接读者与优质读物。此外，图书馆还应努力发展全民阅读组织，涵盖学校、企业、政府部门及社区等。这些组织可以覆盖所有年龄段，从儿童到老年人，旨在培养广泛的读者群体。这不仅能提升图书馆的馆藏与服务，更能满足全民阅读的需求。

全民阅读是图书馆的核心使命之一，要培养良好的社会阅读风气，应从儿童阅读推广做起。阅读不仅能激发儿童的想象力和理解力，还能提高他们的语言表达能力，进而增强学习能力。因此，图书馆应当积极推动儿童早期阅读，举办各种读书活动和扩展活动，为青少年创造良好的阅读环境。通过举办故事会、读书会、知识竞赛和猜谜游戏等活动，加强家庭阅读和亲子互动，不仅能促进家长与孩子之间的沟通交流，还能营造温馨和谐的家庭阅读氛围，帮助孩子从小形成良好的阅读习惯。

4. 运用新媒体技术为读者服务

在目前这个内容丰富、形式多样的阅读时代，互联网、云阅读、电子书以及各种阅读器设备等，已经引发了一场深刻的阅读革命。这些技术的应用让我们能够轻松携带大量好书，而数字阅读的影响力也在不断增强。为了鼓励更多人参与到全民阅读中来，我们需要认识到传统阅读与现代电子阅读的融合是未来的大趋势。未来的阅读将主要依赖于数字化，推广阅读也将侧重于数字阅读的推广。因此，图书馆在推广传统阅读的基础上，应进一步研究和开发网上阅读、手机阅读和电子阅读等新兴领域。我们要以此为重点，努力实现数字媒体与传统纸质媒体的有效对接，不断拓展阅读的边界，并力图构建一个网络全民阅读的公共文化服务平台，探索符合新形势下的数字阅读服务新模式、新载体和新平台。

在资源驱动的阅读推广方面，我们不仅仅局限于图书馆现有的实体藏书，也应包括所有可能纳入馆藏的资源。当前，诸如虚拟现实、数字化阅读、远程教育等技术正不断融入图书馆的服务体系中。尤其是那些拥有丰富数字馆藏和共享资源的图书馆，正面临着从传统纸质书籍为主的家庭阅读推广，向包括数字阅读、电子阅读在内的新型馆藏资源阅读的转变。考虑数字化阅读在我国的普及率已接近 70%，图书馆在开展家庭阅读推广活动时，应充分利用新技术，运用一切可用的馆藏资源，开展内容更为丰富、形式更为创新的阅读推广活动，吸引更多家庭参与，让阅读成为更多人的习惯，从而推动全民阅读的发展。

在数字阅读时代的浪潮中，图书馆需适时调整，顺应数字化的新潮流。图书馆要发挥其在阅读推广中的核心作用，大力推广数字阅读。通过引入 24 小时自助借还机、电子书刊设备等现代技术，扩充数据库和电子出版物的收藏，积极实现多媒体与多平台的整合，为读者提供优质的阅读材料。此外，图书馆还需不断探索新的数字阅读载体、新技术和新模式，以适应读者在大数据环境下的阅读需求。

在互联网和大数据技术的推动下，图书馆若想加速全民阅读活动的推广，促进民众建立阅读习惯，必须整合技术资源，构建一套网络知识服务平台。在信息时代，科学知识传播的方式已经彻底变革，书籍借阅不再是传递知识的唯一途径。电子阅读和网络阅读已成为公众的首选。在这样的大背景下，图书馆应借鉴信息技术的有益经验，利用互联网和网站技术，创建健全的网络知识服务平台。通过网络向大众传播科学与文化知识，最大程度地普及科学文化观念，并引导公众形成积极的阅读与学习意识。

5. 不断探索新的阅读推广模式

虽然传统阅读方式深度难以替代，但在新媒体飞速发展的今日，数字化阅读因其便捷、快速及内容丰富的特点，已成为人们生活中的重要组成部分。新阅读模式的便利性使人们的阅读习惯逐渐表浅，主要集中在娱乐和休闲方面，以碎片化信息为主。这种现代"快餐式"阅读模式既占用了大量时间，也不能深入地传递知识，更不能完全展现阅读的深层价值。那么，如何才能在任何时间和地点，通过新媒体向读者有效传递图书馆的知识呢？这就需要图书馆结合传统与现代的阅读方式，发挥各自优势，共同推动阅读文化的发展。

在当今信息化迅速发展的时代，新媒体阅读方式层出不穷，不少读者开始倾向于体验数字化的阅读形式。移动设备如手机和平板电脑的普及，使得移动端阅读成为新媒体时代的一种潮流。对图书馆来说，如何利用网络将知识内容传递到这些移动设备上，实现随时随地的阅读，成为一个亟须解决的问题。这不仅需要图书馆在阅读推广上做出创新，还要通过提升服务效率，吸引更广泛的读者群体，让不同年龄和背景的读者都能获得全新的阅读体验。图书馆应当充实移动图书馆的服务内容，并完善其移动数据库，使得读者可以随时通过手机或平板电脑访问到图书馆的数字化藏书。例如，读者能随时查阅数字版的图书、报纸、期刊等资源，真正实现"把图书馆带回家"的便利。通过这种方式，读者能更自由地访问图书馆资源，无论是在家中，还是在旅途中。此外，图书馆还可以利用微博、微信公众号等社交媒体平台进行创新和信息更新。这些平台不仅可以方便读者获取图书馆的最新动态和推荐书目，还能促进读者之间的社交互动。通过社交分享，读者可以更便捷地表达对图书馆服务的意见和建议，同时图书馆也可以通过这些反馈更精准地把握读者需求，从而制定未来发展的方向。尽管新媒体为阅读推广带来了多样的模式，但这并不意味着传统阅读方式的消亡，相反，它为读者开辟了更多的阅读机会。在新媒体时代，图书馆的阅读推广工作应该是继承与创新并行，不断地为读者的阅读空间增添新的元素。

图书馆作为全民阅读推广的重要阵地，肩负着提升国民文化素质和建设书香社会的双重使命。在国家政策的大力支持和社会各界的广泛认可下，全民阅读活动日益成为国民文化建设中的一项关键措施。图书馆需要通过完善长效的阅读推广机制，不断扩大和加强全民阅读活动的品牌影响力，开辟全民阅读的新领域，并与社会各方力量合作，共同推进全民阅读的持续深化。随着全民阅读环境的不断优化，图书馆的阅读推广已经成为其核心职责之一。面对全民阅读的广阔前景，图书馆需要采取创新的发展模式，提高阅读活动的质量和效果，构建具有吸引力的阅读服务品牌。这不仅需要图书馆加强与社会的合作和行业的交流，而且还需要科学地推动阅读活动的可持续发展，不断探索和实践新思路。

尽管我国的阅读推广活动已取得显著成绩，但从全民阅读的实际情况来看，无论是政府还是图书馆在推广过程中都面临着一定的挑战和压力。全面提升全民阅读的水平不是短期内就能完成的任务。因此，图书馆在推动阅读推广活动中必须不断寻求创新和多元化的发展路径，以保持活动的活力和持续性，这也是推动图书馆事业持续创新发展的关键。未来的图书馆将不断面临新技术、新平台和新业态的挑战和机遇。图书馆需要积极适应时代的发展，探索更有效的技术和策略，创新阅读推广的服务方式。这包括实行多样化的服务策略，如"百花齐放""不拘一格"的阅读推广方法，以吸引更多读者参与，让全民阅读活动始终充满活力和创新性。

第八章

基于社会化媒体下图书馆阅读推广研究

第一节
社会化媒体在图书馆的阅读推广

一、各种类型社会化媒体应用于图书馆阅读推广的现状

在众多的社会化媒体平台中,微博因其广泛的用户基础和高效的推广能力,成为图书馆推广阅读活动的首选工具。紧随其后的是论坛、社交网站以及QQ等平台,这些工具也被广泛应用于阅读推广之中。图书馆在选择这些平台时,主要考量的是这些工具是否适宜用于推广阅读活动,以及它们是否拥有广泛的用户群体。同时,图书馆还会考虑这些社会化媒体平台的管理是否便捷,以便更高效地开展推广工作。

图书馆利用社会化媒体进行阅读推广的主要动机包括:与读者进行互动交流,迅速传播阅读信息,丰富阅读推广活动的内容。此外,还包括扩大读者基础、通过社会化媒体进行读者调查、与同行交流经验、促进读者利用社会化媒体的其他目的,以适应时代发展的需求。目前,图书馆在阅读推广过程中越来越重视与读者的互动交流,大家普遍认识到社会化媒体在提升图书馆阅读推广效果方面的重要性。然而,仍有部分图书馆在使用社会化媒体进行阅读推广时缺乏明确的目标,这在一定程度上影响了推广效果的提升。

在当今数字化时代,社会化媒体已成为图书馆推广阅读的重要工具,其应

用范围广泛，涵盖了多个关键领域：①图书馆利用社会化媒体平台推荐各类书籍，通过精心挑选和分享高质量的阅读材料，激发读者的兴趣和好奇心。②图书馆通过社会化媒体积极推广阅读文化，传播图书馆的知识和资源，让更多的读者了解图书馆的价值和作用。③图书馆还通过举办各类线上和线下的阅读活动，借助社会化媒体的广泛传播力，吸引更多读者参与，从而增强阅读的互动性和趣味性。图书馆普遍认同，社会化媒体在阅读推广中应发挥信息发布、宣传图书馆知识和与读者互动交流的关键作用，这些功能在实践中也已得到有效执行。此外，一些图书馆还看重社会化媒体在搜集用户阅读偏好信息和促进与其他图书馆及社会各界交流方面的潜力。尽管如此，许多图书馆在实际操作中还未能充分发挥这些功能的潜力。

影响社会化媒体推广阅读效果的主要因素可以归纳为三个核心问题：①图书馆缺乏一套完善的社会化媒体管理和使用策略；②图书馆未能充分挖掘和应用社会化媒体的多样功能；③图书馆在使用社会化媒体推广阅读时未能有效地针对不同用户的特征进行细致的分类和服务。除了这三个主要问题外，还有一些其他因素也制约了社会化媒体的效能。例如，部分图书馆在社会化媒体的管理层面存在不足，如人力资源投入不够，管理人员的专业能力不符合要求等。同时，一些图书馆对于与社会化媒体的深入合作持谨慎态度，担心因管理不善或经费问题而影响合作的效果。尽管如此，许多图书馆仍然积极尝试利用社会化媒体进行阅读推广，但能够真正发挥出显著作用的图书馆数量并不多。为了有效提升社会化媒体在阅读推广中的实际效果，图书馆需要综合运用多种类型的社会化媒体工具，制定出一套系统的管理和使用方案。通过借鉴社会化媒体营销的策略，更深入地分析和了解目标用户的特征和需求，图书馆可以更加有针对性和方向性地进行内容创作和活动策划。此外，有些图书馆甚至开始自主开发专门的阅读推广平台，以进一步提升阅读推广的专业性和效果。

二、不同种类图书馆应用社会化媒体推广阅读的现状

从图书馆的类型上来看，不同类型的图书馆在利用社会化媒体推广阅读的过程中存在一定的差异和共性；这些差异与共性体现在以下几个方面：

（一）阅读推广动因

图书馆在阅读推广的动因上有所不同，这主要由其服务的读者群体决定。图书馆在阅读推广的动因上具有明显的差异性，这主要是由其服务的读者群体的特点和需求所决定的。例如，高校图书馆主要服务于大学师生，这是社会化媒体的一个重要用户群。高校图书馆服务的主要对象是大学的师生，这是一个学术性较强的群体，对信息的需求具有明确的目的性和实时性。高校图书馆通过社会化媒体发布图书馆的最新消息、资源更新、讲座信息，不仅帮助师生及时获取学术资源，还促进了学术交流和知识分享。此外，高校图书馆还致力于培养学生的信息素养和批判性思维能力，通过定期的信息技能培训和在线讲座，增强学生的研究能力和创新思维。这种以教育和研究为中心的阅读推广策略，使高校图书馆成为推动学术发展和知识创新的重要平台。公共图书馆则面向更广泛的社会公众，服务对象包括各个年龄层的读者。与高校图书馆相比，公共图书馆在阅读推广上更注重普及性和包容性。它们利用社会化媒体扩大服务的影响力，提高图书馆活动和资源的可见度。公共图书馆通过组织各类文化活动、阅读促进活动以及儿童和青少年的教育项目，激发公众的阅读兴趣，同时也提供了一个社交和学习的场所。这些活动不仅丰富了社区文化生活，也强化了图

书馆在社区教育和文化推广中的作用。对于专门服务于科研人员的科研图书馆来说，其使用社会化媒体的主要目的是提供最新的科研资讯和促进学术交流。科研图书馆针对的是高度专业化的用户群体，因此它们常常通过专业的社交平台发布前沿的学术资源、研究报告和学术会议信息。这些信息服务不仅支持了科研人员的日常研究，也促进了跨学科和国际的学术合作。通过这种方式，科研图书馆为科学研究的发展提供了强有力的信息支持，并有助于科研成果的快速传播和应用。

（二）图书馆阅读推广内容

在图书馆阅读推广内容方面，各高校图书馆主要分享的是图书馆数据库的最新资源、阅读培训资讯及图书馆举办的阅读活动等信息；公共图书馆则频繁发布关于讲座、书评摘要、书籍及期刊推荐、阅读指导及相关阅读活动的信息；科研图书馆的发布重点则包括数据库更新、科研资源的检索与利用，以及科普作品的推介等内容。总的来说，不同类型的图书馆在利用社会化媒体发布信息时，通常都采用友好且专业的表达方式，以体现出与读者互动交流的意愿。为了让信息一目了然，许多图书馆会在发布内容时明确标出主题，便于读者根据主题快速找到所需信息。虽然发布内容主要是文字形式，但在推荐书目时偶尔会附带图片，而对于音乐和视频等其他媒介的使用则相对较少。大部分图书馆倾向于发布原创内容，并将转载内容控制在一定范围内，发布的内容量和频率没有明显的规律，这体现了图书馆服务的个性化和专业性。

（三）阅读推广的读者关注和交流

在图书馆阅读推广的读者关注和交流方面，不同类型图书馆面临相似的挑战，这些问题影响了图书馆与读者之间的有效沟通和交流。

①图书馆虽然在数字化时代拥有了更多吸引读者的工具，如社交媒体平台，但很多时候，这些平台的关注者数量并不能真正转化为阅读推广的积极参与。例如，尽管一些图书馆的社交媒体账号拥有众多粉丝，但真正参与互动的读者却寥寥无几。内容的发布虽频繁，但读者的反馈和内容的分享却远未达到预期效果。这种现象可能与内容的吸引力不足或缺乏针对性有关，也可能是由于图书馆与读者之间缺乏有效的沟通渠道。

②图书馆与读者之间的交流通常局限于具体的阅读需求或问题解答，很难形成持续和深入的对话。这种有限的互动方式使得图书馆难以深入了解读者的长期需求和兴趣，也难以根据读者的反馈调整服务和内容。这不仅影响了图书馆服务的个性化和精准性，也限制了图书馆在社区或学术领域中的影响力和角色。

③多数图书馆在使用社交媒体进行阅读推广时，尚未能有效实现与读者之间的良好互动。社交媒体作为一个强大的互动工具，其潜力在许多图书馆中并未被充分利用。这可能是由于缺乏专业的社交媒体运营策略，或是图书馆工作人员对社交媒体工具的运用不熟悉。

④图书馆在推广阅读的过程中，与其他图书馆或相关机构的合作也相对较少。这种孤立的推广策略不利于资源的共享和经验的交流，也不利于形成更广泛的阅读推广网络。合作和交流不仅可以扩大图书馆的影响力，还可以提升推广活动的效果和创新性。

三、社会化媒体的运行机制及其用户特征

社会化媒体的有效性基于其特定的运行机制，依托于 Blog、Wiki、SNS 等

关键技术。这些平台通过激发用户生成和分享内容的积极性，实现其功能。图书馆在利用社会化媒体进行阅读推广时，首先需明白这些媒体的运作方式，以及它们如何助力于图书馆的阅读推广工作。在图书馆的阅读推广和社会化媒体活动中，用户都扮演了不可或缺的角色。因此，这里还将讨论社会化媒体用户的特点。

（一）社会化媒体的运行机制

本质上，图书馆的阅读推广是一项传播活动。在这个过程中，多种要素相互作用，共同完成对图书馆及其服务的宣传，旨在促进阅读材料的传播和提升读者的阅读能力。1948年，拉斯韦尔首次阐述了传播过程的五个基本要素：即 Who（谁）、Says What（说了什么）、In Which Channel（通过何种渠道）、To Whom（对谁说）和 With What Effect（取得了什么效果），这便是著名的5W传播模型。这些要素分别代表了传播的主体、传播的内容、传播的途径、传播的客体、传播的效果。应用此模型来分析图书馆的阅读推广，图书馆作为推广的主体，目标读者为客体，推广的内容包括文献信息资源，且在推广过程中，还需依靠特定的推广媒介和设施。在社会化媒体辅助下的图书馆阅读推广，社会化媒体不仅是传播媒介，其独特的运行机制也与阅读推广的各环节紧密相关，对整个推广活动产生深远影响。

1. 核心机制

社会化媒体的运作依赖于用户信息的生成和传播，而在阅读推广中，社会化媒体的运作机制的核心依然是信息的生成和传播。当图书馆精心制作内容并将其发布到社会化媒体平台后，用户对这些内容的价值认同通常会通过点赞或收藏来表达。他们还会通过转发和分享这些信息，进一步扩散其影响力。用户间的互动不仅限于简单的传播,还会对原有内容进行改进和再创造,这样的活动进一步加深了信息的流通和影响力。因此,在社会化媒体的支持下,图书馆的阅读推广已经超越了其传统界限。用户在接受信息的同时,也变成了推广的主力。换言之,在社会化媒体辅助下的图书馆阅读推广活动中,图书馆与用户共同作为推广主体。他们通过生成与分享信息来推动阅读活动,形成了一个互动和协作的良性循环。

在社会化媒体的动态环境中,不断有新的信息被创造和关注。广泛传播的内容容易成为热门话题,吸引更多用户的注意。因此,信息的有效传播对于图书馆的阅读推广至关重要。社会化媒体的传播机制直接影响到图书馆内容的质量和创新力,进一步促进了阅读推广的效果。图书馆在社会化媒体平台上发布的内容,不仅需要具备吸引力,还要具备可分享性。这样,用户在阅读后才会愿意将其传播给更多人。图书馆可以通过举办各种线上活动,如读书会、讲座直播等,来增加用户的参与度和互动性。同时,图书馆还可以利用数据分析工具,了解用户对不同类型内容的偏好,从而优化内容策略,提高推广效果。

2. 用户发现机制

在图书馆决定利用社会化媒体进行阅读推广之后,接下来的一步是明确目标读者群体,也就是我们所说的客体,这包括了现有的读者和那些潜在的读者。通过社会化媒体的信息推送功能,图书馆不仅能够精准地锁定这些目标读者,还能激发读者自发地发现图书馆所提供的丰富资源。在社会化媒体的日常使用过程中,每位用户都会留下详细的活动记录,例如他们偏好的内容类型、浏览的网页足迹以及个性化的标签等。这些丰富的信息使得社会化媒体能够追踪到用户的兴趣和爱好,并向他们推送可能引起兴趣的相关内容,从而满足用户的阅读需求，并且突出他们的个性特征。

同样地，当图书馆在社会化媒体上形成了一定的活动特征后，社会化媒体也能够反过来向图书馆推荐那些可能感兴趣的用户。这种互动机制不仅帮助图书馆精确地找到潜在的阅读者，明确阅读推广的目标群体，还使得图书馆能够更深入地了解用户的具体需求。这样一来，图书馆就能够创造出更具吸引力的信息内容，从而提升阅读推广的效果和效率，进一步增强读者的阅读体验和满意度。

3. 持续推广机制

在当今数字化时代，社会化媒体平台通过广泛的交流和互动，极大地扩展了信息传播的范围，成为图书馆推广阅读活动的关键持续机制。在这个虚拟的互动空间中，用户可以根据自己的兴趣爱好与来自世界各地的人建立联系。例如，通过互相关注，用户可以即时分享和接收信息，从而形成一个持续的互动网络。随着时间的推移，具有相似兴趣和爱好的用户群体逐渐形成，他们的互动可以引导信息在更广阔的社交圈内流传。对于图书馆而言，与读者建立并维护这样的联系显得尤为重要。当用户对图书馆推荐的书籍、文章或其他阅读内容产生兴趣时，他们可能会积极参与阅读，甚至直接参加图书馆举办的各类推广活动。如果图书馆能够不断提高用户的满意度，这些用户便更愿意与图书馆进行深入的交流和互动，甚至建立长期的关系。这种持续的互动不仅保证了用户能够及时获取图书馆的最新信息，还通过他们对这些信息的认可与分享，吸引更多人关注图书馆的阅读推广活动。如此形成的持续推广机制，不仅增强了图书馆的公众形象，也提高了阅读率，最终使图书馆的服务成为读者生活中不可或缺的一部分。

（二）社会化媒体用户特征

在社会化媒体中，图书馆面临的阅读推广对象和传统的阅读推广对象有所不同，相关学者从用户阅读需求特征、用户阅读心理特点及用户阅读行为特征几个角度进行了探讨。让图书馆在阅读推广中能够把握社会化媒体上用户的阅读特征，从而更有针对性地促进阅读推广。

1. 用户阅读需求特征

在社会化媒体时代，与传统阅读资源获取方式相比，人们获得阅读材料的门槛显著降低，知识获取的效率也得到了大幅提升。在这种环境下，读者不仅能够消费内容，还能成为内容的创造者。研究表明，社会化媒体用户在阅读时，最主要的需求是实现社交互动。钟雄，MTC 的联合创始人兼社会化阅读观察者，指出，将读者放在中心位置，通过个性化的内容获取和社区化的分享互动，社会化阅读正在成为阅读的新趋势。

在社会化媒体的环境中，人们可以更方便地通过信息技术寻找到心仪的阅读材料。每位读者都能主动选择阅读内容，并且除了阅读本身，还有将阅读体验分享出去的需求。读者们希望能在社会化媒体上与其他读者进行互动和交流，从而让阅读内容得到广泛传播并创造更多价值。作为读者，他们不仅能从中发掘优质内容或获得灵感，还可以将这些内容进行个性化加工，比如添加图片、音乐及个人解读，然后将其作为原创内容发布至社会化媒体。如果这些内容能够得到广泛分享和认可，那将带来极大的成就感。这种阅读需求已经超越了单纯的阅读，增加了社交元素，包括读者与读者之间、读者与作者之间的互动和交流。

许多富有创新精神的企业洞察到了这一变化，开始关注读者的阅读需求和体验，而不仅仅是书籍内容本身。这种趋势在国内许多社会化媒体推出的阅读应用中得到了体现和响应。以豆瓣网为例，它推出的"豆瓣阅读"客户端就是一个典型代表。该客户端支持包括 iPhone、iPad、Android 和 Kindle 在内的多种平台，提供了优质的用户体验。用户可以根据个人偏好调整字号、亮度、配色及翻页方式，以获得更舒适的阅读感受。此外，豆瓣阅读还设有沙龙区，用户可以在此区域与他人交流阅读心得，分享感悟，这种互动增强了阅读的社会化属性。不仅如此，豆瓣阅读还整合了书店功能，用户可以方便地购买心仪的图书作品。另一个例子是鲜果网推出的"鲜果读书"。这是一个专为 iPad 和 Android 设计的移动阅读产品，它为用户提供了丰富的图书资源，使得用户可以自由搜索和下载阅读。与豆瓣阅读类似，鲜果读书也允许用户将阅读内容分享到其他社会化媒体，促进了阅读体验的社交化和互动性。用户还可以在平台上对读过的书籍发表评论，与其他读者共同探讨书籍内容。这些阅读应用的出现，不仅丰富了图书馆和阅读推广的形式，也满足了用户的个性化阅读需求特征。社会化媒体的力量使得阅读不再是一种孤立的行为，而是变成了一个集体参与的过程。通过这些平台，阅读变得更加便捷、互动和个性化，极大地促进了阅读文化的传播和发展。这种趋势对图书馆和阅读推广机构来说，提供了新的思路和方法。他们可以利用这些社会化媒体工具，更有效地满足现代读者的需求，推动阅读活动的多样化和社会化。在未来，这种阅读模式可能会成为主流，成为推动文化发展的重要力量。

2. 用户阅读心理特征

在社会化媒体平台上，用户的阅读需求已经超越了单纯的内容吸收，他们渴望通过阅读进行社交互动。在这种媒介环境中，一个显著的用户阅读心理特征是他们在阅读时易受公众反馈、收藏、分享和评论的影响。用户倾向于依据他人的偏好和推荐作出选择，而非单纯的广告或推销。社会化媒体的互动性和信息扩散的特性使得用户的选择更加直观和目的明确。单一次的内容转载可能不足以引起用户的兴趣，但如果内容被多次转发，尤其是变得热门时，用户会被激发出强烈的好奇心，希望探究这些内容为何受到广泛欢迎。在选择阅读材料时，用户常常优先考虑查看评论，这不仅缩短了他们做决定的时间，还能确保选择的内容具有一定的质量，特别是在信息泛滥的网络环境下。

另外，在当今的社会化媒体平台上，用户们往往更容易被那些直观且生动的图像、视频或音频内容所吸引。这些内容之所以能够频繁地被转发、分享，并且获得大量的赞赏，很大程度上是因为它们经过了精心的制作，并且能够触动人们的心灵。尽管多媒体元素在抓住用户注意力方面具有显著的效果，但如果缺少了引人入胜的文字描述，这些内容同样难以获得广泛的认同和传播。那些富含深刻哲理、能够启迪思考并触动人们灵魂的内容，往往更受欢迎。这一现象可以从两个方面进行解释：一是用户们普遍认为这类内容具有较高的意义，它们不仅仅是为了娱乐，而是能够引发深层次的思考和情感共鸣；二是分享这些内容可以提升用户的个人品位和文化素养，反映出社会化媒体用户普遍存在的被关注和被赞美的心理需求。人们希望通过分享有价值的内容来展示自己的品位和审美，从而获得他人的认可和赞赏。此外，一些具有鲜明特色、个性化且创新的内容更容易获得关注和分享。在社会化媒体平台上，每天都有无数的新内容涌现，那些平庸和大众化的信息很容易被忽略。用户们总是对那些新颖且独特的内容表现出更高的兴趣，因为这些内容能够带给他们新鲜感和独特体验。这些内容往往能够打破常规，提供独特的视角或创意，从而在海量的信息中脱颖而出，吸引更多的关注和传播。

在当今的数字化时代，用户们通过社会化媒体平台，可以轻松地与来自各行各业的人士进行广泛的交流和互动。特别是那些在社会上具有广泛影响力的知名人士，用户们可以与他们进行实时的对话和互动。这种互动不仅仅局限于分享日常生活中的琐碎小事，还扩展到了文化消费和阅读喜好的传递。在社会化媒体的语境下，用户们对于自己所关注的公众人物的推崇和信任，往往会延伸至对这些人物所推荐或提及的内容产生浓厚的兴趣，并且愿意接受和尝试。以新浪微博为例，如果一位具有广泛影响力的名人在这个平台上分享自己的阅读体验，便可以引发广泛的社会反响。粉丝们会在评论区展开热烈的讨论，表达自己对这本书的好奇心和购买欲望。同时，他们也会分享自己阅读后的感想，甚至还会推荐其他值得一读的书目。这种现象不仅证实了社会名人在阅读推广方面的巨大影响力，也展示了阅读心理在社会化媒体环境下的传染效应。

3. 用户阅读行为特征

阅读行为包括：搜寻并挑选阅读材料，决定阅读的途径、时间、地点、方式，购买阅读资源，投入阅读过程，掌握阅读的速度与深度，表达对所读内容的理解和感悟，对阅读成果进行评价和分享，就阅读内容提出问题并进行交流，以及参与各类阅读相关活动等。在社会化媒体的背景下，用户的阅读行为主要展现以下特征：

①在社会化媒体的广泛影响下，用户的阅读行为呈现出多样化和复杂化的特征。社会化媒体提供了一个丰富多彩的阅读环境，用户可以通过多种途径搜索和选择阅读内容。例如，他们可以在问答类社交平台上积极提问并请求推荐，关注专门的阅读类微博账号如"新浪读书"或图书馆的官方微博，以获取最新

的阅读资讯和推荐；或者在豆瓣等网站上浏览各种书评，通过阅读其他读者的评论和评分来决定选择哪些书籍进行阅读。这种通过社会化媒体寻找阅读内容的方式，大大提高了用户获取信息的速度和便捷性，使得他们能够更加轻松地找到自己感兴趣的阅读材料。但是，这种便利性也带来了一些问题和挑战：一是社会化媒体上信息的海量性可能会令用户感到选择困难。面对众多的书籍和阅读材料，用户往往难以做出决定，不知道从何下手；二是网络上的评论和观点五花八门，褒贬不一，这种信息的多元性虽然丰富了用户的选择视角，但也可能导致用户在选择时产生迷茫或是误入歧途。由于网络上的信息质量参差不齐，用户很难辨别哪些是真正有价值和可信度高的内容，哪些是虚假或误导性的信息。这就需要像图书馆这样的专业机构来对用户进行专业的引导和帮助。

②用户的阅读途径和时间、地点、方式等一般是根据个人的习惯和需要来决定的，但是从总体来看，利用社会化媒体进行阅读的人群正在逐渐增多。智能手机、平板电脑等现代高科技设备为大众提供了随时随地阅读的便利，用户可以根据自己的时间、地点和个人偏好灵活选择阅读内容和形式。尽管社会化媒体的便捷性受到用户的普遍欢迎，但传统的阅读方式依然拥有不可替代的魅力。许多人仍然坚持在日常生活中腾出特定的时间，远离数字设备的干扰，专心致志地阅读纸质图书。这种阅读方式不仅有助于深度思考，也有利于保护视力，更能让人在阅读中找到一种宁静和沉浸的体验。

③许多用户在阅读完毕后，不仅满足于个人的消化吸收，更愿意将自己的理解和感受表达出来，并在社会化媒体上创造并分享新的内容。这种行为模式不仅丰富了阅读的体验，也扩展了阅读的功能，使其成为信息和情感交流的桥梁。用户们常常对阅读中遇到的有趣或有启发性的内容产生共鸣，进而积极地

将这些内容推荐给朋友或在网络上分享，无论是已知的朋友圈还是陌生的社交平台用户。这种分享不仅限于文字，还可能包括图片、视频甚至是音频评论，使得阅读内容和形式更加多元化。社会化媒体的这种开放性和便利性为用户提供了一个展示自我、表达观点的广阔舞台。

第二节
社会化媒体在图书馆的阅读推广应用

一、图书馆利用社会化媒体阅读推广的策略

（一）图书馆利用社会化媒体阅读推广策略的制定问题

在当前信息化快速发展的社会，图书馆作为传统的知识与文化传播阵地，面临着转型升级的挑战。随着社会化媒体的兴起和普及，图书馆也开始探索如何利用这些新兴平台来推广阅读。根据社会化媒体营销策略，图书馆在制定利用社会化媒体推广阅读的策略时，可以考虑以下七个关键问题。

①为什么选择社会化媒体进行推广。需要具体分析是否存在潜在的读者基础，图书馆是否能够吸引并与读者建立持久和深入的互动，以及投入社会化媒体所需的精力是否切实可行；

②图书馆利用社会化媒体推广阅读的具体目标是什么，旨在达成何种效果。设定明确的目标对于图书馆有效、针对性地运用社会化媒体至关重要。

③需决定通过哪些社会化媒体平台来推广阅读。鉴于社会化媒体种类众多，图书馆应明确选择标准，是集中使用某一平台，还是综合多个平台的优势；是采用主流平台还是最适合图书馆需求的平台。

④决定在社会化媒体中是否开放一定的控制权限，比如是否允许读者进行

留言和评论；

⑤设定社会化媒体推广阅读的预算和时间计划。图书馆需要考虑是否投入特定资金，并决定何时发布推广信息，投入的时间长度。

⑥评估社会化媒体推广阅读的效果，需要设定哪些评估指标。

⑦是否指派专人负责社会化媒体上的阅读推广工作。如果需要专人管理，应确定哪个部门和哪位员工最为合适。策略应根据实际执行情况进行及时调整，并可依据目标的变化制定分阶段策略。例如，在第一阶段，目标是吸引读者关注，增加更多关注者；第二阶段，则加强与关注者的互动，深入了解读者需求；第三阶段，尝试与其他图书馆及社会各界合作，进一步推广阅读活动，扩大图书馆的影响力。接下来的内容将围绕这七个方面，结合各个图书馆的具体情况，分析和制定相应的策略。

（二）不同类型图书馆利用社会化媒体推广阅读的策略

在现代信息社会中，图书馆作为传统与现代信息资源的桥梁，其发展与利用社会化媒体进行阅读推广之间存在着密切的联系。不同类型图书馆应根据自身的特点和需求，制定相应的社会化媒体策略，以增强其服务效果和影响力。

①不同类型的图书馆需要明确利用社会化媒体的目的和需求。社会化媒体的核心优势在于其快速传播信息的能力，促进读者间的互动交流，以及提升图书馆的公共形象和社会影响力。因此，图书馆需通过社会化媒体平台，发布有价值的阅读资料、组织在线互动活动，甚至提供数字阅读指导，从而吸引和维护读者群体。

②不同类型的图书馆利用社会化媒体推广阅读的具体目标也应有所区分。例如，公共图书馆可能主要关注于扩大其服务范围和吸引更多的社区成员，通

过举办线上读书会、作者见面会等活动来增强与读者的互动。而高校图书馆则更侧重于教育和研究支持，可以通过社会化媒体分享学术资源、研究技巧、在线研讨会，以提升学生和教师的信息素养和研究能力。科研机构的图书馆则可能聚焦于提供快速准确的学术信息和研究动态，支持科研人员的研究活动。

③不同类型的图书馆应该选择合适的社会化媒体平台。公共图书馆应选择那些用户基数大、操作简便的平台，如微信和微博，以覆盖更广泛的读者群体。高校图书馆则应关注那些能提供专业交流和内容深度的社交平台，比如学术共享网站或专业论坛，这样才能更有效地服务学术群体。科研图书馆则需选择能够提供深度交流和高质量学术交换的媒体，例如研究网和专业学术群组，以便科研人员能及时获取和分享前沿科研成果。

④图书馆在使用社会化媒体推广阅读时还需考虑权限开放和资源管理问题。图书馆应根据自身的管理能力和资源状况来决定在社会化媒体上开放哪些服务和资源，确保既能满足用户的需求，又不超出图书馆的管理范围。

⑤预算和时间投入也是制定社会化媒体策略时必须考虑的重要因素。图书馆需要根据自身的财政状况和人力资源合理安排投入，同时根据读者的上网习惯和互动习惯来调整推广时间和内容，以实现最佳的推广效果。在策略实施过程中，效果评估和适时的人员调整也是必不可少的，这有助于图书馆在变化的信息环境中保持竞争力和影响力。

（三）不同条件图书馆利用社会化媒体推广阅读的策略

由于各个图书馆在人力资源和经济条件方面存在显著差异，因此它们在运用社会化媒体进行阅读推广活动时，应当采取不同的策略以适应各自的实际情况。这些差异可能包括员工数量、专业技能、资金预算以及技术设施等方面的区别。因此，每个图书馆需要根据自身的优势和劣势，制定出符合自身特点的推广策略，以确保阅读推广活动能够高效且有针对性地进行。

1. 条件差的图书馆利用社会化媒体推广阅读的策略

很多条件差的图书馆面临人力资源及管理精力的制约，如何有效利用社会化媒体进行阅读推广，是一项需要深思熟虑的策略任务。

①对于条件相对较差的图书馆而言，制定现实可行的目标至关重要。盲目地追求大规模的推广效果，不仅会消耗过多的资源，还可能因为缺乏明确的目标导向而事倍功半。图书馆应当根据自身的实际情况，选择合适的社会化媒体平台，避免资源的浪费。例如，可以挑选操作简便、受众基础好的平台，以低成本实现初步的阅读推广。

②内容的发布应针对性强，有吸引力。图书馆可以在特定时段，如节假日或是学校的暑假期间，发布与时节相关的阅读材料推荐，以吸引读者的注意力。即使是简单的图书推荐，只要内容贴合读者需求，也能有效地吸引一小部分忠实的读者群体，从而逐步扩大影响力。

③考虑到图书馆工作人员可能缺乏与读者进行深入交流的时间和精力，可以将社会化媒体主要作为一个信息发布的平台，而非交互式的社交场所。例如，关闭用户评论功能，减少管理上的负担，同时专注于内容的质量和发布的时效性，确保每次发布都能达到预期的宣传效果。

④虽然条件差的图书馆不会频繁使用社会化媒体，但每一次使用都应确保其效果最大化。这包括了对内容的精心策划及对发布时间的严格把控，确保信息能够在最佳时机达到最多的目标读者。

2. 条件好的图书馆利用社会化媒体推广阅读的策略

条件较好的图书馆,其拥有更多机会通过社会化媒体拓宽阅读推广的影响力。以下是一些策略,以助图书馆通过社会化媒体更好地服务公众,促进阅读习惯的培养。

①图书馆可以扩大目标受众。社会化媒体汇聚了各式各样的用户群体,图书馆可以通过数据分析,确定哪些群体更可能对阅读活动感兴趣。这不仅包括学生、教师这样的传统阅读群体,也包括职场人士、家长等可能因工作忙碌而渐渐放弃阅读的成年人。确定了目标受众后,图书馆可以定制符合这些用户需求的内容和活动,从而更有效地吸引他们的注意力和参与度。

②图书馆应充分利用多种社会化媒体平台的特性。例如,抖音非常适合分享图像和短视频,可以用来展示新书封面、阅读环境和文化活动的照片;微博则适合快速传播阅读资讯和图书馆通知;微信群组功能则适合创建阅读社群,组织在线讨论会和书友会。通过这样的多平台战略,图书馆能够触及更广泛的受众,增强与读者的互动和联系。

③图书馆需要设置专门的团队来负责社会化媒体的内容创作和管理。这个团队不仅要负责日常的内容更新和用户互动,还要监控社会化媒体上的趋势,以便及时调整推广策略。此外,团队还应定期评估社会化媒体活动的效果,如阅读推广活动的参与度、用户反馈和转化率等,以优化未来的推广计划。

④图书馆还可以考虑与社会化媒体上的有影响力的内容创作者合作,共同推广阅读活动。这些内容创作者通常拥有大量忠实粉丝,通过与他们的合作,可以将阅读推广信息有效传达给更多的人。同时,图书馆还可以通过社会化媒体进行主题阅读月、作家访谈、在线书评等活动,进一步丰富内容,增加用户的参与感和归属感。

总之，条件良好的图书馆完全有能力通过综合运用社会化媒体的多样化功能，开展形式多样的阅读推广活动，不仅能扩大其服务范围，还能更深入地影响和改善公众的阅读习惯，提升整体的文化素质。通过这样的策略，图书馆将能在数字化转型的浪潮中找到自己的定位，为公众提供持续丰富、高质量的阅读资源和服务。

二、图书馆推广阅读中对社会化媒体的选择

（一）各类型社会化媒体的特点和对阅读推广的适用性

在目前我国对社会化媒体的分类中，最为详尽和权威的要数CIC提出的分类。CIC（China Insights Consultanc，灼识咨询）是国内一家领先的咨询公司，专注于网络口碑研究及社会化媒体在营销中的应用，旨在帮助企业和组织实现发展。基于CIC的分类，这里将深入探讨各类社会化媒体的特性及其在阅读推广中的适用性。

1. 从基础功能网络中的社会化媒体

社会化媒体包括博客、文档分享、在线百科、在线问答等，以下几点内容是对这几个类型的具体阐述。

（1）博客

博客，作为一种被广泛认知的社交平台，其功能和影响力也不断扩大。博客，亦称作网络日志，通常由个体管理，以不定期更新文章的形式存在。它不仅仅是文字的聚集地，还能够融合图像、视频以及外部链接等多种媒体形式，极大地丰富了内容的表现力和互动性。此外，用户可以自定义界面风格，发布特定主题的文章，使得博客成为展示个性和喜好的理想平台。

在图书馆的运营和管理中，博客的运用尤显其价值。图书馆可以利用博客来推广阅读，通过系统性和详尽的博文发布，结合图书馆独有的文化特色和丰富的多媒体元素，有效地吸引读者的注意力。尤其在阅读推广的过程中，博客能够提供一个展示读者指导、资料查询方法和阅读相关文化知识的平台，这不仅帮助读者获得更多有用信息，也增强了图书馆服务的适用性和专业性。

但是，博客在快速传播和时效性方面存在一定的局限。与即时通信和其他快速社交媒体相比，博客的更新和信息传播速度较慢，这在一定程度上限制了其在紧急信息传播或热点追踪方面的应用。因此，博客更适合用于发布那些不需要即时反馈的信息，如阅读方法、资料查找技巧、读者培训等内容。

（2）文档分享型的社会化媒体

文档分享型社会化媒体为广大的用户群体提供了一个宝贵的信息共享与资源获取的平台。这类媒体不仅仅局限于文档的交流，还进一步拓展到了教育培训的领域，为用户们提供了学习与提升的新途径。例如，百度文库最近推出了"课程"功能，这一新功能使得专业人士或教育机构能够分享他们的专业知识和授课经验。要在平台上发布课程，课程创建者需通过一定的认证程序，确保所提供内容的专业性和权威性，从而保障用户学习的质量和体验。

图书馆作为传统的知识与信息中心，在这种新兴的文档分享平台上拥有独特的发展机会。图书馆可以利用这些平台发布各类阅读推广文档，如阅读指导、书籍推荐、文学讨论等，拓宽服务范围，吸引更多读者参与阅读与学习，实现知识的更广泛传播。例如，图书馆可以创建专门的课程，教导读者如何有效利用图书馆资源，或者如何进行科学的文献检索与阅读，实现更大范围的阅读推广。

（3）在线百科型的社会化媒体

在线百科型的社会化媒体，作为现代信息传播的重要渠道，其特色在于汇集广泛的用户智慧，通过集体化的内容创作，提供各个领域的知识和信息。这种媒体形式不仅仅是信息的汇聚地，更是一个互动和参与的平台，使得每一个用户都可以成为内容的贡献者。

尽管乍看之下，这种在线百科与阅读推广似乎关联不大，但实际上，它们之间存在着密切的联系。利用在线百科，图书馆等阅读推广机构可以极大地提升自己的知名度和公众的认知度。例如，图书馆可以通过编写和更新自身的百科词条来突出自己的特色和提供的服务。在这些词条中，可以详细介绍图书馆的历史、藏书量、特色活动等内容，并附上直达链接，如图书馆的官方网站、宣传视频、相关的社交媒体账号。

通过这种方式，图书馆不仅能够提供一手的详细信息，还可以通过百科的高曝光率吸引更多的访客。在搜索引擎中，这些经过良好编辑的词条往往能够排在更前的位置，从而增加图书馆网页的浏览量，使得公众可以更快捷、更全面地了解到图书馆的资源和服务。

（4）在线问答型的社会化媒体

社会化媒体在现代生活中扮演着不可或缺的角色，尤其是在线问答型的社会化媒体，它们通过互动交流的方式解决用户的疑问和需求。与传统的百科型社会化媒体相比，问答型社会化媒体更注重用户间的互动，提供更为个性化的信息服务。

在这种背景下，图书馆可以充分利用这一平台优势，帮助读者解决关于阅读的各种疑惑。例如，用户可以在平台如"百度知道"上提出自己的阅读相关问题，如对某本书的理解询问或寻求推荐阅读资源的建议。这些问题可以根据用户的兴趣和之前的互动被动态推送，使得信息的获取更为精准和及时。当图书馆以机构的身份参与这些平台，通过专业的回答帮助用户解决问题，不仅可以提高图书馆的公众形象，也能增强读者对图书馆的信任和好感。

2. 核心网络的社会化媒体类型

核心网络的社会化媒体类型主要有微博、社交网站、电子商务、视频&音乐、论坛、消费评论、分类信息等。

（1）微博

微博作为当前使用人数众多的社会化媒体平台之一，具有多项显著优势，包括便捷的使用方式、快速的信息传播能力、高度的用户活跃性以及内容的草根性等。正因如此，微博成为图书馆进行阅读推广的理想选择。

①微博操作简便，用户可通过手机或电脑随时随地发表动态，分享阅读心得。这种随时可接入的特点极大地方便了用户在日常生活中的使用，增加了用户参与的可能性。②信息传播速度极快，一条热门微博能在短时间内被成千上万的人浏览，这为图书馆推广阅读活动提供了极大的曝光机会。③微博的用户基础广泛，覆盖了各个年龄层和社会阶层，使图书馆的阅读推广能触及更多的潜在读者。

图书馆可利用微博发布各类阅读活动的通知，如作者签售会、新书发布会或阅读分享会等。通过这些活动，能激发公众的阅读兴趣，同时增强图书馆与读者之间的互动和联系。除活动信息外，图书馆还可在微博上分享书籍推荐、阅读方法、文化资讯等内容，这些丰富多样的内容不仅能满足不同用户的需求，还有助于提升图书馆的社会影响力。更进一步地，图书馆可通过微博进行主题讨论或读书会，鼓励用户发表自己的阅读体验和心得。这种互动性的提升不仅能增强读者的参与感，还能通过用户生成内容吸引更多的关注者，从而形成一个积极的阅读推广氛围。

（2）社交网站

社交媒体在当今社会至关重要，它不仅是人与人交流互动的桥梁，也逐渐成为信息交流和知识分享的重要平台。在这种背景下，实名制的社交网站极大地促进了人与人之间的联系和沟通。这样的设计不仅帮助人们与朋友和家人保持联系，还能扩展到更广泛的社会网络中。以高校图书馆为例，它们可利用社交网站快速定位并服务于校内的读者群体。例如，通过人人网等社交平台，图书馆可发布新进书目信息，举办在线阅读活动，从而提高服务的可见性和参与度。此外，图书馆还能通过这些平台进行阅读推广，引导学生们参与到更深层次的学术交流中来。另一方面，豆瓣网作为一个以书评和影评聚集文化爱好者的社区，为图书馆提供了另一种形式的阅读推广平台。图书馆可在豆瓣上设立专栏，发布读书推荐，举办在线讨论会，吸引更多读者参与。通过这种互动，图书馆不仅能推广阅读，还能深入了解读者的阅读偏好和需求，进而提供更加精准和适用的服务。

（3）电子商务

电子商务的兴起改变了人们的购物方式，特别是在图书购买方面，为爱书者带来了极大的便利。电子商务，简言之，是指通过互联网进行商品和服务的买卖。这种方式使消费者能够越过传统的地理界限，轻松选购到全球范围内的各种商品，包括书籍。

图书馆作为传统的知识与文化宝库，在电子商务时代也可以扮演更加积极的角色。为更好地服务公众，图书馆可在其官方网站或图书目录信息中添加购买书籍的链接。这一改进不仅适用于那些希望借阅书籍的读者，也方便了那些希望购买个人藏书的人。这种服务的拓展，实际上是图书馆适应现代信息服务需求的一种表现，它既利用了电子商务的便捷性，又增强了图书馆的服务功能，使之不仅限于提供书籍借阅。此外，图书馆可通过分析借阅数据了解哪些书籍最受欢迎，哪些书籍可能成为购买的热点。这种数据的应用可以极大地提高图书选购的适用性，使图书馆能更精确地满足读者的需求。同时，图书馆还可以与在线书店合作，进行书籍推荐，通过社会化媒体平台进行推广，以此吸引更多的访客进行购买，从而形成一个互利共赢的生态系统。

（4）视频和音乐

在数字化时代，视频和音乐作为传递信息的媒介，已成为不可或缺的部分。与传统的文字资料相比，它们提供了更加直观和生动的体验方式。在快节奏的现代生活中，人们往往更倾向于通过观看视频或聆听音乐来获取信息和知识，这种趋势也反映了视听媒介在传播效率上的优势。

在图书馆的阅读推广活动中，视频和音乐的作用尤为显著。许多学者和图书馆工作者认为，这些视听材料不仅能够吸引更广泛的受众群体，还能有效提升信息的接受率和参与度。例如，一个精心制作的图书馆宣传视频，能够迅速吸引观众的注意力，通过视觉和听觉的双重刺激，传达图书馆的使命和价值，激发观众的阅读兴趣。此外，音乐和视频还具有极强的情感传递能力，能够在短时间内建立起观众与内容之间的情感联系。这种感性的影响力是文字难以比拟的，因此在图书馆的阅读推广中，利用音乐和视频可以更深层次地触动观众，促使他们行动起来，比如访问图书馆或是借阅图书。

（5）论坛

论坛，或称网络论坛 BBS，为用户提供了一个发布信息、交换观点、进行讨论的平台。特别是在图书馆的应用中，论坛显示出其独特的优势。它不仅方便图书馆与读者之间，也便于读者与读者之间的深入交流和讨论。通常，论坛中的讨论以特定的话题为起点，逐渐展开，形似一场小型会议。相较于其他社会化媒体，论坛中的交流更集中，更能针对性地展开话题讨论。

利用论坛进行阅读推广有着不可小觑的作用：一方面，图书馆可以通过设置专题论坛，引导读者就某本书或某个问题展开讨论。这种方式不仅能增加读者对图书内容的理解和兴趣，还能激发读者之间的互动，促进知识的共享。另一方面，论坛的互动性强，可以实时反馈读者的疑问和讨论，这对于图书馆改善服务，增强书籍和活动的适用性具有重要意义。

（6）消费评论网站

在当今信息化迅速发展的社会中，消费评论网站已成为不可或缺的生活服务指南。这类网站汇聚了众多消费者的声音，用户可以自由发表对各类服务和产品的看法与评价，其内容覆盖面广泛，从餐饮服务到图书馆等各个角落。人们浏览这些评论时，既能得到前车之鉴，也能对自己感兴趣的服务有一个基本的认识和预期。

图书馆作为知识的殿堂，在消费评论网站上同样占有一席之地。许多用户会在网上分享自己在图书馆的经历，包括馆内的藏书数量、环境氛围、阅读空间的舒适度以及服务质量等。这些真实的用户反馈对图书馆的管理与服务改进具有积极的推动作用。通过消费评论网站上的公众评价，图书馆可以了解到访客的真实需求和对服务的具体期待，进而在图书资源的配置、环境优化以及服务方式上作出更为精准的调整。

（7）分类信息网站

分类信息网站作为日常生活信息的集散地，广泛覆盖了房屋买卖、车辆交易、招聘求职以及婚恋交友等多种生活相关信息。这类网站的主要功能是提供一个交易和沟通的平台，帮助用户快速找到所需的具体信息。然而，由于其内容的特定性和实用导向，这些网站并不适合用作图书馆的阅读推广平台。

尽管图书馆可以通过各种渠道进行阅读推广，但在分类信息网站上进行此类活动可能不会收到预期的效果。这是因为用户访问这些网站的主要目的是寻求特定的服务或信息，而非寻找阅读材料或参与阅读相关的活动。因此，这种类型的网站在阅读推广的适用性方面存在限制，不太能够有效吸引目标阅读群体。

3. 新兴网络和增值衍生网络中的社会化媒体

在现代社会，社会化媒体作为信息传播的重要工具，已深入人们的日常生活。特别是在图书馆等传统文化传播场所，社会化媒体的应用正在开拓新的推广阅读的渠道。以下内容将深入探讨社会化媒体在阅读推广中的角色及其适用性。

社会化媒体的一大特点是其便捷性和互动性，这使得信息的传播更为迅速和广泛。例如，微信作为一种广泛使用的移动社交应用，已成为信息传播的重要平台。用户不仅可以通过微信发送语音、文字消息，还可以分享图片和视频等多媒体内容。这种多样的信息表现形式，使得微信在日常沟通以外，也逐渐成为图书馆等机构进行信息发布和阅读推广的有效工具。以三江学院图书馆和北京航空航天大学图书馆为例，这些图书馆利用微信公众平台发布最新的图书资讯、阅读活动和学术讲座等信息，有效地拓宽了阅读推广的渠道。通过这种方式，图书馆不仅提高了服务的现代化水平，也使阅读推广活动更加个性化和精准，能够根据用户的阅读习惯和兴趣进行有针对性的信息推送。

除了微信，轻博客也是社会化媒体中的一个重要组成部分。与传统博客相比，轻博客在信息发布和交流上更加轻便和快捷。轻博客的页面设计简洁而美观，突出了信息内容的同时，也加强了用户间的互动。用户可以根据个人兴趣创建或加入特定的社群，这种基于兴趣的聚集效应极大地促进了信息的共享和传播。

社会化内容聚合工具如在线 RSS 阅读服务，则提供了另一种形式的信息整合。这类工具能够根据用户的阅读偏好聚合互联网上的内容，帮助用户过滤和消化大量信息。对于图书馆而言，虽然这种聚合工具不直接适用于阅读推广，但它们可以作为推荐给读者的阅读工具。图书馆可以向读者介绍这些工具的使用方法，并根据读者的订阅内容提供定制化的阅读建议，但是不适合作为一种阅读推广平台。

（二）图书馆阅读推广对社会化媒体的选择

图书馆在选择适用于阅读推广的社会化媒体平台时，应从多个维度进行考量，确保推广活动的效果最大化。具体而言，图书馆可以从以下几个角度对社会化媒体进行选择：

1. 阅读推广面向的人群

①图书馆应根据不同年龄段和社会群体的特点，选择合适的社会化媒体平台。例如，若阅读推广活动旨在覆盖各年龄层的广泛受众，图书馆应倾向于使用具有较大用户基础和成熟度高的平台，如博客、微博和各类论坛。这些平台

能够帮助图书馆触及多样化的人群,从而提高活动的普及率。而对于专门针对年轻人的阅读推广,则需要选取更为潮流和互动性强的社会化媒体,比如微信和各类轻博客,这些平台以其新颖的交互方式和丰富的多媒体内容,更能吸引年轻人的注意力。

②不同职业背景的群体在社会化媒体的使用习惯上也存在差异。例如,上班族可能更频繁地访问专业交流偏重的社交平台,如开心网,而在学生中,以娱乐和社交为主的平台,如人人网,则更受欢迎。因此,图书馆在制定阅读推广计划时,还需考虑到这些社会化媒体的职业属性和适用性,以便更精准地定位受众。

2. 要达到的目的

①若图书馆的目标是传播更多阅读材料和知识内容,可优先考虑使用博客和轻博客等平台。这些平台允许发布长篇内容,适合深入探讨和分享详细的阅读材料,可以帮助读者获得更丰富的信息和知识。

②若图书馆的目标是希望增强与读者的互动和交流,微博、微信及其他社交网站将是更合适的选择。这些平台的互动性强,便于快速响应读者的疑问和反馈,同时也便于读者之间的讨论和交流,增强社区的凝聚力。

③若图书馆的目标是更好地宣传图书馆及其服务,图书馆可以利用微博平台,并通过视频、音乐以及在线百科等多媒体形式吸引公众的注意。这种多样化的内容展示可以更有效地抓住潜在读者的兴趣,提升图书馆的公众形象。

④若图书馆的目标是对读者进行阅读指导,可以选择论坛、在线问答、即时通信和文档分享等工具。这些工具可以提供一个平台,让专业的图书管理员与读者进行实时交流,解答读者在阅读中遇到的问题,提供个性化的阅读建议

和指导。

⑤若图书馆的目标是推荐书目,图书馆可以通过微博、社交网站和微信等平台进行。这些平台的广泛覆盖和高活跃度可以帮助图书馆的推荐触及更多读者,从而提升图书的流通率和阅读率。

3. 社会化媒体的功能和管理

各种社会化媒体平台各具特色,图书馆在选择合适的平台时,必须综合考虑其阅读推广的功能和管理情况。

社会化媒体的多样化功能为图书馆提供了丰富的阅读推广工具。优秀的社会化媒体平台能够提供稳定而强大的功能,如内容发布、互动交流、数据分析等,这些功能能够有效地增强图书馆与读者之间的互动和沟通。例如,图书馆可以利用微博进行图书推荐,发布阅读心得,或者通过开设微访谈等形式,邀请作者与读者进行在线交流,这不仅可以激发读者的阅读兴趣,还能提升图书馆的影响力和公众形象。

社会化媒体的管理状况是图书馆选择合作平台时必须考虑的重要因素。一个管理良好的社会化媒体平台能够确保用户信息的安全,保护用户隐私,避免数据泄露等安全问题。因此,图书馆在选择社会化媒体平台时,应优先考虑那些提供良好安全保障的平台。此外,图书馆应努力在社会化媒体上获得官方认证,这样不仅可以提升图书馆的权威性,还能在进行阅读推广时增加公信力,避免误导读者。

4. 图书馆的条件和人员能力

社会化媒体的种类繁多,功能各异,往往具有互补和交叉的特性。例如,人人网不仅是一个社交平台,还囊括了如人人小站这样的轻博客功能,能够提供更丰富的信息和交流空间。

如果图书馆的硬件设施和人员培训程度有限，可能需要挑选一种或几种功能相对单一、操作简便的社会化媒体来进行工作。这种做法虽然范围有限，但也足以满足基本的推广需求，同时也减轻了图书馆工作人员的操作压力。而对于那些设施条件较好、人员能力较强的图书馆，可以考虑采用多种社会化媒体平台，通过整合各平台的优势资源，形成一个互补和协同的推广网络。这样不仅可以扩大阅读推广的覆盖面，也能更有效地针对不同用户群的喜好和需求，提供更个性化、多样化的阅读服务。此外，多平台的运用还有助于图书馆更全面地分析和了解用户的反馈，进一步优化服务策略。

三、图书馆在阅读推广中对社会化媒体的使用和管理

图书馆在阅读推广中对社会化媒体的应用及其管理可以从几个重要角度进行探讨：获得关注、内容发布与管理、互动交流策略和账号管理。

图书馆借助社会化媒体进行阅读推广时，需着重考虑如何吸引更多的关注。如果缺乏足够的关注者，那么利用社会化媒体的推广活动便会失去效果。图书馆可以通过多种方式提升在社会化媒体上的关注度，例如进行宣传推广、组织相关活动、主动关注潜在用户、参与热门话题讨论，或在图书馆可见位置及其官网上增设社会化媒体的链接等。在成功吸引关注之后，图书馆需及时发布对用户有价值的信息和优质内容，并通过积极的交流互动来保持阅读推广活动的活力。在内容发布和管理方面，图书馆应注意采用图像、音乐等多媒体元素来丰富内容，同时保持内容的原创性和创新性，合理安排发布频次。此外，图书馆与用户之间的互动交流应当充满亲和力，能够有效倾听和发现用户的阅读需

求。使用多个社会化媒体账号时,图书馆还需要进行账号管理,并建立不同社会化媒体平台之间的联系。例如,可以使用微博通等工具来统一管理各个社会化媒体账号,并在每个平台中增设对其他社会化媒体的链接。不同类型和规模的图书馆在阅读推广中对社会化媒体的适用性和管理方法上会有所差异,因此,具体的应用和管理策略需要针对具体情况进行详细分析。

(一)不同类型图书馆在阅读推广中对社会化媒体的使用和管理

1. 高校图书馆在阅读推广中对社会化媒体的使用和管理

在当今数字化信息时代,高校图书馆已不仅仅是一个储存和传播传统知识的堡垒,更是现代阅读推广和知识传播的重要阵地。随着社会化媒体逐渐成为当代大学生日常生活的一部分,高校图书馆也获得了新的平台和方式来吸引读者,增强与学生的互动和联系。一方面,高校图书馆可以通过制作与大学生阅读习惯和心理特征相契合的宣传视频来吸引学生的关注。例如,清华大学图书馆就成功利用其官方微博,发布了名为《百年馆庆献礼短片:在这里起航,我的图书馆》的视频。该视频以一位大学生的成长历程为主线,讲述了他如何在图书馆的帮助下学习成长,表达了对图书馆的感激之情。这样的视频内容生活化而情感丰富,能够触动观众的心弦,激发他们对阅读和学习的热情。另一方面,考虑到高校图书馆的主要服务对象是校内学生,这一目标群体相对固定,图书馆可以通过多种方式提高其在社会化媒体上的可见度和互动性。图书馆可以利用校内通知、官方网站更新、悬挂横幅等传统方式,结合社会化媒体的推广,增加学生对图书馆活动的关注。例如,图书馆可在人人网等平台通过实名认证的学校账号,找到并关注本校学生,特别是那些校园内有影响力的人物。此外,图书馆还可以使用微信摇一摇等功能,主动添加并与校园内的学生建立联系。

在建立了与学生的社交网络连接后，高校图书馆应积极参与到大学生热议的社会化话题中去，如文化活动、学术讲座、新书发布会等，这些都是图书馆可以利用社会化媒体进行内容推广和活动预告的好机会。通过这些方式，高校图书馆不仅能够更好地推广阅读，还能进一步增强与学生的互动，提升其在学生心中的地位和影响力。

图书馆在发布阅读信息和内容时，应充分考虑到语言的适用性和时代感。大学生群体普遍偏好新潮且具有创造性的表达方式，因此，图书馆的社会化媒体内容应采用活泼、贴近青年的语言风格，融入一些流行的网络用语或俚语，使其更具吸引力和亲和力。例如，可以在介绍一本书时，不仅提供传统的书籍信息，还可以结合当前流行的文化元素或热门话题，引起学生的兴趣。在内容设计上，图书馆要突出主题，简洁明了。信息的传达应直击要点，避免冗长的前言，直接提供核心内容。此外，图书馆的管理人员在发布信息时应考虑到学生的时间安排。选择在学生较为闲暇的时段，如课间休息或周末，发布信息和推广阅读内容，这样更容易获得学生的关注和互动。

2. 公共图书馆在阅读推广中对社会化媒体的使用和管理

公共图书馆在推广阅读方面具有不可替代的作用，而社会化媒体则为这一使命提供了新的广阔平台。公共图书馆面向所有年龄和社会阶层的读者，与高校图书馆相比，其读者群体更为多元和流动。这一特点使得公共图书馆在利用社会化媒体吸引关注时面临更大的挑战。为了有效利用社会化媒体，公共图书馆可以采纳以下策略：

①公共图书馆可以采取一系列免费营销策略，以有效提升读者的参与度和关注度。例如，图书馆可以推出一项活动，鼓励读者关注其社交媒体账号，并

通过转发活动信息来赢取精美礼品。在这种活动中，参与者只需关注图书馆的微博或其他社交媒体账号，并按照活动要求转发相关信息达到一定的次数，就有机会获得图书馆精心准备的礼品。这种策略不仅能激发读者的参与兴趣，还能借助读者的社交网络进一步扩大图书馆的影响力，从而吸引更多潜在读者的关注。

②公共图书馆在制作宣传视频时，应更加注重内容的亲和力和实用性，以确保视频能够贴近读者的日常生活，并展示图书馆能够为读者提供的具体帮助和丰富的阅读资源。例如，图书馆可以制作以亲子阅读为主题的宣传视频，通过展示图书馆温馨舒适的阅读环境、专业的阅读指导服务以及丰富多样的图书资源，来吸引家庭成员的注意。视频内容应着重强调图书馆在促进亲子互动和阅读兴趣方面的重要作用，从而展示其文化和教育价值。通过这种方式，图书馆不仅能够吸引更多的家庭成员共同参与阅读活动，还能够进一步提升其在社区中的知名度和影响力。

③公共图书馆作为文化普及的重要阵地，其举办的阅读推广活动不仅需要贴近民众、易于参与，还应具备强大的吸引力和普遍性。以首都图书馆为例，该馆在豆瓣小站启动了"分享读书的样子"活动。这一活动邀请广大书友上传自拍的阅读瞬间图片，并开放给网友投票，极大地增加了参与的趣味性。图书馆为排名前十的参与者提供丰厚的奖励，如精美的礼品套装或北京市公共图书馆VIP读者卡，这一策略有效激发了公众的参与热情，活动因此广受欢迎。此外，公共图书馆还可以通过举办各种主题讲座、读书会和亲子阅读活动，进一步拉近与民众的距离，使阅读推广活动更加多样化和生动化。

④公共图书馆在利用社会化媒体平台进行阅读推广时，可以巧妙利用平台

提供的用户地理位置数据。通过这一数据，图书馆能够识别并锁定潜在的用户群体。在了解到用户的具体需求后，图书馆可以根据用户的兴趣爱好或需求标签，有针对性地进行图书推荐。例如，若用户在社交媒体上表达了对美容养颜知识的追求，图书馆便可依此推荐相关的馆藏资源。这种主动出击的服务方式，不仅能增加图书馆与用户之间的互动，还能提高图书资源的使用率和用户的满意度。此外，图书馆还可以通过分析用户的阅读历史和借阅记录，进一步了解用户的阅读偏好，从而提供更加个性化的阅读推荐，使用户在享受阅读的同时，也能感受到图书馆的贴心服务。

（二）不同条件图书馆在阅读推广中对社会化媒体的使用和管理

从图书馆的人员条件来看，如果图书馆能配置专门的人员来负责社会化媒体的运营，将有助于更高效地推广阅读活动。专职人员能够根据不同平台的特点，设计并实施针对性的推广策略，例如在微博上发布图书推荐，在抖音上创建阅读挑战活动等。通过这种方式，图书馆不仅可以充分利用各个平台的优势，而且能够及时与读者进行互动，了解他们的需求和偏好。图书馆与读者之间的互动是社会化媒体推广成功的关键。当前，许多图书馆尚未在这方面做得足够好。尽管使用了亲切的语言和吸引人的内容，但与读者之间的联系依然较为松散，缺乏有效的互动。有效的策略应当包括主动收集读者的反馈，定期进行问卷调查或在线讨论，以便更好地理解读者的阅读习惯和兴趣点。对于那些资源较少，无法设立专职社会化媒体管理人员的图书馆，应选择功能更全面、更能促进阅读推广的社会化媒体平台。例如，可以选用能够提供图文并茂、视频等多种内容形式的平台，以此吸引不同类型的读者。此外，这些图书馆应制定统一的社会化媒体发布原则，确保内容的专业性和吸引力，从而提高阅读推广的效果。

从图书馆管理者的精力来看，在阅读推广中，读者对社会化媒体的使用频率关系到阅读推广的效果。对于那些用户参与度高的图书馆，首要任务是合理控制每天的内容发布量。例如，通过微博进行日常信息更新时，保持每日三到五条的发布频率即可。这样既能保持信息的新鲜感，又避免了过度频繁导致的用户疲劳。频繁的信息刷新虽能一时吸引读者注意，但过多则可能引起他们的厌烦甚至反感，这对阅读推广的长远影响是不利的。此外，对发布的内容进行有效分类也是提升用户体验的关键一步。根据社会化媒体的操作特性，管理者可以将信息进行归类，针对不同的目标读者群设计不同的内容板块。例如，可以在每条信息前标注清晰的主题标签，如"＃推荐阅读＃""＃培训信息＃"，这样做不仅能帮助读者快速识别感兴趣的内容，也有助于提升内容的整体可读性和吸引力。以复旦大学图书馆的操作为例，其官方微博在发布内容时，总是清晰地标示出各类信息的主题，这种做法有效地吸引了更多读者的关注和参与，同时也极大地提高了信息的传播效率。通过这样的分类管理，不仅提升了阅读推广的质量，也增强了图书馆服务的专业性和深度。对于在社会化媒体上活跃度不高的图书馆而言，应当重视发布的内容质量，精选核心素材，增强每条信息的吸引力。确保每一条推广阅读的信息都对读者有实际帮助，并力求每日至少更新一次，以保证图书馆在社会化媒体平台上能持续吸引读者关注，避免被遗忘。

从图书馆的经济条件来看，对于经济条件较好的图书馆，它们有能力通过多种方式来提升自己的社会化媒体影响力：①可以通过设置奖励机制来吸引用户的注意力和参与，例如通过抽奖或奖品来鼓励用户分享图书馆的帖子或参与在线活动；②这些图书馆还可以投资于社会化媒体营销培训，提升图书馆工作人员在内容创作和社交媒体策略方面的专业技能；③购买专业的社会化媒体分析工具也是必要的，这些工具可以帮助图书馆评估其社会化媒体策略的效果，从而实时调整推广策略以优化效果；④这些图书馆甚至可以考虑开发专门的应用程序或平台，以更系统和专业的方式进行阅读推广。而对于经济条件相对欠缺的图书馆，他们在社会化媒体的利用上则需要更加聚焦于成本效益。这类图书馆应专注于提升发布内容的质量，通过精心策划内容来吸引和维持读者的兴趣。例如，可以通过发布高质量的阅读引导文章、书评或读者互动话题来增强读者的参与感。此外，这些图书馆还应该利用社会化媒体平台内建的数据分析工具，如观察阅读量、点赞数和用户互动情况，这些数据可以帮助图书馆了解哪些类型的内容更受欢迎，从而调整未来的推广策略。

四、图书馆利用社会化媒体推广阅读的效果评估

随着社会化媒体的持续火热，越来越多的图书馆加入社会化媒体阵营中，这些图书馆也尝试了利用社会化媒体推广阅读，然而却没有一个完整、科学的效果评估系统。

（一）图书馆利用社会化媒体推广阅读的评估指标系统

图书馆利用社会化媒体推广阅读的评估指标系统按照阶段划分可以分为：争取关注阶段、读者参与阶段、读者行动阶段、读者态度阶段、读者保留阶段，以下内容是对这五个阶段的具体阐述。

1. 争取关注阶段

在争取关注阶段，图书馆通过发起宣传活动、组织各类活动、寻求意见领

袖的支持等手段，在社会化媒体上吸引并集中读者的兴趣。图书馆利用社会化媒体能够触及更广阔的读者群体，这包括既有的读者以及未被挖掘的潜在读者。为此，图书馆需扩大信息的传播范围，向其关注者发布最新阅读资讯和书籍推荐，进一步增加公众对图书馆及其阅读推广活动的关注。因此，在这一关键阶段，评估图书馆在社会化媒体上的表现和影响力显得尤为重要。可以通过一系列量化指标来衡量其成效，包括关注者的数量、关注者增长率、图书馆在社交媒体上的提及频次、宣传视频的观看量，以及读者对书籍和活动的推荐次数等。这些指标能够直观地反映出图书馆在社会化媒体上的活跃度和受众的参与度。

2. 读者参与阶段

读者参与阶段是指在图书馆举办的各类阅读推广活动中，读者积极参与并主动互动的一个关键时期。在这个阶段，读者不仅仅是被动地接受图书馆发布的信息，而是会主动地对这些信息进行评论和分享，表达自己的观点和感受。同时，他们还会在各种阅读推广活动中与其他参与者进行深入的交流和互动，从而与图书馆建立起更为紧密和深层次的沟通桥梁。因此，可以通过以下几个方面来评估这一阶段的效果：图书馆信息的分享频率、评论的数量与质量、参与阅读活动的地理位置分布、与图书馆互动的读者数量、互动频次、读者获取阅读信息的渠道，以及参与投票或调查的活跃程度等评估指标。

3. 读者行动阶段

读者行动阶段是指图书馆借助社会化媒体进行阅读推广，使得读者不仅仅是关注和参与，更在心理或行为上产生了明显变化，这些变化包括阅读热情的显著提升、阅读技能的增强以及新阅读习惯的形成。在这一阶段，可以通过多种评估指标来观察成效，例如图书馆的到访率增长、借阅量上升、阅读效率提高、购书数量的增加、电子资源下载率的提升等。这些指标共同反映了阅读推广活动的实际影响。

4. 读者态度阶段

所谓读者态度阶段，是指图书馆在与读者进行互动交流的过程中，能够及时地察觉到读者的消极态度和情绪反应，并通过恰当的信息处理策略，促进和引导读者态度的正向转变。鉴于读者的反馈内容可以映射出他们对图书馆的态度，图书馆因此需要对这些反馈内容进行深入的语义分析。在这一阶段，图书馆应当能够辨识出那些支持图书馆和认同其阅读推广活动的读者，中性的读者反馈则有助于图书馆识别改进的领域。面对负面反馈，图书馆应及时作出回应，并与读者进行深入的对话以增进理解和支持。此外，图书馆需要应对读者的各种态度和疑虑，满足他们的合理需求，及时解答他们的问题，消除不满情绪，避免负面信息影响图书馆的阅读推广活动。因此，在这一阶段，改善读者评论态度可作为评估图书馆利用社会化媒体推广阅读效果的重要指标，其他还包括读者对图书馆发布的阅读信息的满意度、对阅读指导和推荐的满意度等。

5. 读者保留阶段

读者保留阶段是图书馆通过运用社会化媒体开展一系列阅读推广活动，经过持久努力，逐渐培养起读者对图书馆及其阅读资源的喜爱与依赖，以及对阅读的需求和热情，最终形成了一群忠实的读者群体。在这一过程中，图书馆借助社会化媒体不仅增强了其自身的品牌形象和价值，也显著提升了公众对图书馆的认知度和使用频率，同时激发了读者对阅读的兴趣和需求。因此，该阶段的评估指标应当包括图书馆社交媒体账号的影响力排名、读者对图书馆的正面态度、对阅读推广活动的赞誉次数、读者对图书馆举办的阅读活动的关注和参与程度、稳定的忠实读者数量、读者阅读相关提问的增长数以及对阅读资源的需求量等。

（二）图书馆利用社会化媒体推广阅读的效果评估方法

图书馆通过社会化媒体进行阅读推广的成效，可以通过多种方式进行评估。采用特定的统计指标或是运用网络监测工具进行详细分析是常见的方法。针对图书馆推广阅读的具体情况，我们可以根据其特点制定相应的统计指标，从而准确评估社会化媒体在阅读推广方面的实际效果。考虑到图书馆的运营特性，我们可以归纳出三种主要的统计指标。

1. 话题流行指数

在当今信息化时代，社会化媒体已成为人们交流思想、分享信息的重要平台。图书馆作为文化传播的重要节点，也可以利用这一平台，通过创造吸引人的话题，来推广阅读文化。这些话题可以围绕阅读文化的深入讨论、阅读活动的宣传推广，或是阅读技巧的分享与交流展开。社会化媒体的特性是信息传播迅速、覆盖范围广，一个话题一旦被关注和分享，就有可能迅速流行起来，从而极大地提升图书馆和阅读活动的知名度。话题流行指数是评估这些努力成效的一种重要工具。这一指标可以反映出图书馆在社会化媒体上推广的话题，在读者中的吸引力和影响力，即话题能在多大程度上激发公众的兴趣和参与。通过定期监控话题流行指数，图书馆不仅可以了解各个话题的表现，还可以根据数据反馈调整推广策略，例如改进话题的内容、调整发布时间、增强互动性等。

2. 读者的情感指数

在社会化媒体的背景下，图书馆在推广阅读的过程中，对读者情感的把握是一个不可或缺的环节，包括对读者情感变化的深刻理解和科学控制。图书馆需要识别读者对其发布内容的情感反应是积极的、消极的还是中性的。通过细致的观察和分析，图书馆不仅可以捕捉到读者的情感波动，还能根据不同的情感反应采取相应的对策，以调整和优化推广策略。例如，如果某一类图书或活动能持续引起读者的正面反应，图书馆则可以考虑增加相关资源的投入，加大这一方面的推广力度。反之，对于那些引发消极情感反映的内容，图书馆需要及时调整甚至暂停推广，避免产生不良影响。此外，了解读者的情感指数还有助于图书馆评估自身在读者心目中的形象和地位，以及读者对图书馆举办的阅读推广活动的总体满意度。这种评估对于图书馆改进服务，提升用户体验至关重要。

3. 参与指数

"参与指数"是衡量图书馆阅读推广成功与否的另一重要指标。这个指数主要考量的是读者在接触图书馆通过社会化媒体发布的信息和活动时的参与程度。高参与指数意味着读者不仅浏览了内容，而且愿意在阅读、评论或分享中积极参与，这是阅读推广成功的直观体现。通过社会化媒体平台，图书馆能够观察到哪些内容或活动能够激发读者的兴趣，引发其参与互动，从而更精准地调整推广内容，增强互动性和吸引力。例如，如果某个在线阅读挑战或主题讨论在读者中引起热烈响应，那么图书馆可以进一步开展类似的活动，增强读者的参与感和归属感。反之，如果某些活动的参与指数低，图书馆就需要分析原因，是内容不够吸引人，还是推广方式需要改进，甚至可能是活动的举办时间不佳。

五、基于社会化媒体的图书馆阅读推广平台设计

鉴于社会化媒体种类繁多且信息庞杂，加之使用者分布广泛，图书馆借助

这些媒体进行阅读推广将会投入大量精力，且可能收效甚微。对读者而言，他们期望能更便利地获取阅读资源和信息，并进行互动交流。若图书馆能创建一个集多种功能于一体的专业阅读推广平台，利用社会化媒体的优势，就能有效提升其阅读推广的成效。

（一）阅读推广平台的设计目标和系统需求

1. 阅读推广平台的设计目标

该阅读推广平台设计的总体目标是适应目前基于互联网／局域网的网络信息结构，满足读者的阅读需要，符合图书馆的特点，借鉴社会化媒体营销的方法，综合利用各种社会化媒体的功能，设计出一个专门用于阅读推广的、提高图书馆阅读推广水平的平台。

2. 阅读推广平台的系统需求

阅读推广平台的核心目标是为图书馆及其用户提供一个稳定、安全且高效的数字环境，以便于获取、分享和交流阅读资料。本平台应具备多样的功能，以满足广泛的系统需求，从而有效促进阅读文化的传播。

（1）阅读内容的发布与管理功能

阅读推广平台需要设立一套完整的内容管理系统，确保阅读材料的有序流通。该系统应包括以下几个功能：

①内容发布：通过这个功能，用户以及图书馆的工作人员可以方便地上传各种阅读材料，包括文章、新闻、学术论文等。为了便于用户检索，上传的内容需要进行详细的分类和标签化。这样，用户可以根据自己的兴趣和需求，快速找到自己想要阅读的材料。

②内容管理：平台应提供一系列强大的工具，使得管理员能够轻松地对已

发布的内容进行编辑、更新或删除操作。这样可以确保平台上始终展示最新、最准确的阅读材料，同时也能及时清理过时或不相关的内容，保持平台的整洁和高效。

③互动功能：通过增加评论、收藏和分享功能，用户不仅可以对内容进行互动，表达自己的观点和感受，还可以将自己喜欢的内容分享给朋友或社交网络，从而吸引更多的人关注和使用这个平台。这种互动不仅能够增加用户的黏性，还能通过用户的社交网络进一步扩大平台的影响力。

（2）交流与互动功能

①用户留言与回复功能：在这个平台上，用户不仅可以对所阅读的内容发表自己的见解和评论，分享自己的观点和感受，还可以对他人的评论进行回复和互动。这样，用户之间可以进行深入的讨论和交流，形成一个活跃的阅读社区。

②私信与在线实时聊天功能：用户之间可以通过私信功能进行一对一的私密交流，分享个人的想法和感受，而不被其他人看到。同时，用户也可以选择在平台上直接参与实时聊天，与其他用户进行实时互动，分享阅读心得和观点，形成一个充满活力的阅读交流环境。

③话题讨论功能：用户可以发起特定的阅读话题，邀请其他用户参与讨论，共同探讨和分享阅读心得。这样，用户可以围绕特定话题形成以阅读为中心的讨论小组，深入探讨和交流，分享彼此的观点和感受，形成一个充满活力的阅读社区。

（3）用户和社群管理功能

①好友系统：在这个功能中，用户可以轻松地将其他用户添加为自己的好友，从而建立起一个属于自己的社交网络。通过好友系统，用户可以对好友进

行分类管理，将他们按照不同的兴趣、工作或生活圈子进行分组，这样在查找和联系好友时会更加方便。此外，好友系统还支持用户之间的即时沟通和信息分享，无论是文字、图片还是视频，都可以通过这个平台快速传递给好友，从而保持紧密的联系和互动。

②阅读小组：用户可以通过这个功能创建属于自己的兴趣小组，或者加入已经存在的小组，与其他志同道合的人一起分享阅读的乐趣。在小组内，用户可以参与各种话题讨论，发表自己的见解和观点，与其他成员进行深入的交流和互动。此外，小组成员还可以分享各种文档资料，包括电子书、文章、研究报告等，让大家在阅读和学习的过程中获得更多的资源和支持。通过阅读小组，用户不仅可以拓宽知识面，还能结识更多有共同兴趣的朋友，共同进步。

（4）调查与数据监测功能

①调查工具：为了更好地了解用户的需求和使用习惯，图书馆平台应提供一套功能完善的在线调查工具。这些工具可以帮助图书馆收集用户对阅读材料的反馈意见，包括用户对不同类型书籍、电子资源和阅读设备的偏好。通过这些详细的数据，图书馆可以更准确地掌握用户的阅读需求，从而有针对性地改进和优化其服务和资源的配置。

②数据监测：平台应内置一个高效的数据监测系统，以便实时跟踪和分析用户的行为模式。这包括用户在平台上的浏览路径、搜索习惯、阅读时长以及对特定内容的偏好等。此外，系统还能够监测内容的流通状态，例如哪些资源被频繁访问和下载，哪些内容在用户之间传播得更广。同时，社交互动情况也是监测的重点，包括用户在平台上的评论、分享和讨论等行为。通过这些数据的综合分析，平台可以发现潜在的问题和改进点，从而为平台的优化提供有力

的数据支持，进一步提升用户体验和满意度。

（5）用户积分管理功能

①积分累计：用户可以通过多种方式积累积分，例如通过阅读文章、积极参与讨论或分享内容等互动活动。这些活动不仅能够丰富用户的知识储备，还能帮助他们在平台上建立更广泛的联系，从而在不知不觉中积累起宝贵的积分。

②积分兑换：当用户的积分达到一定的数量后，他们可以选择将这些积分兑换成各种虚拟勋章、特权或其他形式的奖励。这种兑换机制不仅能够激发用户的积极性，还能进一步提高他们在平台上的活跃度和忠诚度。通过这种方式，用户能够感受到自己努力的成果，从而更加积极地参与到平台的各项活动中，形成一个良性循环。

通过这些详细的系统需求设计，阅读推广平台旨在为用户提供一个全面、互动和个性化的阅读环境，促进知识的传播和文化的交流。这不仅会提升图书馆的服务效率，也将极大地丰富社会化媒体的阅读文化层次，为广大阅读者提供价值。

（二）阅读推广平台功能结构设计和运行机制分析

1. 阅读推广平台的功能结构设计

阅读推广平台的功能结构设计在经过详细的目标与需求分析后，平台设计人员将根据这些分析进行功能结构的构建。这个平台应该由几大核心功能组成：平台基础数据管理功能，阅读信息及内容管理功能，阅读互动与社交功能。每一项功能都由若干模块组成，共同支撑整个平台的运作。

2. 阅读推广平台的运行机制

阅读推广平台的运行机制是一个综合体，它在社会化媒体的支持下发展起来，通过精心设计的策略和程序来促进阅读活动。此平台的核心在于有效整合图书馆资源和用户参与，以实现信息和内容的创造、发布、传播。通过这种方式，平台不仅加深了用户对阅读的兴趣，也提高了阅读材料的可接触度和互动性。在此基础上，阅读推广平台引入了多种激励机制，以增强用户的参与度和活跃度。这些激励机制主要包括用户积分激励机制、平台数据监测激励机制和读者需求激励机制等。

用户积分激励机制是一种基于用户行为的奖励系统。用户在平台上的活动，如发布阅读感受、分享文章、参与在线讨论等，都可以获得积分。这些积分可以用来换取更多的服务或特权，如访问付费资源、参与特殊活动等。这种积分系统鼓励用户更加积极地利用平台资源，从而增强其阅读体验。平台数据监测激励机制则通过分析用户行为和平台运行数据来优化服务。例如，平台会跟踪热门话题、活跃用户和阅读趋势等信息，根据这些数据调整内容推荐和活动安排。图书馆利用这些数据评估阅读推广的成效，不断调整策略以适应用户需求。同时，用户也可以通过这些数据了解自己在平台上的表现和影响力，从而更有针对性地参与平台活动。读者需求激励机制关注于从用户反馈中挖掘需求，进而优化服务。图书馆和用户之间的互动提供了收集反馈的机会，图书馆可以根据用户反馈调整图书采购、服务方式和活动内容。这种以用户为中心的服务模式使得阅读更加个性化，更能满足不同用户的阅读需求。

平台的用户群体主要包括普通用户、图书馆和特邀用户。其中，特邀用户通常是由图书馆邀请的学者、作家或其他知名人士，他们的加入旨在帮助图书馆举办阅读指导和相关活动。用户在登录平台后，可通过不同的功能模块进行信息的发布与获取、内容的创作及获取，以及阅读的互动与社交。具体而言，用户可以通过信息发布模块、阅读空间、信息搜索功能及阅读应用来发布和获取阅读相关信息；通过阅读空间、阅读小站、在线阅读功能及参与阅读活动来获取和创造阅读内容；通过阅读咨询、参加阅读小组、参与阅读活动和在线阅读来实现阅读的互动和社交。

普通用户可以通过数据监测模块来评估自己在平台上的影响力，这包括了监测互动情况、信息发布的广泛度等。基于这些数据，用户可以优化自己在平台上的行为。若普通用户对图书馆提供的阅读服务和平台功能满意，则可能会重复使用平台；反之，他们也可以向图书馆提供反馈。同时，平台通过积分激励机制鼓励用户更频繁、更有效地使用平台。图书馆可以利用阅读调查和平台监测数据来评估读者的满意度，并据此改进平台功能或在平台中的服务，同时与特邀用户探讨更有效的阅读推广策略。特邀用户的行为和影响力也会通过监测数据表现出来，他们的高影响力有助于促进与普通用户的交流和互动。平台在运行过程中产生的所有数据都将被系统监测。

（三）阅读推广平台的功能模块设计

阅读推广平台应该综合图书馆提供的各类阅读推广活动，如新书推荐、阅读指导和各类阅读活动，同时融入了多种社会化媒体功能。平台核心的功能模块包括信息发布模块、用户空间模块、阅读小组模块、阅读小站模块、阅读调查模块、阅读活动模块、阅读咨询模块、在线阅读模块等。

这些功能模块广泛应用了各种社会化媒体工具，如社交网站、微博、博客、轻博客、论坛、即时通信、文件分享及电子商务等。具体来看，信息发布模块依托社交网站功能进行信息发布，同时在平台的其他功能模块中也能显示用户的发布信息和活动信息；用户空间模块通过博客为用户提供了个性化空间；阅读小组模块结合了论坛和文件分享功能；阅读小站模块采用轻博客形式；阅读咨询模块利用了 QQ 和微信等即时通讯工具；在线阅读模块则模仿豆瓣网，实现了在线阅读、评论和社交互动，通过电子商务模块便于用户浏览和购买书籍。此外，平台还应该配备投票工具、数据监测工具和在线阅读器等多种工具和应用，进一步提升了用户体验。

第九章

基于 5G 环境下的图书馆阅读推广服务

第一节
5G 环境下的阅读推广模式

模式乃是源于生活与生产经验，经升华与抽象所得的核心知识系统。它是针对特定问题，将解决方案归纳至理论层面的一种方法或框架。而阅读推广模式，则是指在阅读推广过程中所采用的、经实践验证极为有效的策略与方法。这些策略涵盖具体的操作方式、活动主题、效果评估以及执行流程等，构建起解决核心问题的指导体系。推广阅读的工作需借助媒体平台来实施与管理。在 5G 技术广泛普及的背景下，面对信息量的急剧增长，阅读推广的实施亦需相应媒体的支持。

一、5G 时代的阅读
（一）我国的 5G 时代

5G 技术不单是通信技术的一次飞跃，更是整个社会信息化进程的加速剂。5G 时代的来临标志着信息处理方式的根本性转变，即由传统的模拟方式向数字化过渡。在此过程中，所有信息皆被转换为数字信号，即 0 和 1 的二进制形式，以实现更快的传输速度与更高的数据处理效率。这种转变不仅极大地提升了信息传递的速度与质量，也为大数据的产生与应用奠定了基础。

在通信领域，5G 技术的应用使数字通信全面取代了传统的模拟通信方式。这一变革不仅体现在技术层面，更在于其对社会传播方式的重塑。现代传媒借助先进的计算机技术来处理、存储和传播信息，极大地提高了信息的传播效率，这在新闻、娱乐及社交媒体等诸多领域均有充分体现。5G 技术的四个核心特性，即多样性、规模化、价值性和高速性，更是定义了这个时代的特征。多样性不仅体现在服务类型上，更体现在用户体验的个性化与定制化；规模化意味着技术的广泛应用与普及；价值性表明了 5G 技术在经济社会发展中的重要作用；高速性则直接推动了信息传递速度的革命性提升。

中国作为拥有超过五千年文明历史的国家，其独特的文化传统和历史使命，在 5G 时代赋予了其不同于其他国家的发展路径。中国的基本国情和特殊的社会结构要求其在全球化的同时，必须兼顾国内的实际情况与需求。这一点在教育领域表现得尤为明显，中国正努力构建一个数字化、网络化、终身化、个性化的教育体系。这样的体系不仅能适应未来社会的需求，更能确保教育的普及与公平。

（二）5G 时代阅读的特点

1. 阅读内容的特点

在 5G 时代，阅读内容的呈现与获取方式正在经历深刻变革。这一时代的特点是信息传递速度快、种类繁多且极具个性化，从而大幅改变了人们的阅读习惯与内容选择。

一方面，5G 技术的普及极大地提升了信息传递的速度。在这样一个信息即时更新的环境中，自媒体和社交媒体的影响力日益增强，它们通过快速、灵活的传播方式满足了公众对即时信息的需求。这种传播方式不仅加速了信息的流通，也使得内容创造者与消费者之间的界限变得模糊。如今，几乎每个人都可以既是信息的生产者，又是消费者，这种现象在5G时代表现得尤为突出。

另一方面，个性化推荐技术的应用，使得阅读内容更加贴合个人的兴趣与需求。算法根据用户的历史行为和偏好为其推荐内容，极大地丰富了用户的阅读体验。然而，这种高度个性化的推荐系统也带来了挑战，例如信息泡沫和内容同质化问题，这可能限制了用户的视野，减少了意见和信息的多样性。

但是，5G也存在一定挑战。由于人性对新奇、娱乐或八卦的天然好奇，自媒体在迎合这一需求时往往会牺牲信息的客观性和权威性。与传统媒体相比，自媒体在确保内容真实性和全面性方面存在一定不足。此外，社交化传播和个性化推荐的相互作用使得某些极具吸引力但质量低下的内容能够迅速传播，增加了群众接触到不实或低俗内容的风险。对于读者而言，如何在庞大的数据流中筛选并找到有价值的信息，成为一项重要且极具挑战性的任务。5G时代不仅仅是阅读速度的加快，更重要的是阅读质量的提升。如何利用现代技术工具提高信息筛选的效率和准确性，以便在信息海洋中捕捉到有深度、有价值的内容，是当前亟待解决的问题。

2. 阅读方式的特点

在5G时代，阅读方式发生了显著变化。阅读不再仅仅是静静地翻阅纸质书籍，而是越来越多地采用数字化手段，涵盖各种多媒体元素，如视频、图片、文字和音频。这种新型的阅读方式使内容更加生动活泼，更好地还原了场景和环境，从而帮助读者更深刻地理解信息。

数字化阅读相较于传统纸质阅读具有诸多优势：①降低了制作和分发书籍的成本，使得大量文献资源能够以更低的价格提供给公众；②数字书籍具有更大的存储容量和更便捷的携带方式，使得读者可以随时随地通过移动设备阅读自己感兴趣的内容；③数字化阅读方式极大地便利了信息的获取，读者可以在任何时候查阅所需资料，满足其阅读需求。

在 5G 时代，即时在线浏览逐渐成为主流的阅读方式，标志着阅读方式正式步入数字化时期。通过即时在线的方式，读者可以实时获取最新信息和知识，极大地丰富了阅读的深度和广度。

3. 阅读环境的特点

在 5G 时代，阅读环境不再局限于实体环境和物理空间，虚拟环境的重要性日益凸显。对于一个良好的阅读环境，我们需要考虑舒适性、便利性以及交流性等方面。在 5G 时代，人们无需费时费力地前往图书馆或书店获取文献资源和信息，而是可以轻松地通过网络获取所需。阅读平台也为用户提供了互动和交流的机会，阅读不再是简单的信息获取，而是通过对话交流的方式，使其成为一种社交活动。在虚拟环境中，人们可以更便捷地传播自己的想法和建议，促进信息的传播和分享。

二、传统的阅读推广模式

（一）传统的媒体模式

传统的媒体模式主要借助墙报、室内外广告、报刊、广播和宣传栏等手段来推广阅读活动。这包括组织读书会、推荐图书、举办图书馆论坛、进行阅读交流和图书馆教育等多种活动。随着跨媒体阅读和新媒体的兴起，这些传统的推广阅读方式也在不断发展和创新。

1. 图书推介

图书推介活动主要旨在将精选书籍介绍给读者，帮助他们发现并接触到有价值的阅读材料。通过细致介绍图书的独特之处和丰富内容，此类活动使读者能够根据个人需求和兴趣选择合适的书籍。这种活动通常包括对新书的介绍，向读者推荐精选书目，并对书籍的质量和内容进行评价。此外，还会展示书籍样本，甚至在某些场合，组织作者的现场签售会，增加与读者的互动，提高阅读的吸引力。

2. 书目推荐

推荐书目也被称为举要书目、导读书目、必读书目、选读书目、劝学书目等，是经过精心编纂和挑选，针对特定用户或特定问题而制作的书籍列表。这些书目旨在帮助读者深入了解特定事件或学习特定领域的知识，尤其适用于专业学习和研究。推荐书目的功能不仅在于告诉群众应该阅读哪些书籍，还清晰地指出了阅读的适宜顺序，指导读者如何更有效地进行阅读。随着信息技术的迅猛发展，推荐书目的形式和载体也得到了显著改进，弥补了传统推荐方式的不足。如今，推荐书目的主体不仅包括政府、专家学者、图书馆、社会组织、高校等非营利机构，还涵盖了网站、商业性出版社、职业推广员等多种力量。这种多元化的推荐体系不断丰富书籍的类别，呈现出数量泛滥和多样性的趋势。在此背景下，一些专家学者开始致力于通过专业搜索引擎和科学导航来优化书目推荐，以避免网络信息的迷茫和误导，确保读者能够获得真正有价值和可靠的阅读资源。

通过这些先进的推荐方法，书目推荐不仅促进了阅读的普及化和专业化，也为广大读者提供了一个更为准确和高效的选择路径。无论是学术研究还是日常学习，精心挑选的书目推荐都能够帮助读者节省时间，快速定位到所需的资料，从而更好地满足他们的学习需求和研究目标。

3. 新书推介

新书推介是一种推广新出版书籍的活动，旨在让新书赢得读者的关注和认可，从而最大化其社会价值和影响力。这一过程主要强调新书的新颖性、推介的迅速性和介绍的明确性，每一环节都至关重要。

①新书的核心价值在于其新颖性。所谓"新"，主要体现在以下三个方面：一是指出版时间的新近，通常情况下，出版时间在六个月以内的书籍才被视为新书；二是内容的新颖也同样重要，新书应当呈现最新的研究成果或创作，无论是社会科学、自然科学还是人文科学领域；三是新书的物理品相（包括装帧、印刷质量和外观设计），也应当展现出全新的面貌。新颖性不仅是新书推广的关键，也是吸引读者眼球的亮点。

②迅速推介是新书推广活动的关键所在。推广者需要依托高效的信息网络，敏感而准确地掌握最新的出版信息，选择最适合读者群体的新书，并迅速将这些信息发布出去。在新书推介活动中，能够快速行动的一方通常能够在市场上占据优势。

③明确的介绍是新书推介成功的决定性因素。新书的推荐需要通过详尽而准确的介绍来实现，这不仅包括书籍的核心内容和特色，还应考虑目标读者群的特点。介绍策略应当能激发个体的阅读兴趣，必要时可以利用书籍的背景信息或作者的知名度来增加吸引力。介绍内容应简洁明了，既要突出书籍的关键信息，又要保持足够的悬念，以增强读者的好奇心。

通过这三个关键步骤——突出新书的新颖性，快速进行书籍推介，以及提供清晰具体的书籍介绍，新书推介活动能够有效地引导读者了解并接受新书，从而推动书籍的流通和阅读，增强文化的传播和知识的普及。

（二）读书活动

推广阅读的根本目的是促使更多人参与读书。在这方面，读书活动直接服务于推广阅读的最终目标，效果显著。通过组织以书籍为核心的各类活动，如读书沙龙、读书节、读书征文和读书演讲等，不仅增强了读者的阅读体验，还培养了他们对阅读的热爱，并鼓励他们持续、长期地参与阅读。

1. 读书月

读书月是以推动图书阅读为主旨的活动，通常选择特定的日期或时间段来开展系列推广阅读活动。例如，每年的 4 月 23 日是世界读书日，围绕这一天可以展开各种形式的阅读活动，如设定以此为起点、终点或中点的读书月、读书周和读书节等。

2. 读书沙龙

与传统讲座相比，读书沙龙呈现出更为生动和轻松的交流氛围。这种活动通常由一群热衷于阅读的人士自发组织，旨在交流阅读心得与体验。读书沙龙的形式多样，可以由新闻媒体主办，也可以是书友自发组织，或由出版社、图书馆、民间组织及书店联合举办。

在读书沙龙中，参与者通过分享自己对于读过的书籍的理解和感悟，促进了彼此的思想交流。这种形式的活动不仅使参与者能够在轻松的环境中探讨文学与知识，还能相互启发思考，激发更多的阅读兴趣。与此同时，读书沙龙经常邀请各领域的专家或作家参与，他们的专业见解和深入讨论，为读者开阔视野，加深对特定主题的理解。

读书沙龙不只是一种交流平台，更是一个知识与情感共享的社区，使得阅读不再是孤立的个人行为，而是一种集体参与的文化实践。通过这种方式，读书沙龙有效地推广了阅读文化，加强了社区内的文化联系，建立了一个充满活力和创造性的交流环境。读者在享受阅读乐趣的同时，也在不断地通过互动学习和成长，使得读书沙龙成为推广阅读活动中极富吸引力和影响力的一种方式。

三、5G 环境下的阅读推广模式实践

（一）信息技术与阅读推广

1. 信息技术环境

在现代社会中，信息技术环境的迅速发展极大地促进了阅读活动的推广。随着平板电脑、云计算、社交网络、二维码等技术的普及和应用，推广阅读的方式和手段发生了翻天覆地的变化。

（1）广泛的覆盖面

传统的阅读推广如读书会或讲座虽然内容丰富，但参与人数有限。而现代信息技术的应用，特别是社交媒体和在线平台的普及，使得推广活动能够触及更广泛的受众。例如，通过社交网络和微信平台推送图书推荐、阅读分享等内容，可以吸引成千上万的读者参与。云计算和移动互联网的应用，使得用户不受地域限制，随时随地都能参与到阅读活动中来。

（2）较高的效率

利用信息技术搭建的推广平台可以自动化地处理用户报名、活动通知和数据统计等一系列工作，极大地减少了人力资源的投入。此外，这些平台的可重复使用性也大大降低了成本。例如，一次设置好的在线阅读挑战活动，可以多次利用，每次仅需简单调整即可再次启动。

（3）对用户有较大的吸引力

现代信息技术手段能够更有效地吸引用户参与。以虚拟现实、增强现实技术为例，这些新兴技术能够提供沉浸式的阅读体验，如虚拟图书馆、互动式故事书等，极大地激发了年轻人尤其是数字原住民的阅读兴趣。此外，多媒体和在线游戏也可以被整合进推广阅读的活动中，如通过游戏化学习提升儿童的阅读和理解能力。

通过数据分析和用户行为研究，推广者可以了解到哪些书籍更受欢迎，哪些活动形式更能激发读者的参与热情。例如，基于用户以往的阅读历史和偏好，推广平台可以精准推送个性化的书单和阅读活动，从而提高用户的满意度和忠诚度。

2. 信息技术阅读推广模式

（1）5G理念推广模式

在信息技术迅速发展的今天，图书馆作为知识传播的重要阵地，已经开始积极探索与应用新兴的5G理念。这一理念不仅仅是技术的进步，更是一种全新的服务模式革新。图书馆借助5G技术的优势，能够更有效地管理和利用大量的用户借阅数据、用户行为数据及访问数据，这些数据的高效处理和分析，为读者提供了更加个性化和便捷的阅读体验。例如，上海图书馆便是在这种新模式下的积极探索者。该馆通过分析和处理这些数据，能够每年为读者生成个性化的年度阅读账单。这份账单详细记录了用户一年的阅读轨迹，包括借阅书籍的种类和数量。基于这些数据，读者还会被赋予如"极客""文青""书虫"等有趣的标签，以反映其阅读习惯和偏好。更进一步，这份账单还包含了一些统计信息，如图书馆用户的平均借阅书籍数量、借阅最多的用户一年中借阅了多少本书，以及借阅频率最高的书籍被多少人借阅等数据。通过这些信息，上海图书馆能够洞察到用户需求的变化，从而及时调整服务策略，为用户提供更贴心、更高效的服务。这种基于5G理念的推广模式，不仅提升了图书馆服务的质量和效率，也极大地丰富了用户的阅读体验。随着5G技术的更广泛应用，未来图书馆的服务模式将更加多元化，更能满足现代人的阅读和学习需求。

（2）游戏推广方式

探讨游戏在图书馆推广阅读中的独特作用。借助游戏的互动性和趣味性，图书馆能够通过网络游戏与读者进行有效沟通，增加阅读的吸引力。游戏推广利用其独特的参与性优势，使得图书馆的服务更具活力和吸引力。多样化的游戏设计不仅能够引发读者的阅读兴趣，还能有效地传递推广阅读的关键信息，取得显著的推广效果。例如，武汉大学图书馆在推广阅读策略中，引入了虚拟馆员的概念，有效缩短了与用户之间的距离。通过设定虚拟馆员作为互动的核心，推出了名为"拯救小布"的游戏。这一游戏策略通过趣味的问答方式，激励用户主动地搜集和学习经典书籍的相关信息。在这个过程中，用户不仅仅是在玩游戏，更是在无形中接受了经典阅读的熏陶和教育，从而深化了对文学作品的理解和兴趣。这种将游戏与学习融合的方法，不仅能够吸引更多的年轻读者，也为传统的图书馆服务带来了新的发展方向。

（二）移动新媒体与阅读推广

1. 移动新媒体环境与阅读

在移动新媒体的环境下，阅读习惯和方式在高校中发生了显著变化。对于当代高校学生而言，新媒体已成为他们检索信息和获取学习资源的主流方式。这种技术的普及不仅改变了他们的交流和学习模式，而且重新定义了阅读的途径和内容。随着移动新媒体的广泛应用，传统的阅读方式正在逐步被碎片化阅读所取代。这种阅读模式允许用户在零碎的时间里通过手机等设备快速获取信息，从而适应了快节奏的生活和学习环境。例如，学生们常通过微信、微博等平台交流信息，这不仅增加了阅读的便捷性，也增添了互动的乐趣，使得阅读更为生动和实时。此外，移动新媒体也为学生的职业发展和知识体系的构建提供了有效的支持工具。通过各种在线平台和应用，学生能够接触到更广泛的学术资源和职业信息，有助于他们在学习和未来事业中取得更好的成就。这种基于新媒体的立体化交互阅读方式，不仅改变了学生的学习习惯，还促进了教育环境的整体进步。因此，移动新媒体不仅是信息获取的渠道，更是一个推动学术和职业发展的平台。它通过重新塑造阅读和学习的环境，使得教育和信息交流更加多元化和动态化，为高校学生提供了更多样化的学习选择和更广阔的视野。

2. 移动新媒体阅读推广模式

（1）电子阅读器数字阅读推广模式

电子阅读器作为一种专用的移动阅读设备，不仅提供了书签设定、注释制作和信息存储等多种便利功能，还因其便携性和对视力的保护而受到广泛欢迎。与普通平板电脑相比，电子阅读器在阅读数字内容方面具有明显的专业优势，可以存储大量信息，满足用户对大数据阅读的需求。

近年来，中国的数字阅读设备市场逐渐升温。方正集团和当当网等公司纷纷推出了多样化的电子阅读器产品，以用户需求为导向，不断优化产品功能，提高用户体验。这些设备不仅方便用户随时随地进行阅读，还因其高效的内容管理和视力保护功能，而成为市场的热门选择。国家图书馆在推广数字阅读方面也取得了创新性的进展。该馆首创的电子阅读器借阅服务，允许读者仅需缴纳一定的押金，即可借阅电子阅读器，并通过图书馆的在线服务下载或检索自己感兴趣的数字内容。这一服务不仅满足了用户对个性化数字阅读的需求，还极大地提高了公共数字资源的利用效率。该服务自推出以来，便受到了广大读者的欢迎，并引起了其他图书馆的关注和模仿。

（2）移动图书馆数字阅读推广模式

通过移动 APP，用户可以轻松下载并访问图书馆的数字资源，不仅能够查阅和借阅电子书籍，还可以办理各种图书馆服务。这种模式有效地整合了不同平台和机构的资源，为用户提供了一站式的数字阅读解决方案。移动图书馆服务不仅强调数字化资源的推荐，还根据用户的多样化需求，提供个性化的阅读资源信息、查询和下载服务。图书馆在开发移动 APP 时，将用户需求作为核心，创造性地提供体验式服务，推广阅读的同时，增强了用户与图书馆之间的互动。这种服务模式不但提升了用户体验，也增强了用户对图书馆服务的认知和信赖。此外，移动图书馆积极运用内部及外部的数字资源，不断优化服务流程，确保用户在数字阅读过程中的满意度和参与度。通过电子报刊、微博等移动新媒体渠道，图书馆还能有效地对外宣传，扩大其影响力，引导更多用户了解和利用移动图书馆的服务。

第二节
基于智慧图书馆的阅读推广模式构建

一、模式构建框架

在图书馆的宣传活动中,务必突出以下几个核心要素:阅读推广主体、阅读资源、宣传活动、宣传媒体、受众。为推动图书馆的文化发展,应建立专门的宣传组织,该组织需合理利用读者的阅读偏好,有效运用各类宣传媒介,精心策划宣传活动。通过这些举措,不仅能对读者产生深远影响,还能在活动过程中收集用户反馈,不断优化和调整阅读推广策略,从而取得最佳的推广效果。

在此基础上,本节深入剖析了图书馆层面的关键模块,即阅读推广的主体、阅读资源、宣传活动和宣传媒介。基于对这些要素的研究,我们提出了适用于智慧图书馆的阅读推广模式,该模式包括三个子模式:阅读推广资源知识化模式、阅读推广服务智慧化模式、阅读推广媒介多元化模式。这些模式共同构成了智慧图书馆推广阅读的组织架构,利用技术和创新手段,提升阅读推广的效率和影响力。

二、阅读推广资源知识化模式构建

(一) 阅读推广资源知识挖掘模式构建

在图书馆的阅读推广活动中,最主要的两项资源是读者信息资源和阅读推广资源。读者信息资源指的是读者的阅读习惯、行为数据、心理喜好等资源;阅读推广资源包括文献、书籍、期刊等资料。在持续的阅读推广活动中,对这些资源的有效管理和深度挖掘,对于图书馆持续、全面推广阅读具有重大意义。探讨如何整合和提升这些文献、书籍和期刊的信息,以适应公众日益增长的需求多样性和个性化,如何科学分析用户的阅读行为,以更精准地预测阅读推广的未来方向和趋势,成为研究阅读推广模式的核心。

近年来,随着我国政府对阅读推广和教育的高度重视,我国的图书馆资源在数量和信息上都有了明显的增长。尽管如此,图书馆在开展阅读推广活动时,常面临资源利用率不高的问题,很多资源并未真正到达预期的读者群体,这不仅造成了资源的巨大浪费,也暴露出图书馆在研究用户阅读习惯和行为方面的不足。目前,图书馆尚需加强对时代发展中读者阅读特性的把握,更好地满足用户对内容多样化和个性化的需求,从而凸显出建设以阅读推广资源为基础的知识库的重要性和迫切性。

(二) 基础信息库的构建

1. 阅读推广资源信息库的建立

阅读推广资源信息库的建立是推广阅读服务的核心和基石,任务艰巨且至关重要。信息库的建立不仅是服务运作的基础,也是实现长期、持续阅读推广活动的基础。为了系统化和完整地推广阅读信息服务,必须创建稳固的信息服务库。在构建阅读推广资源信息库时,所用的数据分为三个主要类别:①图书馆的数字图书信息和资源；②互联网上的信息和资源；③其他共享资源，如情报组织共享的资源。数字图书馆资源包括文献、图书、图片以及音频视频等多种类型的实体和电子资源（如数据库、电子书等）。我们需要收集、采集并导入这些资源数据，对其进行预处理和清洗，去除无效信息，尽可能地避免信息重复和信息干扰。

2. 阅读推广读者信息库的构建

在阅读推广过程中，读者信息是十分重要的资源。一个全面的信息库可以深入了解读者的多样性、共性及个性化需求，为图书馆制定具有代表性和针对性的推广活动和方案提供坚实基础。要构建读者信息库，推广组织需要对读者信息进行准确分类和分析。读者信息库应包含三种主要类型的数据。

①读者的基本个人信息，这类数据通常是固定且长期的，包括性别、姓名、年龄、民族、住址以及教育水平等基本身份信息。这些信息有助于我们对读者群体进行基本划分。

②读者的阅读行为信息，这些数据通常通过网络日志和追踪日志来记录，主要包括两个方面的数据：一是读者在网站上的停留时间、访问次数、图书点击和下载数量等静态数据；二是动态信息，如对推送图书的反应频率、读者的性别和年龄分布等。这类数据有助于揭示读者的阅读偏好和习惯，为推广活动的定向和个性化提供数据支撑。

③读者的个性化信息，如兴趣方向、希望获取的特定信息、偏好的图书类型，以及对书籍的评价和反馈等。这些信息丰富了读者画像，使得推广活动能更准确地满足读者的具体需求。

在信息收集和处理阶段，我们需要采集和整理这三类数据，将它们导入预先设计好的数据库中，并进行必要的预处理，如清洗无关信息和减少数据冗余，以确保数据的质量和有效性。处理后的数据通过深入挖掘和分析，能够提取关键主题和定义信息库中的关键字段，确保信息库既系统又具有可操作性。此外，为了保持信息库的时效性和准确性，图书馆需要根据网络和追踪日志的变化定期更新信息库。通过这样的信息库，推广组织不仅能发现更多有价值的模式和信息，还能提高阅读推广活动与读者发展需求的匹配度，进而有效促进阅读推广的目标实现。

（三）知识挖掘与阅读推广资源知识化

1. 阅读推广资源知识挖掘与知识库的建立

在阅读推广的过程中，资源知识的挖掘及知识库的建立是提高效率和效果的关键。通过使用特定的知识挖掘工具和算法，我们能够揭示各种知识之间的主题关联和语义关联。这些关联不仅帮助我们理解和组织馆藏资源，还能有效地丰富读者的阅读选项，使读者能够更容易地发现与其兴趣和需求相符的阅读材料。这些资源之间的关联和联系最终会被整合进一个结构化的知识库中。这个知识库不仅存储关键信息，还能通过动态更新和优化，持续提供服务于阅读推广的核心活动。

2. 读者信息资源的知识挖掘与读者画像的建立

①深入分析读者的阅读需求。这些需求可以细分为三类：当前的阅读需求、读者对于阅读需求的模糊理解，以及读者尚未意识到的潜在需求，即阅读的潜在发展趋势。通过分析读者的阅读习惯、期望以及实际行为，可以推断出他们未显现或未察觉的需求，并据此进行预测和调整。

②通过挖掘学生的阅读行为，洞察其阅读习惯。利用阅读分析、数据整合、

相关分析、聚类分析等多种技术手段，图书馆可以深入了解阅读过程中的心理模式、特征以及行为规律，进而揭示读者的心理动态，并对其阅读行为进行评价。通过这些知识挖掘技术，推广组织能够使"读者画像"更准确、人性化。针对每位读者特定的"读者画像"，推广组织可以设计出定制化、人性化和个性化的阅读服务，如不同的展示方式和交互模式，以及优化的阅读体验。这样的服务不仅能满足读者的个性化需求，还能激发他们的阅读兴趣，促进终身阅读习惯的形成。

（四）关键技术

1. 数据库相关技术

在数字化和大数据的浪潮中，数据库技术已成为支撑信息时代发展的关键，主要包括数据库体系结构技术、数据库管理系统技术。这些技术帮助我们高效地存储、处理和分析庞大的数据集，实现数据的有效管理和深入探索。

随着科技的不断进步，数据库技术也在持续革新：①数据库的独立性使得数据的存储不受物理存储结构的限制。这意味着在数据内容、类型或数据关系发生变化时，不需要更改底层的物理存储，而仅需调整逻辑结构。这种逻辑独立性确保了数据库结构的灵活性和扩展性。②资源共享。通过构建中心化的数据库系统，不同地区和不同机构可以方便地共享和访问数据资源。这种共享机制极大地提高了资源利用效率，并加强了数据的互操作性。③关于数据库的结构特点，数据库内部的数据表之间通常存在紧密的联系，形成了有机的数据结构网络。这种结构不仅支撑了数据的整合性和一致性，还提升了数据处理的效率。

在众多现代数据库技术中，NoSQL 数据库技术的重要性尤为突出。它摒弃了传统的关系型数据库的严格模式，提供了更为灵活的数据存储选项，使得数据存取更为自由，用户体验也因此得到极大的提升。NoSQL 技术通过其非关联性的特点，为大规模数据的管理提供了新的可能，满足了现代应用对大数据处理的复杂需求。

2. 数据挖掘技术

数据挖掘技术是运用数据信息进行分析和深入挖掘的核心技术，它能在数据的基础上揭示其内在价值。这项技术通过分析各类数据集，提取具有潜在价值的信息，这些信息通常呈现为规则、概念或模式形式。借助数据挖掘技术，我们可以获得对未来发展趋势做出预测和决策的关键信息。数据挖掘过程中，会用特定数据库作为输入，从中生成有用的规则，这一过程涉及复杂的搜索算法设计。在实施前，需要明确挖掘的对象、任务和策略。目前，关联分析、神经网络、决策树和机器学习中的遗传算法成为研究的焦点。在中国，众多数据库系统已广泛应用数据挖掘技术。

3. 知识挖掘技术

知识挖掘是基于数据挖掘技术，从现有的数据中提炼出新的知识，并根据具体的目的来构建现有的知识。根据读者的需要，通过对已有的分析和数据处理，为读者提供新的潜在需求，而这些需求是以前的读者所不了解的。这个新的潜在需要是之前没有被阅读过的。现有数据大量、嘈杂、无规则，但是经过对数据的挖掘和分析，得到的数据具有很大的实用价值和广度。知识的发掘能使数据库中的资料得到更全面的使用，并能得到新的知识和模式。目前已有的主要算法有顺序模式、聚类分类树、混合学习和灵活模式的知识。

三、阅读推广服务智慧化模式构建

（一）阅读推广服务智慧化模式框架构建

从整体上分析，在公共图书馆系统中，公共图书馆是主要的阅读推广平台。为实现阅读推广服务的智慧化，必须促进公共图书馆之间的广泛互联、深度融合与资源共享。图书馆需要在功能实现上，强化图书馆资源、网络技术与人员互动的多维连接，推动图书馆与读者之间的智慧型互动。未来，具备高度连通性的公共图书馆将成为推广阅读的关键力量。智慧化信息资源的整合与共享，包括三网（电信网、广播电视网、互联网）的融合、行业跨界、新旧媒体的融合，以及多元化资源的整合。

在微观（个人）层面，建立针对不同宣传主体的智慧化服务体系是十分必要的。在图书馆的信息化建设过程中，我们需要实现移动图书馆、网络平台和实体图书馆等三大主体的智能化管理。

（二）以移动图书馆为主体的阅读推广智慧化服务构建

面对现代人因地理和时间限制难以到访实体图书馆的情况，移动图书馆能够有效地弥补这一不足。通过智能手机、平板等移动设备，用户可以随时随地访问丰富的数字资源，不受时间和空间的约束。这种便捷的访问方式，不仅扩大了图书馆服务的覆盖范围，也极大地提高了图书馆资源的利用率。同时，随着移动互联网技术的迅速发展，用户的阅读习惯和需求发生了显著变化。移动图书馆可以通过智能化服务，如个性化推荐、实时信息推送等功能，精准地满足不同用户的阅读需求。例如，通过分析用户的阅读历史和偏好，系统可以推荐相关图书和资料，提高阅读的针对性和效率。此外，移动图书馆还通过整合多种媒体资源，为用户提供更加丰富多样的阅读体验。无论是电子书、有声读物还是视频讲座，都可以通过移动图书馆平台提供给公众，极大地丰富了公众的学习资源和学习方式。

在智慧化服务的支持下，移动图书馆不仅仅是一个简单的借阅工具，更是一个多功能的信息平台。用户不仅可以进行图书查询、借阅和归还，还可以参与在线讨论、讲座和各种文化活动，使得阅读成为一种社交的方式，增强了读者社群的互动。这种智慧化的图书馆服务不仅提高了公众的信息获取效率，也推动了整个社会阅读文化的进步和发展。

（三）以网络平台为主体的阅读推广智慧化服务构建

互联网技术的飞速发展极大地改变了人们的阅读习惯、阅读规模、阅读特征。数字化图书馆的在线服务系统能够随时随地为用户提供便捷的服务，并与广大读者建立持久而紧密的联系，有效地推动了阅读活动的持续深入开展。同时，社交媒体平台如豆瓣、知乎、人人网、微博、微信等也积极参与到阅读推广的活动中，例如清华大学图书馆就通过"图书馆社团"和"好友社"在人人网上推广阅读文化。

数字网络平台为阅读推广提供了更加多样和灵活的方式和形式。阅读推广可以采用周期性和常规相结合的方式，全媒体网络组织依托数字平台，运用不同的内容和媒介形式来实施推广策略。通过全媒体模式，可以开发移动端的阅读推广客户端和图书馆的阅读推广服务，涵盖用户互动、阅读活动预告、真人图书展示、专题讲座、新书推荐等多种服务。此外，数字网络平台还能够逐步增强阅读推广的个性化服务。个性化阅读推广可以通过移动终端和数字网络平台实施，如在微博、豆瓣等发布推广阅读的书目、推送阅读活动信息，构建个性化的阅读知识库，方便用户随时查询和阅读。在满足个性化需求的同时，还能促进用户在阅读交流方面的互动，使得用户活动由单一的阅读转变为多元的交流和讨论。

（四）以实体图书馆为主体的阅读推广智慧化服务构建

实体图书馆作为文化传播的重要阵地，需开展多样化的推广活动。尽管实体图书馆并未在现代社会中"消失"，但在互联网和信息技术的推动下，其发展潜力巨大，且趋向现代化与人性化。图书馆应以人性化的智慧服务和优化读者体验为出发点，开展阅读推广。实体图书馆内设有智能订阅台，极大方便了读者的操作。例如，当读者将预定图书放在指定位置时，系统会自动发出预订成功的提示。此外，读者在预定书架区操作完毕后，系统会根据其个人资料自动核对预定信息，并反馈确认信息。智慧书柜的应用使得书籍的借阅过程更加智能化。读者在智慧书柜上点亮所预定书籍的标志，并在取书后刷卡确认，即完成了自动借书流程。智能化的预定书柜大幅提高了查找预定书籍的速度，从而有效推动了阅读推广工作的进展，使图书馆服务更加贴近现代读者的需求。

（五）关键技术

1. 物联网技术

物联网技术在智慧图书馆的应用日益重要。物联网，简而言之，就是通过无线电波和其他技术手段，将各种信息感知器和对象连接到互联网上。这项技术使得系统能够智能地识别与处理信息，涉及设备包括全球定位系统（GPS）、红外传感器、射频识别设备及激光扫描仪等。物联网技术以先进的信息科技为基础，跨越时空限制，实现设备与设备之间的互联互通。

在智慧图书馆中，物联网技术的应用使得图书的管理变得更为高效。通过实时的自动识别、定位、监控和跟踪图书等实体，不仅提升了图书的管理效率，也优化了用户的借阅体验。例如，读者可以快速找到所需图书的具体位置，甚至在图书即将到期时自动接收提醒，极大地便利了读者的使用。此外，物联网技术的引入不仅仅为我国的图书馆业务带来了便利，更是推动了图书馆系统的整体智能化改造。这不仅标志着我国图书馆事业的一次技术革命，也为图书馆的未来发展开辟了全新的可能性。通过这种技术的运用，智慧图书馆能够更好地服务于公众，提高图书资源的利用率和管理的现代化水平，推动图书馆事业向前发展。

2. 云计算技术

云计算技术作为当今信息时代的重要支柱，代表了一种全新的数据中心运算模式。此技术继承了分布式计算、并行处理和网格计算的特点，核心在于其强大的数据处理能力和存储管理。它不仅仅提供简便的业务访问路径，还实现了服务的高度个性化。具体到技术层面，云计算能够有效管理大量的计算机数据，包括数据存储、处理以及程序设计等多个方面。如今，云计算已经演变成一个以云架构为核心的全球性IT服务体系，成为现代信息技术结构的重要组成部分。

在智慧图书馆的应用场景中，云计算技术显得尤为关键。传统图书馆面对5G时代大数据的处理需求时，往往因资源限制而显得力不从心。而云计算平台则因其出色的计算能力和数据处理效率，极大地推动了图书馆服务的创新和升级。图书馆能够通过云计算，不仅提升数据处理速度，还能实现资源的优化配置，克服了传统服务器在性能上的局限。

四、阅读推广媒介多元化模式构建

(一) 阅读推广媒介多元化模式框架构建

在当前信息化社会,阅读推广已从传统模式转向更为多元和高效的方式。在这一进程中,构建了一个多元化的阅读推广媒介模式框架,它大体上可以划分为两大类。一是基础型媒介,包括由图书馆开发的移动应用程序、实体图书馆以及各类在线数字阅读平台。这些媒介以其稳定和广泛的覆盖,为阅读推广提供了坚实的基础。二是拓展型媒介则更加多样化和动态,包括利用新媒体平台如微信、微博等进行的推广活动,以及基于新媒体技术的推广工具和可穿戴设备上的阅读应用。这些媒介与现代人的阅读习惯和生活方式紧密相连,尤其是能够满足年轻人群体的特定需求。通过将基础型媒介作为核心,拓展型媒介作为补充,这种结合有效促进了图书馆等机构的阅读推广活动,极大提高了阅读推广的效果,增加了公众的阅读满意度和参与度。

(二) 新媒体平台阅读推广媒介

新媒体平台作为阅读推广的重要渠道,包括博客、微博、微信,以及豆瓣、优酷等多种社交内容平台。这些平台不仅方便快捷地传播阅读资讯,还能实时收集用户反馈,提供定制化的阅读推荐,显著增强读者的参与感和持续阅读的动力。此外,新媒体的广泛应用还促进了包括广告业、电子书销售、网络技术公司在内的社会各界力量的整合,共同推动了阅读文化的普及和发展。

通过这种多元化的阅读推广模式,不仅能够满足不同用户的阅读需求,还能有效地提升整个社会的文化素质和阅读兴趣。这种推广方式表明,阅读推广正逐渐成为一种社会化、网络化、智能化的文化推广活动。

（三）新媒体技术阅读推广媒介

图书馆在其阅读推广活动中广泛利用新媒体技术。以 IPTV 技术为例，它已成为图书馆开展阅读推广活动的主要技术支持。随着 IPTV 技术的持续发展，它为图书馆提供了扎实的阅读推广服务基础，有效地扩展了图书馆的阅读信息与馆藏资源的用户推广。目前，IPTV 技术已逐步融入人们日常生活，图书馆通过与各相关组织合作，可以通过电视这一广泛普及的媒介将丰富的资源送达家庭。同时，读者可以随时通过数字化电视渠道访问阅读材料，实现自主阅读、自学与日常阅读的有效结合，促进全民阅读的实现。

（四）基于可穿戴设备的阅读推广媒介

基于可穿戴设备的阅读推广媒介是实现智慧图书馆构建及新时代阅读习惯发展的重要手段。通过佩戴式智能装备，可以深入了解读者的需求，实时收集他们的阅读信息，从而提升读者的阅读体验和能力。

可穿戴设备的优势在于它能够持续与用户保持互动，这为收集用户的详细信息提供了独到的条件。例如，在图书馆组织的阅读活动中，这些设备能详细记录用户的阅读偏好、习惯和行为模式，并可能触及其心理状态、生活习惯及社交行为。这种设备的综合数据收集和分析功能，能够帮助我们实时、全面地理解和响应读者的需求，有效地设计出与读者期望相匹配的阅读推广策略，这对于精准满足读者需求具有极高的价值。

在智能移动技术的基础上，可穿戴设备作为阅读推广的新型媒介，不仅仅是信息的收集者，更是阅读服务的优化者。它能够根据收集到的数据，针对不同读者群体的具体需求，提供个性化的阅读建议和服务。特别是对于老年人、儿童以及残障人士，这种设备能够有效提升他们的阅读质量和生活质量。

（五）关键技术

1. 3D 技术

目前，3D 技术已广泛应用于影视、传媒、交通、医疗、教育和游戏等多个行业。3D 技术是结合了三维交互设计、虚拟现实以及实时模拟技术而形成的一种前沿技术。该技术通过将不同的影像投射到双眼，创造出立体的视觉效果，其应用领域涵盖了 3D 眼镜生产、立体影像技术、人眼全息影像等。此外，3D 虚拟技术通过整合计算机软件，为用户创建一个三维虚拟环境，用户可以根据自己的需要，通过各种传感设备自定义虚拟空间。这种技术允许用户实时观察和操作虚拟环境，深入参与到模拟的场景中。3D 打印技术则是一种将虚拟模型快速转化为实体的立体成形技术，使得计算机中设计的虚拟物体能够实物化展示。

2. 智能手机及无线通信技术

智能手机的核心优势在于其便携性和强大的功能性。与传统的台式机和笔记本电脑相比，智能手机因其大小适中、易于携带的特性，让阅读活动不再受限于特定的地点或设备。用户可以在地铁、咖啡店或任何其他地点通过智能手机阅读电子书籍，查看图书评论或进行在线购书。此外，智能手机的操作系统支持多种阅读应用程序，从而使得个性化阅读成为可能。此外，智能手机的另一个关键优势是其无线通信能力，特别是通过 Wi-Fi、蓝牙、ZigBee 等技术的支持。这些无线技术不仅提高了数据传输的效率和速度，还扩展了智能手机在图书销售和推广中的应用场景。例如，书店和图书馆可以通过 Wi-Fi 网络推送最新的图书信息和阅读推荐给到店的顾客，而无需顾客主动查询。在促销活动和图书介绍中，智能手机也发挥着越来越重要的作用。通过各类社交媒体平台和移动广告，出版商和书店能够利用智能手机直接与读者进行互动，即时分享图书发布会、作者签售活动等信息，吸引和扩大读者群体。智能手机应用程序还可以根据用户的阅读习惯和偏好推荐个性化的阅读内容，从而提高用户满意度和忠诚度。

3. IPTV 技术

互联网协议电视（Internet Protocol TV，IPTV）技术整合了多媒体、互联网和通信技术，提供了一种全新的视频观看体验。与传统电视系统相比，IPTV 提供了更高的灵活性和互动性，用户可以根据个人喜好选择观看时间和内容，无需按照固定的电视节目时间表进行。IPTV 的一个显著优点是其丰富的交互功能。用户不仅可以观看传统的电视节目，还可以访问视频点播、直播电视和其他多媒体内容，如数字图书馆和在线游戏。这些功能大大丰富了用户的娱乐和学习选择，使得个性化媒体消费成为现实。例如，通过 IPTV，用户可以直接从电视机访问数字图书馆，享受阅读而无需额外设备。除了提供多样化的内容，IPTV 还通过其高度的个性化设置改善了用户体验。用户可以根据个人兴趣订阅特定频道或节目，系统也能根据用户的观看历史推荐相关内容，从而使每个用户的观看体验都具有高度的个性化和满意度。

结束语

数字图书馆作为现代信息技术与传统图书馆服务的结合体，已经在全民阅读推广中显示出巨大的潜力和价值。通过本书的探讨，我们深入了解了数字图书馆在促进全民阅读方面的实际作用和影响，包括数字资源的便捷获取、阅读方式的创新与个性化服务的提供。同时，本书也详细分析了数字图书馆在资源整合、用户服务和技术应用方面的现状与挑战。尽管数字图书馆在推广全民阅读的道路上取得了诸多成效，但我们也明白，在版权保护、技术普及、用户习惯培养等方面仍然存在不少困难与挑战。为了更好地发挥数字图书馆的作用，需要图书馆界、技术开发者和政策制定者共同努力，推动数字阅读环境的优化和服务质量的提升。

展望未来，数字图书馆在全民阅读推广中的角色将越发重要。随着技术的进步和社会的发展，公众对于阅读服务的需求将持续增长和变化，数字图书馆需要不断适应这些变化，创新服务模式，扩展服务内容。我们应当加强对数字图书馆服务效能的研究，探索更多符合用户需求的服务策略，并通过政策支持和社会合作，加大对全民数字阅读能力提升的投入。本书尽管为我们提供了一系列的分析和建议，但全民阅读的推广之路仍长。笔者期待与广大从业者和研究者共同进步，持续推动数字图书馆在全民阅读中的重要作用，为构建学习型社会做出更大的贡献。

参考文献

[1] 林团娇. 数字图书馆资源建设研究 [M]. 延吉：延边大学出版社，2019.05.

[2] 张睿丽. 数字图书馆资源管理与建设 [M]. 长春：吉林人民出版社，2019.10.

[3] 周义刚. 数字图书馆动态知识管理研究 [M]. 北京：中国书籍出版社，2019.01.

[4] 樊姗. 数字图书馆门户网站新模式·开源软件的应用 [M]. 北京：中国书籍出版社，2019.01.

[5] 詹黎锋. 数字时代图书馆信息资源建设的新发展探究 [M]. 北京：中国纺织出版社，2019.10.

[6] 郑燃. 公共文化服务均等化视角下图书馆博物馆数字文化服务融合研究 [M]. 武汉：武汉大学出版社，2019.08.

[7] 张荷立，金叶. 互联网+背景下图书馆信息资源建设和创新服务研究 [M]. 北京：中国书籍出版社，2019.11.

[8] 查道懂. 图书馆管理学 [M]. 长春：吉林文史出版社，2019.08.

[9] 王春玲. 地市级数字图书馆资源建设与阅读推广研究 [M]. 沈阳：沈阳出版社，2020.06.

[10] 陈庆标. 数据库技术及其在数字图书馆中的应用 [M]. 赤峰：内蒙古科学技术出版社，2020.02.

[11] 何蓉. 数字图书馆利用作品的著作权限制研究 [M]. 武汉：湖北人民出版社，2020.07.

[12] 王文. 数字环境下的图书馆管理与阅读服务 [M]. 北京：现代出版社，2020.01.

[13] 马亚玲. 高校图书馆数字资源建设与服务创新研究 [M]. 吉林出版集团股份有限公司，2020.05.

[14] 张海波. 智慧图书馆技术及应用 [M]. 石家庄：河北科学技术出版社，2020.05.

[15] 郑德俊. 光明社科文库·移动图书馆服务质量评价及提升策略 [M]. 北京：光明日报出版社，2020.01.

[16] 赵吉文，李斌，朱瑞萍. 数字图书馆建设与档案管理 [M]. 汕头：汕头大学出版社，2021.04.

[17] 胡晶晶. 数字图书馆的建设与阅读推广的创新研究[M]. 长春：吉林科学技术出版社, 2021.07.

[18] 马雨佳. 虚拟现实技术在数字图书馆中的应用[M]. 长春：吉林人民出版社, 2021.10.

[19] 王清芳, 于景红, 张新杰. 大数据时代下数字图书馆建设与创新[M]. 长春：吉林文史出版社, 2021.09.

[20] 苏芳荔. 图书馆数字人文服务[M]. 北京：中国纺织出版社, 2021.12.

[21] 庞余良, 董恩娜, 温颖. 数字化图书馆建设与阅读服务创新[M]. 吉林人民出版社, 2021.06.

[22] 刘敬辉. 数字图书馆建设发展研究[M]. 哈尔滨：北方文艺出版社, 2022.06.

[23] 皇甫娟. 数字图书馆知识管理研究[M]. 北京：中国书籍出版社, 2022.

[24] 鲍静. 数字图书馆信息化建设与应用[M]. 合肥：中国科学技术大学出版社, 2022.09.

[25] 罗颖. 图书馆管理与数字化建设研究[M]. 长春：吉林出版集团股份有限公司, 2022.01.

[26] 李平, 张旭芳, 陈家欣. 数字化档案管理与图书馆资源建设[M]. 长春：吉林人民出版社, 2022.07.

[27] 韩春磊. 公共图书馆馆藏文献资源数字化建设[M]. 长春：吉林摄影出版社, 2022.01.

[28] 李青维. 数字图书馆信息生态链价值平衡研究[M]. 武汉：武汉大学出版社, 2023.10.

[29] 韦仕江. 高校图书馆档案馆数字资源融合服务研究[M]. 长春：吉林人民出版社, 2023.06.

[30] 黄如花, 肖希明. 数字信息时代的图书馆管理[M]. 武汉：武汉大学出版社, 2023.03.

[31] 梁琳. 图书馆古籍数字化理论与实践[M]. 哈尔滨：北方文艺出版社, 2023.05.

[32] 王英琼. 图书馆来了·"互联网+"时代数字阅读推广新模式[M]. 武汉：华中科技大学出版社, 2023.08.

[33] 刘鹏强. 智慧图书馆建设视域下的阅读推广研究[M]. 沈阳：辽宁大学出版社, 2023.07.